Don & Susie Van Ryn • Newell, Colleen & Whitney Cerak
mit Mark Tabb

Dramatische Verwechslung

Ein tödlicher Unfall
Ein folgenschwerer Irrtum
Zwei Familien zwischen Verzweiflung und Hoffnung

Über die Autoren

Don und Susie Van Ryn sind seit über 30 Jahren miteinander verheiratet. Sie haben beide ihre erlernten Berufe aufgegeben, um sich voll der Aufgabe widmen zu können, Jugendfreizeiten in einem Camp in Michigan durchzuführen.

Newell und Colleen Cerak leben im Norden von Michigan. Newell ist Pastor und Colleen Sportlehrerin.

Whitney Cerak studiert derzeit noch an der *Taylor University* Psychologie.

Mark Tabb ist Autor.

Don & Susie Van Ryn • Newell, Colleen & Whitney Cerak
mit Mark Tabb

Dramatische Verwechslung

Ein tödlicher Unfall
Ein folgenschwerer Irrtum
Zwei Familien zwischen Verzweiflung und Hoffnung

FSC
Mix
Produktgruppe aus vorbildlich
bewirtschafteten Wäldern und
anderen kontrollierten Herkünften
Zert.-Nr. SGS-COC-1940
www.fsc.org
© 1996 Forest Stewardship Council

Verlagsgruppe Random House
FSC-DEU-0100
Das für dieses Buch verwendete
FSC-zertifizierte Papier *Munken Print Cream*
liefert Arctic Paper Munkedals AB, Schweden.

Die amerikanische Originalausgabe
erschien im Verlag Howard Books
unter dem Titel „Mistaken Identity".
© 2008 by Don & Susie Van Ryn and Newell, Colleen & Whitney Cerak
All Rights Reserved
© German Translation Copyright 2009 by Gerth Medien GmbH, Asslar,
in der Verlagsgruppe Random House GmbH, München
Published by arrangement with the original publisher, Howard Books,
a division of Simon & Schuster, Inc.
Aus dem Englischen übersetzt von Wolfgang Günter.

Die Bibelzitate wurden, sofern nicht anders angegeben,
der folgenden Bibelübersetzung entnommen:
Gute Nachricht Bibel, revidierte Fassung, durchgesehene Ausgabe in neuer
Rechtschreibung, © 2000 Deutsche Bibelgesellschaft, Stuttgart

1. Auflage 2009
Bestell-Nr. 816 316
ISBN 978-3-86591-316-6
Umschlaggestaltung: Garborg Design Works/Hanni Plato
Umschlagfoto von Whitney Cerak: A & M Photography Studio
Umschlagfoto von Laura Van Ryn: Lisa Versluis
Satz: Mirjam Kocherscheidt, Gerth Medien GmbH
Druck und Verarbeitung: GGP Media GmbH, Pößneck
Printed in Germany

Inhalt

Personenregister

Van Ryns:

Don	Vater von Laura
Susie	Mutter von Laura
Lisa	Schwester von Laura
Kenny	Bruder von Laura
Mark	Bruder von Laura
Aryn	Lauras Freund
Julie	Freundin von Lisa
Dave Niffin	ein Freund der Familie
Paul Johnson	ein Freund der Familie
Cindy Barrus	Direktorin des Rehazentrums

Ceraks:

Newell	Vater von Whitney
Colleen	Mutter von Whitney
Carly	Schwester von Whitney
Sandra	„Adoptivschwester" von Whitney
Matt	Whitneys Freund
Ben	Carlys Freund
Marty Singer	ein Freund der Familie
Jim Mathis	Newells bester Freund und Mitarbeiter

Prolog

Wir haben lange darüber nachgedacht, ob wir dieses Buch schreiben sollten. Wie Sie bald feststellen werden, ist diese Geschichte nicht so einfach, wie es zunächst den Anschein hat. Sie ist mehr als die Geschichte unserer beider Familien und eines unglaublichen Falls einer fehlerhaften Identifizierung. Zwar wurden viele Menschen von den Ereignissen, von denen Sie gleich lesen werden, indirekt berührt, doch neben unseren beiden waren noch sieben weitere Familien unmittelbar und auf tragische Weise betroffen. Vier andere Familien verloren geliebte Menschen: die Familien von Laurel Erb, Brad Larson, Betsy Smith und Monica Felver. Drei Menschen – Connie Magers, Vicky Rhodes und Michelle Miller –, alle drei Angehörige der *Taylor University,* überlebten die schrecklichen Ereignisse des 26. April 2006, doch ihr Leben wird nie mehr sein wie vorher.

Aus Respekt vor diesen und vielen anderen Menschen haben wir uns entschieden, nicht alles bis ins letzte Detail zu berichten, was bei diesem Unfall geschah. Ebenso wenig möchten wir den Eindruck erwecken, dass unsere eigene Geschichte wichtiger sei als die der anderen Beteiligten. Wir sind uns völlig im Klaren darüber, dass unsere Geschichte nur deshalb aus den anderen heraussticht, weil die Verwechslung von Laura und Whitney für allgemeines mediales Aufsehen gesorgt hat. Niemand von uns hat um die Aufmerksamkeit gebeten, die uns zuteilwurde, oder sie gar genossen. Unsere Familien legen beide großen Wert auf die Wahrung unserer Privatsphäre, und wir waren nicht gerade versessen darauf, unser Leben vor der Öffentlichkeit auszubreiten. Wir zögerten auch um Whitneys willen, dieses Buch zu schreiben. Im Laufe des Genesungs- und Heilungsprozesses sagte sie oft, dass sie nicht als „dieses Mädchen" bekannt sein wolle. Sie hatte die Hoffnung, dass sich die Wogen glätten würden und sie die Chance haben würde, wieder ein normales Leben zu führen. Sie wollte nicht im Rampenlicht stehen. In den Tagen und Monaten nach dem 31. Mai 2006, als die Verwechslung bemerkt wurde, nahmen jedoch viele Menschen auf der ganzen Welt mit uns Kontakt auf, um uns mitzuteilen, wie Gott unsere Erlebnisse gebraucht hatte, um in ihr Leben zu sprechen. Als wir Gott baten, uns zu helfen, das Wie und Warum dieser Ereignisse zu verstehen, wuchs unsere Bereitschaft, unsere Geschichte zu erzählen, um anderen Mut zu machen. Am ersten Jahrestag des Unfalls fand ein Treffen unserer beiden Familien statt. Wir fühlten uns sofort eng miteinander verbunden. Zu diesem Zeitpunkt sagte uns Whitney, dass sie zu verstehen begänne, wie Gott diese Geschichte benutzen könnte, um anderen Menschen zu helfen. Als wir darüber redeten, spürten wir, dass der richtige Zeitpunkt gekommen war, um die Geschichte zu erzählen.

Es folgten viele Gespräche, in denen wir uns Gedanken darüber machten, *wie* wir sie erzählen sollten. Viele Menschen spielten in diesem Drama eine Rolle, jeder mit einem einzigartigen Blickwinkel und einer eigenen Geschichte. Eine Möglichkeit zu finden, diese vielen Stimmen zu einem Zusammenklang zu vereinen, erwies sich als herausfordernde Aufgabe. Schließlich entschieden wir uns dafür, das Buch einfach vom Standpunkt jeder Familie aus zu schreiben und die Ereignisse so zu schildern, wie sie sich für uns darstellten. Damit Sie das nacherleben können, was wir erlebt haben, haben wir die Ereignisse und Gespräche für Sie rekonstruiert. Um die Geschichte im Fluss zu halten, haben wir uns hin und wieder entschlossen, Ereignisse, die sich über einen Zeitraum von mehreren Tagen erstreckt haben, zu raffen und zu einem zusammenzufassen. Um das Privatleben der Beteiligten zu schützen, benutzten wir oft nur Vornamen, in einigen wenigen Fällen haben wir auch die Namen geändert. Keines der in diesem Buch geschilderten Ereignisse wurde jedoch unnötig aufgebauscht oder ausgeschmückt. Wir haben buchstäblich alles durchlebt, was Sie lesen werden.

Es ist schrecklich, ein Kind zu verlieren. Und doch offenbart sich Gott auch inmitten der schlimmsten Tragödie. Das sind nicht nur Worte, mit denen wir uns in einer schweren Zeit bei Laune halten wollen. Wir haben es an uns selbst erfahren, und dies ist die Botschaft, die wir vermitteln wollen.

Diese Geschichte handelt von der Gnade Gottes und von seiner Liebe zu uns, die alles aufwiegt, was uns diese Welt an Schlimmem bietet.

Niemand von uns stellt etwas Besonderes dar. Wir sind ganz normale Leute, die Gottes Liebe für sich angenommen haben, die im Tod und in der Auferstehung Jesu Christi Ausdruck gefunden hat. Gott hat jedem von uns Trost und Kraft gegeben, als wir in unserer menschlichen Schwachheit große Not litten. Und seine Treue hat unser Vertrauen auf ihn nur noch vergrößert.

Diese Geschichte von der Verwechslung zweier junger Frauen, Laura Van Ryn und Whitney Cerak, erscheint unglaublich, aber darum geht es hier eigentlich nicht. Dieses Buch dreht sich letzten Endes darum, wie Gott durch seine Gnade zwei Familien durch diese schwere Zeit hindurchgetragen hat.

Wir hoffen, dass Sie nach alldem, was auf diesen Seiten zur Sprache kommt, verstehen, dass es allein um ihn geht.

11

1

Die Verwechslung

Colleen Cerak schreckte beim Klingeln des Telefons aus dem Schlaf hoch. Sie hatte Schwierigkeiten, die Zahlen auf dem Wecker, der auf ihrem Nachttisch stand, genau zu erkennen. Es war Mittwoch, der 31. Mai, fast zwei Uhr morgens. Als sie schließlich das Telefon abgenommen hatte, kam ihr die Stimme des Mannes am anderen Ende der Leitung bekannt vor. Er stellte sich als Rechtsmediziner von Grant County vor. Ebendieser Mann hatte fünf Wochen zuvor bei ihnen angerufen und ihnen mitgeteilt, dass Whitney, ihre 18-jährige Tochter, zusammen mit drei weiteren Studenten der *Taylor University* und einer Universitätsangestellten bei einem Autounfall ums Leben gekommen war. Auch dieser Telefonanruf war damals mitten in der Nacht gekommen. *Warum ruft mich der Rechtsmediziner jetzt mitten in der Nacht an?*, fragte sie sich.

„Der Bezirksseelsorger hört dieses Gespräch mit", teilte ihr der Mann mit. Dann stellte er eine Frage, die Colleen höchst merkwürdig vorkam: „Sind Sie allein?"

„Bitte? Ja. Ich meine, nein", antwortete sie. „Meine Tochter Carly ist auch zu Hause."

„Es wäre gut, wenn Sie sie bitten würden, bei diesem Gespräch dabei zu sein."

Wäre sie nicht so verschlafen gewesen, hätte Colleen den Rechtsmediziner vielleicht gefragt, warum es eine Rolle spielte, ob sie allein war, und warum er zu solch einer unchristlichen Zeit anrief, doch das tat sie nicht. Ihr Körper war wach, aber ihr Verstand stolperte noch hinterher. Sie kletterte aus dem Bett, ging über den Flur zu Carlys Zimmer hinüber und weckte sie auf. „Du musst bei diesem Telefonat mithören. Ich gehe nach unten an den anderen Apparat. Leg nicht auf", sagte Colleen.

Carly war noch ganz verschlafen, als ihre Mutter ihr das schnurlose Telefon aufs Bett warf. „Was? Was soll ich machen? Warum?", fragte sie, doch Colleen war bereits auf dem Weg nach unten. Noch im Halbschlaf spürte Carly einen Anflug von Panik in sich aufsteigen. Hastig führte sie das Telefon zum Ohr. Sie hörte, wie ihre Mutter den Mann am anderen Ende der Leitung bat, sich noch einmal vorzustellen. In dem Augenblick, als Carly hörte, dass der Rechtsmediziner am Apparat war, wurde ihr schlecht.

„Wir wissen jetzt", sagte der Arzt, „dass die Überlebende des Unfalls, die im Krankenhaus als Laura Van Ryn identifiziert wurde, in Wirklichkeit nicht Laura ist. Das wurde heute Abend durch ihre zahnmedizinischen Unterlagen bestätigt."

Weder Carly noch Colleen sagte ein Wort; sie waren nicht in der Lage, richtig zu erfassen, was sie da gerade gehört hatten. Dann ließ der Rechtsmediziner die Bombe platzen: „Wir haben Grund zu der Annahme, dass Ihre Tochter am Leben ist."

„Nein. Nein. Das kann nicht sein. Wir haben sie begraben!", sagte Colleen. In ihrem halb wachen Zustand glaubte sie, dass der Rechtsmediziner damit sagen wollte, Whitney sei noch am Leben gewesen, als man sie in den Sarg gelegt hatte, und sei folglich lebendig begraben worden. Der Gedanke schockierte sie.

Der Rechtsmediziner erklärte jedoch sofort, was er meinte: „Wir haben Grund zu der Annahme, dass das Mädchen, das als Laura Van Ryn identifiziert wurde, in Wirklichkeit Ihre Tochter, Whitney Cerak, ist."

Im selben Augenblick, in dem Carly den Mann das sagen hörte, warf sie das Telefon aus der Hand und stürmte die Treppe hinab. „Nein, nein, nein!", schrie sie. „Leg auf, Mom. Leg auf! Ich kann nicht glauben, dass jemand so grausam sein kann, uns so einen Streich zu spielen. Das ist das Schlimmste, was ich in meinem ganzen Leben gehört habe!"

„Was haben Sie gesagt?", fragte Colleen den Rechtsmediziner. Sie konnte ihn kaum verstehen.

„Mom, hör mir zu!", brüllte Carly. „Es kann gar nicht sein, dass es *nicht* Laura ist. Ihre Familie und ihr Freund sitzen seit fünf Wochen an ihrem Bett. Fünf Wochen! Glaubst du nicht, sie hätten es bemerkt, wenn es nicht Laura gewesen wäre? Viele meiner Freunde haben sie besucht. Kelly war da! Mom, glaubst du nicht, ihre Mitbewohnerin hätte etwas so Offensichtliches bemerkt? Whitney sieht nicht wie Laura aus. Warum sollte jemand so etwas tun?" Sie begann zu weinen. „Mom, leg auf! Leg auf, leg auf!"

Schließlich fragte Colleen den Rechtsmediziner: „Kann ich Sie zurückrufen? Ich brauche etwas Zeit zum Nachdenken."

Den Mann schien ihre Frage zu irritieren. „Mrs Cerak, es geht hier um eine ernste Angelegenheit. Sie müssen die zahnmedizinischen Unterlagen Ihrer Tochter so schnell wie möglich ins Krankenhaus nach Grand Rapids bringen, damit wir sie identifizieren können."

„Ich verstehe. Unter welcher Nummer kann ich Sie dort erreichen?"

„Mrs Cerak!"

„Darf ich bitte Ihre Nummer haben?" Colleens Verstand konnte nicht verarbeiten, was er ihr sagte; sie stand unter Schock. *Vielleicht hat Carly recht. Vielleicht ist das nur ein grausamer, grausamer Streich.* Als Colleen die Telefonnummer hatte, legte sie auf und ließ sich in den Sessel sinken.

Carly saß ihr gegenüber auf dem Sofa und kochte regelrecht vor Wut. „Wer kann nur so grausam sein?", fragte sie.

Colleen antwortete nicht. Sie überprüfte die Telefonnummer und stellte fest, dass der Anruf wirklich aus dem *Marion General Hospital* in Indiana gekommen war, dem Krankenhaus, zu dem man Whitneys Leichnam in der Unfallnacht gebracht hatte.

„Das bedeutet nicht, dass der Anruf echt war", wandte Carly ein. Sie blickte ihre Mutter an. „Mom, du glaubst diesen

15

Blödsinn doch nicht wirklich, oder?" Frustriert warf sie die Hände in die Luft. Carly glaubte, sie müsste in dieser Situation die Stimme des Verstands repräsentieren. Ihr Vater war wie jedes Jahr in seiner Funktion als Jugendpastor mit einer Schulgruppe auf Abschlussfahrt in New York. In seiner Abwesenheit schaltete sie vollkommen in den „Große-Schwester-Modus". „Mom, glaub mir. Ich weiß, dass das Mädchen im Krankenhaus Laura und nicht Whitney ist. Ich weiß, was ich sage. Wem willst du glauben – deiner eigenen Tochter oder irgendeinem Fremden, der mitten in der Nacht Telefonstreiche spielt?"

Colleen wusste nicht, was sie als Nächstes tun sollte. Sie wagte nicht, ihren Mann Newell anzurufen und ihn aufzuwecken, solange sie keine verlässlichen Informationen hatte. Nach New York zu fahren war ihm schon schwergefallen. Beruflich war es der erste Schritt in Richtung Normalität, seit sie Whitney vor fünf Wochen verloren hatten. Wenn es sich wirklich um einen Streich handelte, sah Colleen keinen Grund, ihn ebenfalls leiden zu lassen. Sie war sich zunächst nicht sicher, an wen sie sich sonst wenden sollte, rief aber schließlich Pastor Jim Mathis, Newells besten Freund und Mitarbeiter, an, der die Familie in der Zeit nach der Nachricht von Whitneys tragischem Tod begleitet hatte. „Jim, wir stecken in einer merkwürdigen Lage", erklärte sie, „und ich weiß nicht, an wen ich mich sonst wenden soll. Wir haben gerade einen Anruf bekommen ..."

„Einen makabren Scherzanruf!", rief Carly aus dem Hintergrund.

„Wir haben gerade einen Anruf von jemandem bekommen, der behauptete, er sei der Rechtsmediziner von Grant County. Er sagte ..." – Colleen konnte kaum glauben, dass diese Worte aus ihrem Mund kamen – „er sagte, dass Whitney vielleicht am Leben ist."

„Was?", fragte Jim. „Wie?"

„Mehr weiß ich nicht. Ich weiß nicht einmal, ob der Anruf echt war. Könntest du das für mich überprüfen? Ich glaube, ich bin dazu nicht in der Lage."

„Natürlich. Hast du eine Nummer?"

Fünf Minuten später rief er zurück und erklärte: „Es sieht so aus, als müssten wir uns noch einmal auf den Weg machen."

Unmittelbar nachdem sie aufgelegt hatte, rief Colleen ihren Zahnarzt an, um Whitneys Unterlagen anzufordern, und er versprach, sie gleich vorbeizubringen. Erst dann rief sie ihren Mann an. In dem Augenblick, als sie seinen Namen sagte, wusste Newell, dass irgendetwas nicht stimmte. „Nicht Carly", sagte er. „Bitte sag, dass Carly nichts passiert ist." Nachdem er schon eine Tochter verloren hatte, konnte er den Gedanken nicht ertragen, dass seiner anderen Tochter auch noch etwas zugestoßen war.

„Nein, nein, nein. Carly geht es gut. Es geht um ... äh ... um Whitney."

„Bitte?"

„Ich habe gerade einen Anruf aus dem Büro des Rechtsmediziners von Grant County bekommen. Sie glauben ... sie glauben, dass Whitney am Leben ist."

„Das ist unmöglich", sagte er. „Wir haben sie begraben. Sie kann nicht am Leben sein."

„Ich will mit ihm reden!", rief Carly aus dem Hintergrund und nahm ihrer Mutter das Telefon aus der Hand. „Glaub kein Wort, Dad. Der Anrufer sagte, sie glaubten, Laura sei Whitney, aber das kann nicht sein. Meine Freunde haben sie gesehen. Sie kennen Whitney. Glaub mir, Dad, das ist unmöglich."

„Ich weiß, Carly. Ich weiß." Mehr konnte er darauf nicht entgegnen.

Colleen nahm den Hörer wieder an sich. „Jim fährt uns runter nach Grand Rapids, damit wir Whitneys zahnmedizinische Unterlagen ins Krankenhaus bringen können. Ich bin sicher, wir jagen einem Phantom hinterher, aber wir müssen fahren."

„Ruft mich auf jeden Fall an, wenn ihr da seid", sagte Newell. Dann legte er auf und versuchte, wieder einzuschlafen – vergeblich. In der Dunkelheit rasten ihm unzählige Gedanken durch den Kopf. Er ließ noch einmal alles Revue passieren, was seit dem 26. April 2006 geschehen war, als Colleen ihn angerufen und ihm mitgeteilt hatte, dass Whitney einen Unfall gehabt hatte. Auch an diesem Abend war er in Gemeindeangelegenheiten unterwegs gewesen. Seitdem klaffte ein Loch in seiner Seele, das sich nicht füllen ließ. Und doch war es keine Trauer ohne Hoffnung, da er sicher war, dass Whitney im Himmel war. Nun aber hatte man der Familie mitgeteilt, dass sie *nicht* im Himmel war, sondern lebte und in einem Krankenhaus in Grand Rapids im US-Bundesstaat Michigan lag. „Unglaublich", sagte er sich immer wieder.

Als er sich in seinem Bett hin und her wälzte, schoss ihm ein Gedanke durch den Kopf: *Wie kann so etwas nur passieren? Wenn jemand einen Fehler gemacht hatte, hätte man das doch wohl in den ersten Tagen bemerkt. Aber fünf Wochen? Fünf Wochen?! Unmöglich. Wie konnten die Van Ryns nicht bemerkt haben, dass dieses Mädchen nicht ihre Tochter war? Sie musste nach dem Unfall fürchterlich entstellt gewesen sein, immerhin hätten sich nicht nur ihre engsten Angehörigen getäuscht. Ihr Freund und Lauras engste Freundinnen hatten sie ebenfalls im Krankenhaus besucht, und nicht einer von ihnen hatte den Verdacht geäußert, dass möglicherweise ein Fehler vorlag. Wie konnte denn niemand bemerkt haben, dass die Person in diesem Bett falsch identifiziert worden war?*

Weder er noch Colleen hatten Whitneys Leichnam nach dem Unfall gesehen. Damals hatte es ihnen vernünftig erschienen, doch nun überspülte ihn eine Woge des Selbstzweifels. *Wir wollten nicht, dass sich uns das Bild von Whitney einprägt, wie sie in einem Sarg liegt,* erinnerte er sich. *Colleen und ich waren uns einig, dass das nicht das Erste sein sollte, was uns in den Sinn kommt, wenn wir an sie denken.* Nicht einmal hatten sie ihre Entscheidung seitdem infrage gestellt. Nun fragte sich Newell zum ersten Mal, wie die Behörden die Leichen am Unfallort überhaupt identifiziert hatten. Das führte zur entscheidenden Frage: Konnte Whitney tatsächlich noch am Leben sein?

Während Newell sich in seinem Bett in New Jersey hin und her wälzte, bereiteten sich seine Frau und seine Tochter auf die „schlimmste Autofahrt ihres Lebens" vor, wie Carly es heute nennt.

„Du solltest Kleidung zum Wechseln mitnehmen. Wenn das wirklich Whitney ist, werden wir wohl eine Weile dableiben", sagte Colleen zu ihrer Tochter.

Carly warf ihrer Mutter einen missmutigen Blick zu. „Lass uns realistisch bleiben, Mom. Ich habe es dir doch gesagt: Meine Freunde waren dort unten. Sie haben sie gesehen. Sie wissen alle, dass es Laura ist. Glaubst du nicht, Lauras beste Freundinnen hätten es bemerkt, wenn es wirklich Whitney wäre?"

„Carly, bitte, wir müssen uns einfach vergewissern. Okay?", erwiderte Colleen.

„Wir wissen es bereits", entgegnete Carly und stürmte davon. Sie weigerte sich, auch nur die leiseste Hoffnung zu hegen, dass ihre Schwester doch noch am Leben sein könnte. Wenn sie darauf hoffen und diese Hoffnung wieder zerstört würde, dann wäre das, als stürbe Whitney noch einmal.

Colleen ging nach unten und weckte Sandra auf, die von der Familie liebevoll „das Mädchen, das im Keller wohnt" genannt wurde. Sandra Sepulveda war in ihrem zweiten Studienjahr bei ihnen eingezogen, nachdem ihre Familie aus Gaylord weggezogen war. Mit der Zeit war sie Carly und Whitney wie eine Schwester geworden. Colleen rüttelte sie wach: „Sandra, wir müssen nach Grand Rapids fahren. Sofort. Heute Nacht."

„Was? Warum?", fragte Sandra schlaftrunken.

„Der Rechtsmediziner hat angerufen und uns mitgeteilt, dass Whitney möglicherweise doch noch lebt", erwiderte Colleen. Als sie die Worte ausgesprochen hatte, klangen sie in ihren eigenen Ohren völlig absurd.

„Was? Wie?", rief Sandra, als sie aus dem Bett sprang und hinter Colleen her die Treppe hinauflief.

„Mehr wissen wir nicht. Deshalb müssen wir nach Grand Rapids fahren", erklärte Colleen. Sandra bombardierte sie mit Fragen, doch Colleen konnte nur entgegnen: „Ich habe dir schon alles gesagt, was ich weiß."

Colleen, Carly und Sandra stiegen in Jims Wagen und machten sich auf den vierstündigen Weg in Richtung Grand Rapids. Lange Zeit redeten sie kaum ein Wort. Carly saß auf dem Rücksitz neben Sandra; ihr Zorn war immer noch nicht verraucht. Schließlich fragte sie: „Was werden die Van Ryns davon halten, wenn wir in Lauras Krankenzimmer stürzen?"

„Sie sind nicht da", entgegnete Colleen. „Man hat mir gesagt, dass sie das Krankenhaus irgendwann am Dienstag verlassen haben, nachdem man ihnen bestätigt hatte, dass das Mädchen in dem Zimmer nicht Laura ist."

Carly schwirrte der Kopf. „Das alles ergibt überhaupt keinen Sinn. Es ist unmöglich, dass sie so lange geglaubt haben, das Mädchen sei Laura, wenn es gar nicht Laura war. Unmöglich." Weder Colleen noch Jim erwiderten etwas darauf.

Im Laufe der nächsten Stunde herrschte im Auto Schweigen. Carly beruhigte sich in dieser Zeit allmählich. Sie dachte darüber nach, dass die Van Ryns ihre Wache am Krankenbett abgebrochen hatten. *Fünf Wochen lang sind sie nicht von Lauras Seite gewichen. Warum sollten sie gerade jetzt gehen? Was wäre, wenn ...?* „Hat man dir gesagt, warum die Van Ryns gegangen sind?", fragte Carly, als ob sie die Unterhaltung von vorhin niemals beendet hätten.

„Sie haben mir nur gesagt, dass man im Krankenhaus nun wüsste, dass das Mädchen nicht Laura ist", sagte Colleen. „Die Van Ryns haben das Krankenhaus verlassen, nachdem die zahnmedizinischen Unterlagen diese Tatsache bestätigt hatten. Wenn es wirklich Laura gewesen wäre, wären sie immer noch da."

„Das bedeutet immer noch nicht, dass es sich um Whitney handelt", wandte Carly ein. „Ich kann nicht glauben, dass es nicht Laura ist, aber wenn es wirklich so sein sollte, könnte es sich doch um irgendein Mädchen handeln, das aus Versehen in dieses Zimmer gelegt wurde." Noch während sie das sagte, merkte sie, wie dumm es klang. Carly wollte es nicht zugeben, doch auch sie begann allmählich zu glauben, dass Whitney tatsächlich noch am Leben sein könnte.

Colleen unterbrach ihre Gedanken: „Wisst ihr, wenn Whitney tatsächlich noch am Leben ist, dann müsste man ihre Geschichte in Hollywood verfilmen."

Alle lachten, sogar Carly.

„Und wenn sie das tun, muss Jennifer Lopez die Rolle von Sandra spielen. Schließlich kommen sie beide aus Puerto Rico", scherzte Colleen. „Ich glaube, Newell sollte von Robert Redford gespielt werden", fügte sie hinzu.

„Pass auf, Mom. Wir wissen doch, wie vernarrt du in Robert Redford bist", witzelte Carly.

„Hör auf", lachte Colleen. „Und Kate Hudson muss Whitney spielen. Ich fand schon immer, dass sie sich irgendwie ähnlich sehen", meinte sie. „Und Mel Gibson spielt dich, Jim."

Alle lachten laut.

Gegen sieben Uhr morgens kamen Colleen, Carly, Sandra und Jim vor dem *Spectrum Health Continuing Care Hospital* an. Zwei Krankenhausmitarbeiterinnen empfingen sie, versuchten, ihnen die Situation zu erklären, und gaben den Ceraks die Möglichkeit, Fragen zu stellen. Sie hatten im Moment jedoch nur eine einzige Frage: Wo liegt sie?

Als sie von den Frauen den Flur hinuntergeführt wurden, begann Carly, unkontrolliert zu zittern. Sie konnte kaum atmen. Colleen ging vorneweg, gefolgt von Carly und Sandra. Jim blieb einige Schritte hinter ihnen.

Als sie das Krankenzimmer mit dem Namensschild „Laura Van Ryn" erreichten, atmete Colleen noch einmal tief durch, dann drückte sie vorsichtig die Tür auf. Obwohl das Zimmer nur schwach beleuchtet war, erkannte sie sofort, wer dort in dem Krankenhausbett lag. Colleen stieß einen erleichterten Seufzer aus und flüsterte: „Es ist Whitney."

Carly drängte sich an ihrer Mutter vorbei und stürmte zu ihrer Schwester. Sandra und Colleen folgten ihr auf dem Fuße. Die drei umarmten Whitney und brachen sofort in Tränen aus.

Sie war es wirklich. Das blonde Haar, die blauen Augen, die Nase und die Form ihres Mundes – es bestand kein Zweifel: Es war Whitney!

Whitney öffnete langsam die Augen. Ihr Blick war ausdruckslos. Obwohl die Halskrause ihre Bewegungen behinderte, nickte sie immer und immer wieder, als ihre Schwester und ihre Mutter ihren Namen wiederholten. Carly fiel schluchzend zu Boden, weil sie sich vor Freude nicht mehr beherrschen konnte. Die Frauen, die die Ceraks bis vor die Tür von Whitneys Krankenzimmer begleitet hatten, kamen hereingeeilt und versuchten, die drei zu beruhigen. „So viel Aufregung ist zu viel für sie", sagten sie.

„Aber meine Schwester lebt! Meine Schwester lebt!", rief Carly.

Colleen zog ihr Handy aus ihrer Tasche. Durch die Tränen in ihren Augen konnte sie kaum die Ziffern sehen. „Newell", sagte sie, „ich stehe hier am Krankenbett. Es ist Whitney. Es ist wirklich Whitney."

Newell konnte kaum glauben, was er da hörte. Er glaubte zu träumen. „Leg auf und ruf mich gleich noch einmal an", bat er sie. Er wollte sichergehen, dass er nicht träumte. Wenige Augenblicke später klingelte sein Handy erneut. „Ich stehe hier neben ihr und sie sieht so schön aus wie immer", hörte er Colleen sagen.

Newell fiel auf die Knie und weinte wie ein Baby. „Wie sieht sie aus?", fragte er. „Ist sie entstellt?"

„Nein", erwiderte Colleen. „In ihrem Gesicht ist kein Kratzer zu sehen. Sie ist es wirklich."

Dann hörte Newell etwas, von dem er gedacht hatte, er würde es nie wieder hören: die Stimme seiner Tochter, die er meinte, fünf Wochen zuvor beerdigt zu haben, die kaum hörbar sagte: „Ich liebe dich, Dad."

2

26. April 2006

Carly, hier ist Deine Schwester. Ich habe Dich für die Demonstration für die Kinder aus Uganda angemeldet. Soweit ich weiß, sind ein paar meiner Freundinnen auch dabei – Amy, Ann und vielleicht auch Emily, aber das bedeutet nicht, dass ich Dich nicht dabeihaben will. Im Gegenteil. Ach ja, hilfst Du bei dem Bankett in Fort Wayne mit? Ich hoffe es, ich hoffe es, ich hoffe es! Ich hab Dich lieb. Tschüss.

VOICEMAIL-NACHRICHT VON WHITNEY AUF CARLYS HANDY, AM MITTWOCH, DEN 26. APRIL 2006

Lisa Van Ryn saß im ersten Stock ihres Elternhauses in Caledonia, Michigan, und telefonierte vor dem laufenden Fernseher mit ihrer Freundin Julie. Die beiden hatten sich als Teenager bei einem Ferienlager auf der *Upper Peninsula* von Michigan kennengelernt und waren seitdem befreundet. Später hatten sie selbst bei diesem Ferienlager mitgearbeitet, zusammen mit Lisas Schwester Laura und einem weiteren Freund, Brad Larson.

Während Julie über den Festnetzanschluss mit Lisa redete, tauschte sie von ihrem Handy aus SMS-Nachrichten mit Laura und Brad aus. Die beiden saßen in einem Kleinbus der *Taylor University* und waren auf dem Rückweg von Fort Wayne zum Uni-Campus in Upland. An diesem Abend hatten Laura und Brad bei einem Bankett mitgearbeitet, das zu

23

Ehren des neuen Direktors der *Taylor University* abgehalten worden war.

„Hör mal, das hier ist gut", meinte Julie zu Lisa.

„Wieso, was haben sie geschrieben?"

„Pass auf, sie haben mir genau zur selben Zeit genau den gleichen Text geschickt. Er lautet: ‚Du musst dich entscheiden, wem du zuerst zurücksimst.'" Lisa lachte. „Das ist witzig. Du simst also dem zurück, den du lieber magst. Lustig. Für wen entscheidest du dich?"

„Ich weiß nicht. Für wen würdest du dich entscheiden?", fragte Julie. „Ach, Moment mal. Das ist ja eine dumme Frage. Natürlich würdest du dich für deine Schwester entscheiden. Gut, bleib kurz dran, während ich zurücksimse." Julie schickte den beiden SMS-Nachrichten zurück, sagte Lisa jedoch nicht, wem sie als Erstes geantwortet hatte.

Weder Laura noch Brad antworteten auf Julies SMS.

Unten im Haus dachte Don Van Ryn gerade daran, dass er seine Tochter Laura hatte anrufen wollen. Er war gerade nach einem außerordentlich langen Arbeitstag auf einer Messe in Detroit nach Hause gekommen. Es war ein guter Tag gewesen. Zum Mittagessen hatte Don sich auf der Messe mit Lauras Freund Aryn Linenger getroffen. Aryn war nicht nur irgendein Freund. Don und Susie wussten, dass er um Lauras Hand anhalten wollte, wenn sie in drei Wochen ihren Abschluss in der Tasche hatte. Die beiden hatten sich kennengelernt, als Laura im ersten und Aryn im letzten Studienjahr gewesen war, und seitdem waren sie befreundet. Don und Susie betrachteten Aryn schon fast als Schwiegersohn, und deshalb verbrachte Don besonders gerne Zeit mit ihm.

Während Don und Aryn über die Messe gegangen waren, hatte Aryns Handy geklingelt. Es war Laura. Die beiden redeten kurz miteinander, dann fragte Aryn Don: „Würdest du Laura gern Hallo sagen?" In der Erwartung, die Stimme seiner Tochter zu hören, nahm Don das Telefon und sagte: „Hi, Laurie." Keine Antwort. Er wiederholte seine Begrüßung, doch die Leitung war unterbrochen worden. „Macht nichts", sagte er zu Aryn, als er ihm das Handy zurückgab, „ich werde sie später noch einmal anrufen." Jetzt war es später, doch Don war zu müde, um etwas anderes zu tun, als die Schuhe abzustreifen und sich in seinen Lieblingssessel fallen zu lassen.

Susie war noch nicht viel länger zu Hause als Don. Wie so oft mittwochs hatte sie im Friseursalon, wo sie arbeitete, einen langen Tag gehabt, und auf dem Heimweg hatte sie noch das eine oder andere erledigt. Sie hatte irgendwann zwischen acht und halb neun versucht, Laura anzurufen, doch sie hatte nur die Mailbox erreicht. Susie hatte sich darüber keine Gedanken gemacht. Sie wollte später noch einmal anrufen, wenn sie wieder zu Hause war, doch dann dachte sie nicht mehr daran.

*

Gegen 22:00 Uhr klingelte das Telefon. Als Susie abnahm, fragte ein Mann am anderen Ende: „Bin ich da richtig bei der Familie Van Ryn?" Susie hielt ihn für den Mitarbeiter eines Callcenters, der ihr irgendetwas andrehen wollte, doch dann fiel ihr ein, dass solche Anrufe eigentlich nicht um diese Uhrzeit durchgeführt wurden. Der Mann stellte sich als Krankenhausseelsorger vom *Parkview Hospital* in Fort Wayne vor. „Ihre Tochter wurde hier als Patientin eingeliefert", sagte er. „Sie war heute Abend in einen schlimmen Verkehrsunfall verwickelt. Ihr Zustand ist kritisch, aber stabil."

Fort Wayne? Was macht Laura in Fort Wayne? Susie versuchte, sich einen Reim auf das zu machen, was sie gerade gehört hatte.

Don sah an der Miene seiner Frau, dass einem ihrer Kinder irgendetwas geschehen sein musste. Er nahm den Hörer der zweiten Station ab und hörte gerade noch, wie der Mann am anderen Ende der Leitung erklärte, dass Laura bewusstlos auf der Intensivstation lag. Mehrere Knochen waren gebrochen und sie hatte eine ernsthafte Kopfverletzung davongetragen. Don spürte, wie sein Körper taub wurde.

Susie sah ihn mit vor Schreck geweiteten Augen an, während sämtliche Farbe aus ihrem Gesicht wich. Laura war das jüngste von vier Kindern, die alle sehr unabhängig waren. Jedes von ihnen würde in ein Auto springen und ans Ende der Welt fahren, ohne vorher groß darüber nachzudenken. Susie betete jeden Tag dafür, dass ihnen nichts passierte, und doch war sie nicht auf einen solchen Anruf gefasst. Ihr Puls beschleunigte sich, und sie merkte, dass sie Schwierigkeiten hatte zu atmen. „Können Sie das bitte wiederholen?", fragte sie.

„Ihre Tochter wurde bei einem Autounfall schwer verletzt. Ihr Zustand ist kritisch, aber stabil. Sie ist bewusstlos und liegt auf der Intensivstation", wiederholte der Krankenhausseelsorger.

Don war bereit, alles stehen und liegen zu lassen und sofort nach Fort Wayne zu fahren. „Wo genau liegt das Krankenhaus?", fragte er. „Wir sind schon auf dem Weg."

Kaum hatte sie aufgelegt, lief Susie nach oben in Lisas Zimmer. „Laura hatte einen Unfall", erklärte sie. „Dein Vater und ich fahren nach Fort Wayne. Wenn du mitkommen willst, wir machen uns in zehn Minuten auf den Weg."

Die Frage, ob sie mitkommen wollte, stellte sich für Lisa gar nicht erst. Sie warf ihre Zahnbürste und ihre Bibel in ihren Rucksack und griff nach einem Sweatshirt und ihrem Handy. Bevor sie losfuhren, rief sie noch eine Bekannte an, um sie zu bitten, am nächsten Tag ihre Schicht im *Olive Garden,* dem italienischen Restaurant, in dem sie arbeitete, zu übernehmen. In einigen Tagen würde sie wieder zur Arbeit kommen, erklärte sie. Weder sie noch ihre Eltern ahnten, was vor ihnen lag.

Don, Susie und Lisa sprangen ins Auto und machten sich auf den Weg nach Fort Wayne. Wie sich herausstellte, hatte Lisa mehr Gepäck dabei als ihre Eltern. Keiner von beiden hatte darüber nachgedacht, was sie im Fall eines längeren Aufenthalts brauchen würden. Sie wussten nur, dass Laura in einen Unfall verwickelt gewesen war und sie so schnell wie möglich zu ihr wollten.

Noch bevor sie die Auffahrt auf die *Interstate 96* erreicht hatten, versuchte Don, Aryn anzurufen. Es meldete sich nur die Mailbox: „*Hallo, hier spricht Aryn. Ich kann im Augenblick nicht ans Telefon gehen. Bitte hinterlassen Sie eine Nachricht; ich rufe dann zurück.*"

„Aryn, hier ist Don. Bitte ruf mich so bald wie möglich auf meinem Handy zurück." Er legte auf und versuchte sofort, Aryn auf seinem Festnetzanschluss zu Hause zu erreichen. Auch dort nahm niemand ab.

„Versuch es doch mal bei Jim und Trixie", schlug seine Frau vor. „Vielleicht wissen sie, wo er steckt."

„Gute Idee", erwiderte Don. Er wählte die Nummer von Aryns Eltern. „Jim, hier ist Don Van Ryn. Ich versuche, Aryn zu erreichen. Er ist nicht bei euch, oder? ... Wisst ihr, wo er sein könnte? ... Wir haben gerade einen Anruf bekommen, dass Laura in Indiana in einen Unfall verwickelt war. Susie, Lisa und ich sind auf dem Weg ins *Parkview Hospital* in Fort Wayne. Wir haben nicht viel erfahren, nur, dass ihr Zustand kritisch ist und sie auf der Intensivstation liegt. ... Ja. ... Sie haben gesagt, dass der Kleinbus von einem Lastwagen gerammt wurde, aber viel mehr haben sie uns nicht mitgeteilt."

Nachdem er aufgelegt hatte, versuchte Don weiter, Aryn zu erreichen. Lisa rief indessen vom Rücksitz aus mit ihrem Handy ihre Brüder Kenny und Mark an. Kenny verbrachte diese Woche bei einem Freund in Chicago, Mark ging in Marquette auf die *Northern Michigan University*. Zwischen den beiden Anrufen klingelte ihr Handy. „Hallo Dawn ... nein, wir wissen auch nichts. Was hast du gehört? Haben sie gesagt, wer noch mit im Auto saß? Sobald wir etwas hören, melde ich mich." Nachdem sie aufgelegt hatte, sagte sie: „Das war Dawn, Brads Schwester. Sie ist ganz außer sich."

„In welches Krankenhaus haben sie Brad gebracht?", wollte Susie wissen.

„Das weiß sie nicht. Man hat ihnen noch nichts gesagt", erwiderte Lisa.

Eine Welle der Übelkeit überfiel Susie. „Oh nein", meinte sie. „Ich habe kein gutes Gefühl bei alldem."

Dons Handy klingelte. Die Nummer auf dem Display war ihm unbekannt. „Don Van Ryn", meldete er sich. Dann hörte er einige Augenblicke zu, bevor er sagte: „Susie, das ist das Krankenhaus. Sie möchten ein Messgerät in Lauras Gehirn einführen, um den Gehirndruck zu überprüfen, aber sie brauchen unsere Genehmigung, ehe sie das tun."

„Natürlich. Sie sollen tun, was nötig ist." Susie Stimme brach, als sie das sagte. *Oh Gott*, betete sie im Stillen, *was erwartet uns, wenn wir dort ankommen?*

*

Obwohl sie unter großer Anspannung stand, wie jeder College-Student in den letzten Semesterwochen auch, entschied sich Carly am Mittwochabend, nicht zu lernen, sondern mit ihrer Freundin Terra Tennis zu spielen. Ihre Hausarbeiten und die Lernerei konnten noch einen Tag warten. Carly machte sich nicht allzu viel aus Tennis, doch Terra hatte gerade eine Tragödie in der Familie hinter sich und brauchte eine Freundin. Ein paar Bälle auf dem Tennisplatz zu wechseln, der unmittelbar neben der *Rediger Chapell** der *Taylor University* lag, schien Carly die beste Möglichkeit zu sein, ihre Freundin von dem abzulenken, was sie gerade durchmachte, wenn auch nur für ein oder zwei Stunden. Beide spielten nicht allzu ehrgeizig um den Sieg und unterhielten sich nebenbei über die Uni, über Freunde und ihre Pläne für die Zeit nach dem Abschluss. Nur ein Thema kam nicht zur Sprache: was Terra und ihre Angehörigen gerade durchmachten. Genau das war auch Carlys Plan gewesen. Nicht dass sie nicht bereit gewesen wäre, darüber zu reden, aber dieser vollkommene Frühlingsabend in Indiana schien ihr weder der geeignete Zeitpunkt noch der passende Ort dafür zu sein. Die Trauer würde nicht verschwinden, wenn das Spiel vorbei war.

Mitten im Match rannte Carlys Freund Ben vom Parkplatz auf die Tennisanlage. Carly dachte zunächst, dass er vorhabe, die Gewinnerin herauszufordern, doch dann bemerkte sie seinen Gesichtsausdruck.

„Du musst sofort Whitney anrufen!", rief er mit Panik in der Stimme. „Es hat einen Unfall mit einem der *Taylor*-Kleinbusse gegeben. Es ist möglich, dass sie darin saß", erklärte er.

---

* Name der Campus-Kapelle

„War es ein schwerer Unfall?", fragte Carly. Ben antwortete nicht. Er sah nur zu Boden und scharrte unruhig mit den Füßen.

Carly spürte, wie sich ihre Nackenhaare sträubten. Sie rannte zu ihrem Auto, schnappte sich ihr Handy und wählte Whitneys Nummer. Nachdem es mehrmals geklingelt hatte, wurde der Anruf auf die Mailbox weitergeleitet. Carly legte auf und wählte erneut. Keine Antwort; nur die Mailbox. Sie wählte noch einmal. Und noch einmal. Und noch einmal.

„Wie hast du davon gehört?", fragte sie Ben.

„Es kam in den Nachrichten und der ganze Campus redet darüber", sagte er.

Daraufhin sprang Carly in ihr Auto, rief Ben und Terra zu, dass sie ebenfalls einsteigen sollten, und fuhr über den Campus zur *Olson Hall,* wo Whitney ihr Zimmer hatte. Wenn jemand wusste, was passiert war, dann Shelley, die Wohnheimsprecherin. Doch sie war nirgends zu finden. Als sich die Nachricht vom Unfall verbreitete, strömten immer mehr Studenten in die *Olson Hall.* Die meisten weinten. Als Carly das sah, wurde sie regelrecht zornig. Sie wollte nicht, dass jemand wegen Whitney weinte, denn sie weigerte sich zu glauben, dass Whitney bei diesem Unfall etwas zugestoßen war. Wer wusste überhaupt, ob sich ihre Schwester tatsächlich in dem Kleinbus befunden hatte, der in den Unfall verwickelt war? Soweit sie wusste, waren die Studenten, die sich an diesem Abend um das Bankett in Fort Wayne gekümmert hatten, mit zwei Kleinbussen gefahren. Und selbst wenn Whitney in dem Unfallwagen gesessen hatte, so wusste doch niemand, wie schwer die einzelnen Personen verletzt waren.

Carly betrat den Rasen vor dem Wohnheim und wählte mit dem Handy die Nummer ihrer Eltern zu Hause. Keine Antwort, kein Anrufbeantworter. Sie rief ihren Vater auf dem Handy an. Auch hier nahm niemand ab. *Sie telefonieren wahrscheinlich miteinander,* dachte Carly. „Oh Mann, nimm endlich mein Gespräch an", sagte sie, als sie wieder nur die Mailbox ihres Vaters erreichte. Immer wieder drückte sie den Wahlwiederholungsknopf in der Hoffnung, dass sie schließlich bei einer der beiden Nummern durchkommen würde.

*

„Hast du heute viel geschafft?", fragte Colleen ihren Mann Newell. Sie telefonierten bereits seit zehn Minuten miteinander. Er war mit einer Gruppe von Gemeindemitgliedern an den Mississippi gefahren, um beim Wiederaufbau von Häusern zu helfen, die vom Hurrikan Katrina zerstört worden waren. Etwa 350 Freiwillige waren aus dem ganzen Land zusammengekommen, um mit *Habitat for Humanity* an diesem Projekt zu arbeiten. „Ja, ziemlich viel, wenn man bedenkt, wie heiß es hier unten ist. Ich kann nicht glauben, dass hier im April eine derartige Hitze herrscht. Im Hochsommer muss ich nicht unbedingt hier sein." Newell hörte ein Klopfen in der Leitung – jemand versuchte, ihn anzurufen –, er ignorierte es jedoch. „Wie war die Bibelarbeit mit den Mädchen heute Abend?"

„Wirklich gut", entgegnete Colleen. Ein Klopfen in der Leitung zeigte ihr an, dass ein neuer Anruf hereinkam. „Da versucht jemand, mich anzurufen."

„Das muss Carly oder Whitney sein. Niemand sonst wäre so hartnäckig", meinte Newell. „Willst du den Anruf annehmen?"

„Ich rufe gleich zurück. Ich habe heute den ganzen Tag nicht mit dir geredet. Ich vermisse dich. Ich freue mich, wenn du nach Hause kommst."

„Ich auch. Okay, jetzt klopft es wieder bei mir. Vielleicht sollte ich den Anruf annehmen", sagte Newell.

„Dann geh ran und frag, was los ist. Ich bleibe in der Leitung", sagte Colleen.

Newell wollte das Telefonat gerade entgegennehmen, doch der Anrufer hatte bereits aufgelegt.

„Jetzt klopft es wieder bei mir", stellte Colleen fest. „Ich rufe dich zurück." Sie drückte einen Knopf an ihrem Handy, um das Gespräch anzunehmen. „Hallo?"

„Mom", hörte sie Carly sagen. Die Verzweiflung in ihrer Stimme ließ Colleen ahnen, dass etwas nicht stimmte.

„Es hat einen Unfall mit einem der Kleinbusse der *Taylor University* gegeben", fuhr Carly fort. „Niemand weiß genau, ob Whitney in dem Bus saß oder nicht. Ihr müsst für sie beten. Bitte betet." Colleen wollte mehr Einzelheiten hören, doch Carly konnte ihr nicht mehr sagen. „In zehn Minuten findet ein Gebetsgottesdienst in der Kapelle statt. Vielleicht werden sie uns dort Einzelheiten sagen können. Ich rufe euch zurück, sobald ich Genaueres weiß", sagte Carly, legte auf und rief ihren Vater an. Sie schilderte ihm alles genau so wie ihrer Mutter. Kaum hatte sie aufgelegt, klingelte ihr Handy wieder. Zig Freunde versuchten in den folgenden Minuten, sie anzurufen. Sie nahm jedoch nicht ab.

Als Carly, Ben und Terra die *Rediger Chapell* betraten, um an der Gebetswache teilzunehmen, platzte der Raum bereits aus allen Nähten. Die meisten Studenten weinten. Carly ging auf die Empore, damit sie mit niemandem reden musste. Sie hatte das Gefühl, sich in einer anderen Welt zu befinden. Ihre Freunde saßen um sie herum und weinten. Sie unterdrückte ihre Tränen, obwohl ihr Körper vor Furcht zitterte. Immer noch wollte sie glauben, dass es ihrer Schwester gut ging.

Nach einiger Zeit, die Carly wie eine Ewigkeit vorkam, betrat ein Sprecher der Universität das Podium und erklärte, dass im früheren Verlauf dieses Abends ein Sattelschlepper, der auf der *Interstate 69* in nördlicher Richtung fuhr, die Leitplanke durchbrochen und einen 15-sitzigen Kleinbus der *Taylor University,* der in der Gegenrichtung unterwegs war, etwa in Höhe der Ausfahrt Marion gerammt hatte. Im Bus saßen fünf Studenten und vier Küchenangestellte. Von den neun Menschen im Bus waren fünf ums Leben gekommen. Die Namen würden erst bekannt gegeben werden, wenn alle Eltern benachrichtigt waren. In der ganzen Kapelle begannen Leute zu weinen. Carly spürte, wie ihr der Mut sank. Der Universitätssprecher erklärte, dass zwei Überlebende, von denen einer in Lebensgefahr schwebte, mit dem Hubschrauber in das *Parkview Hospital* in Fort Wayne gebracht worden waren. Die anderen Unfallopfer waren in das *Marion General Hospital* gebracht worden, gute 20 Kilometer vom Campus der *Taylor University* entfernt.

Carly sprang auf und lief aus dem Gebäude hinaus. Sie musste sofort zum *Marion* fahren. Hier hatte ihr niemand irgendwelche Informationen über Whitney geben können. Da die fünf Leichname und zwei der Überlebenden in das *Marion General* gebracht worden waren, schien ihr das der beste (und nächstliegende) Ort, um Antworten zu finden.

Während der Fahrt zum Krankenhaus beteten Carly und ihre Freunde zu Gott. Carly fand es fast unmöglich, andere Worte zu formulieren als: *Bitte, Gott, lass mir meine Schwester.* Diese Bitte wiederholte sie immer und immer wieder. Carlys Freunde schluchzten, doch sie selbst weinte nicht. *Ich kann nicht weinen*, sagte sie sich. *Wenn ich den Tränen nachgebe, bedeutet das, dass ich meinen schlimmsten Befürchtungen nachgebe. Das werde ich nicht tun. Whitney gehört zu den Überlebenden. Es muss einfach so sein.*

Sie parkten vor dem Krankenhaus und rannten ins Gebäude. In der Eingangshalle hatte sich bereits eine Menschenmenge versammelt, als Carly auf den Informationstresen zuging. „Ich habe erfahren, dass meine Schwester hierhergebracht wurde. Ihr Name ist Whitney Cerak. Können Sie mir sagen, in welchem Zimmer sie liegt und wie es ihr geht?", fragte sie.

Die Mitarbeiterin schaute in ihrem Computer nach. „Es tut mir leid, Miss, aber ich habe keine Informationen über Ihre Schwester."

„Aber sie war in den Unfall mit dem *Taylor*-Kleinbus verwickelt. Man hat mir gesagt, die Unfallopfer seien hierhergebracht worden."

„Das stimmt. Aber ich kann nicht sagen, wer genau hier ist, und auch nichts über den Zustand der Einzelnen."

„Wer kann mir denn etwas sagen?", fragte Carly mit wachsender Verzweiflung.

Eine Krankenschwester kam zu ihr herüber und fragte: „Habe ich richtig gehört? Sie sind eine Angehörige eines Opfers, das bei dem Unfall mit dem *Taylor*-Bus verletzt wurde?"

„Ja", erwiderte Carly.

„Wenn Sie möchten, können Sie in der Kapelle warten. Sobald wir mehr Informationen haben, wird jemand kommen und sie Ihnen mitteilen." Die Krankenschwester zeigte Carly und ihren Freunden den Weg durch die Eingangshalle zur Krankenhaus-Kapelle.

Dort warteten sie. Und warteten. Und warteten.

Währenddessen wartete Colleen in Gaylord, Michigan, ungeduldig auf weitere Informationen. Da sie wusste, dass sie die Leitung frei halten musste, machte sie nur einen Anruf. Sie rief Bob Scott an, einen Freund, von dem sie wusste, dass er gerne für sie beten würde. „Bob, Whitney hatte einen Unfall, und wir wissen nicht, ob es ihr gut geht. Würdest du bitte für uns beten?"

Nachdem Bob ihr versprochen hatte, das zu tun, setzte sie sich hin und begann selbst, Gott um das Leben ihrer Tochter zu bitten. Noch während sie betete, betraten Terras Eltern, die in der Nähe wohnten, ihr Wohnzimmer und begannen ebenfalls zu beten. Bald stieß Jim Mathis dazu. Als das Telefon nach einer gewissen Zeit immer noch nicht geklingelt hatte, griff Colleen zum Handy, um einige alte Freunde in Upland anzurufen in der Hoffnung, dass die örtlichen Medien dort bereits neuere Informationen veröffentlicht hatten. Doch niemand wusste etwas Genaues. Die Behörden hatten immer noch keine Namen bekannt gegeben.

Schließlich versuchte Colleen, noch jemanden in Indiana anzurufen, der möglicherweise genauere Informationen hatte, doch niemand nahm ab. Kaum hatte sie das Handy aus der Hand gelegt, klingelte ihr Festnetztelefon. Colleen schluckte, bevor sie den Anruf annahm. „Hallo?", sagte sie.

„Kann ich mit Newell oder Colleen Cerak sprechen?"

„Ich bin Colleen Cerak."

Der Mann stellte sich als Seelsorger von Grant County vor, dann sagte er: „Es tut mir leid, Ihre Tochter Whitney hatte heute Abend einen Unfall. Sie wurde noch am Unfallort für tot erklärt."

Colleen fühlte sich wie betäubt. Tränen begannen, ihr die Wangen hinunterzuströmen. „Was ... gibt es irgendetwas, das ich tun muss?"

Als Colleens Freunde ihre Verzweiflung sahen, wussten sie sofort, dass das denkbar Schlimmste geschehen war. Sofort gingen sie zu ihr, um sie in die Arme zu schließen.

„Sie und Ihr Mann müssen hierherkommen, um die erforderlichen Maßnahmen zu treffen, damit der Leichnam Ihrer Tochter nach Hause gebracht werden kann. Es tut mir leid, dass ich Ihnen diese Nachricht mitteilen muss. Es tut mir leid, dass Sie Ihre Tochter verloren haben", sagte der Seelsorger.

Nachdem sie aufgelegt hatte, rief Colleen Newell an. Mit brüchiger Stimme sagte sie: „Es tut mir so leid. Es tut mir so leid." Sie brachte die Worte kaum heraus, doch schließlich sagte sie: „Whitney ist tot."

„Nein. Nein, Colleen", sagte Newell.

„Sie lebt nicht mehr, Newell", wiederholte Colleen. „Sie haben sie noch am Unfallort für tot erklärt." Nun konnten beide ihre Tränen nicht mehr zurückhalten.

Als Newell aufgelegt hatte, kamen seine Mitarbeiter, die während des Telefonats um ihn herumgestanden hatten, zu ihm, nahmen ihn in ihre Arme und begannen zu beten.

„Nein, nein, nicht Whitney", war alles, was Newell sagen konnte.

Carly saß währenddessen mit ihren Freunden in der Kapelle des *Marion General Hospital*. Immer mehr Studenten kamen im Krankenhaus an. Doch keiner von ihnen wusste mehr als das, was sie bereits in der *Rediger Chapell* gehört hatten. Schließlich klingelte Carlys Handy. Sie ging, gefolgt von Ben, in den Flur hinaus, um das Gespräch anzunehmen. Jim Mathis war dran. Colleen hatte schon kaum die Kraft gehabt, Newell anzurufen. Da sie wusste, dass sie nicht warten konnte, bis sie sich wieder gesammelt hatte, um Carly die Nachricht mitzuteilen, hatte sie Jim gebeten, ihre Tochter anzurufen. Als Carly seine Stimme hörte, wusste sie, dass es schlechte Nachrichten gab. Sie hörte Menschen im Hintergrund weinen. Als Jim ihr erzählte, dass Whitney es nicht geschafft hatte, brach Carly zusammen; sie schrie und weinte.

Ben trat zornig nach einem Stuhl und stieß einen verzweifelten Schrei aus.

Carlys Freunde liefen zu ihnen hinaus auf den Flur und nahmen sie in die Arme. Sie halfen ihr sanft aufzustehen und führten sie zurück in die Kapelle.

Die Krankenhausmitarbeiter brachten Carly und ihre Freunde schließlich in ein Zimmer, wo sie Zuflucht vor den vielen Studenten und den Medien fanden. Behördenvertreter kamen herein und stellten Fragen über Whitney. Sie wollten ihr Alter und ihr Geburtsdatum wissen – die Art von Informationen, die man in einer Todesanzeige findet. Später brachte jemand Whitneys Handtasche und einige andere Habseligkeiten herein, die man am Unfallort gefunden hatte. Sie stanken nach Diesel. Carly schob sie zur Seite und brach erneut zusammen. Als sie schluchzend dasaß, schoss ihr ein Gedanke durch den Kopf: *Okay, Carly, jetzt kommt die große Frage. Liebst du Gott, obwohl deine Schwester tot ist?* Sie blickte auf und sah ihre Freunde an. Tränen strömten ihr übers Gesicht. „Gott ist gut", sagte sie. „Dieser Unfall hat daran nichts geändert."

Wieder klingelte Carlys Handy. Sie schaute nach, wer anrief, und sah das Wort *Dad* auf dem Display. Während sie das Handy aufklappte, ging sie auf den Flur, um allein zu sein. Niemand folgte ihr. Sie ging bis zum Ende des Flurs und drückte das Handy an ihr Ohr. Beim Klang der Stimme ihres Vater ließ sie sich gegen die Wand fallen und weinte, wie sie noch nie zuvor in ihrem Leben geweint hatte. Ihr Körper schmerzte und sie stöhnte auf. „Dad ... Neeeeeeiiin!", weinte sie in das Handy. „Nein, Dad, Whitney kann nicht tot sein. Sie ist meine beste Freundin."

3

Intensivstation

Mittwoch, 26. April
Oh Laurie, das war ein Anruf, den ich niemals erhalten wollte. Ich
kann meine Gefühle nicht genau benennen – Panik, Furcht, die an
Gott gerichtete Bitte, Dein Leben zu erhalten, Dankbarkeit, dass
Du noch am Leben bist, Unglaube, als befände ich mich in einem
Traum. Die Fahrt nach Fort Wayne war lang. Viele Anrufe. Men-
schen machten sich Sorgen, beteten für Dich. Wir (Lisa, Dad und
ich) kamen hier nachts gegen Viertel nach eins an. Wir wurden von
einigen Freunden von der Taylor University begrüßt. Als sie uns in
dein Zimmer brachten, Liebes, damit wir Dich sehen konnten, floss
mein Herz vor Liebe über. Meinen Sonnenschein so zu sehen, an
die vielen Schläuche angeschlossen, war fast mehr, als ich ertragen
konnte. Gott hat so viel Kraft, an der er mich teilhaben lässt, wenn
ich schwach bin. Nur er konnte mich so tragen, wie er es getan hat.
Aryn, Jim und Trixie sind einige Stunden nach uns eingetroffen.
Aryn war in ganz schlechter Verfassung. Er liebt Dich so sehr. Ge-
nau wie ich, meine süße Laurie.
Aus Susies Gebetstagebuch

Sie müssen wissen, was Sie erwartet, wenn Sie ihr Zimmer
betreten", sagte der Arzt zu Don, Susie und Lisa, als sie vor
der Tür zur Intensivstation standen. „Laura wurde bei dem
Unfall gut 15 Meter durch die Luft geschleudert. Ihr Gesicht
ist voller Blutergüsse und Schrammen. Und sie wurde an

ein Beatmungsgerät angeschlossen. Sie konnte selbstständig atmen, als die Sanitäter sie versorgten, aber wir denken, dass es zunächst besser ist, wenn das Beatmungsgerät ihr die anstrengende Arbeit, selbst zu atmen, abnimmt, damit sich ihr Körper auf die Heilung konzentrieren kann."

„Aber sie wird durchkommen, oder?", wollte Don wissen.

Susie griff nach seinem Arm.

„Ihr Zustand ist kritisch. Wir sind noch dabei, uns ein Bild über das gesamte Ausmaß ihrer Verletzungen zu machen. Im Augenblick würde ich sagen, dass ihre Chancen gut aussehen. Aber rechnen Sie nicht damit, dass Ihre Tochter in den nächsten Tagen nach Hause kommen wird. Sie hat einige Knochenbrüche erlitten, darunter einen zertrümmerten Ellenbogen, einen komplizierten Beinbruch und außerdem noch ein gebrochenes Schlüsselbein. Am meisten Sorgen macht uns allerdings ihre Gehirnverletzung. Wir können sie nicht einfach röntgen, um festzustellen, wie schwer das Hirn geschädigt ist. Wenn Sie zu ihr hineingehen, werden Sie einen Schlauch aus ihrem Kopf ragen sehen. Das muss Ihnen keine Angst machen. Das ist der Hirndruckmonitor, wegen dem wir Sie heute Abend angerufen haben." Der Arzt hielt einen Augenblick inne und fragte dann: „Gibt es noch etwas, das Sie wissen möchten?"

Don, Susie und Lisa blickten einander an und versuchten zu begreifen, was sie gerade gehört hatten. Sie hatten zwar gewusst, dass Laura schwer verletzt war, aber sie hatten nicht geahnt, was genau sie bei der Ankunft im Krankenhaus erwarten würde. Susie blickte Don an; Tränen rannen ihr über die Wangen.

Schließlich ergriff Lisa das Wort. „Können wir sie jetzt sehen?"

„Noch nicht, aber bald", entgegnete der Arzt. „Wir sind noch dabei, sie zu versorgen. Eine Krankenschwester wird Sie abholen, wenn sie bereit ist. Und noch einmal: Bitte machen Sie sich darauf gefasst, dass sie nicht so aussieht, wie Sie sie in Erinnerung haben."

Don blickte auf seine Armbanduhr. Es war fast zwei Uhr morgens; der Unfall lag über fünf Stunden zurück. *Was können sie denn jetzt noch mit ihr machen?*, fragte er sich. *Wie schlimm steht es um sie?*

Don, Susie und Lisa gingen zum Wartebereich der Intensivstation, wo sich mittlerweile auch einige von Lauras Freunden von der Universität versammelt hatten. Als die Van Ryns hereinkamen, waren alle Augen auf sie gerichtet. Lauras Mitbewohnerin ging auf Susie und Lisa zu und umarmte sie. Wynn Lembright und Skip Trudeau, zwei Verwaltungsmitarbeiter der *Taylor University*, waren ebenfalls da. „Wie geht es ihr?", fragte Wynn.

„Sie wird noch untersucht", entgegnete Don.

„Gut. Eine Menge Leute beten für sie", sagte Wynn.

„Ich weiß, ich weiß", erwiderte Don. Ihm schwirrte der Kopf, als er versuchte, all das zu verarbeiten, was der Arzt ihnen gerade mitgeteilt hatte. „Das Foyer war voller Studenten, als wir hier ankamen. Sie haben uns vom Gebetsgottesdienst heute Abend in der *Taylor University* erzählt."

„Gibt es irgendetwas Neues von den anderen Unfallbeteiligten?", fragte Lisa.

Wynn und Skip sahen einander an. „Laura ist eine von vier Überlebenden", erklärte Skip, „aber die anderen sind nicht so schwer verletzt."

„Was ist mit Brad Larson?", fragte Don.

Wynn und Skip sahen sich wieder an. „Wir können es ihnen schon sagen. Die Universität wird es ohnehin demnächst offiziell bekannt geben", meinte Wynn. Er machte eine Pause, dann wandte er sich an die Van Ryns und erklärte: „Brad hat es nicht geschafft. Er kam bei dem Unfall ums Leben, ebenso wie die Universitätsangestellte Monica Felver und die Studentinnen Laurel Erb, Betsy Smith und Whitney Cerak."

„Nein, nein, nein", sagte Lisa und brach in Tränen aus.

„Du meine Güte", sagte Don. Er stieß einen lang gezogenen Seufzer aus, als er seinen Arm um Susie legte. Die Van Ryns fühlten sich Brad und seiner Schwester Dawn, die Lisa während der Fahrt von Caledonia angerufen hatte, sehr nahe. Brad und Dawn hatten gemeinsam mit den Van Ryns auf einem Camp auf der *Upper Peninsula* als Seelsorger gearbeitet.

Die Studenten im Wartebereich hatten mitbekommen, was Wynn den Van Ryns mitgeteilt hatte. Ihr Weinen und Schluchzen füllte den Raum.

＊

Lauras Zimmer auf der Intensivstation war sehr dunkel, als Don, Susie und Lisa es betraten, da Patienten mit Gehirnverletzungen möglichst wenig Licht und anderen äußeren Reizen ausgesetzt sein sollen, damit der Heilungsprozess einsetzen kann. Monitore, die der Kontrolle der Vitalfunktionen dienten, standen zu beiden Seiten von Lauras Bett und gaben piepsende Töne von sich, die in der Stille des Raumes viel lauter wirkten, als sie eigentlich waren. Obwohl das Licht gedämpft war, konnten sie Lauras ausdrucksloses Gesicht sehen, das von den weißen Verbänden, die um ihren Kopf gewickelt waren, eingerahmt war.

„Es sieht aus wie ein Verband bei Zahnschmerzen", meinte Don.

Keiner von ihnen wusste, was er sagen sollte. Lauras Gesicht war zwar übersät von Blutergüssen und Schnittwunden, aber ihr blondes Haar guckte unter dem Verband hervor, und Nase, Mund und die anderen Gesichtszüge waren immer noch die gleichen, immer noch die von Laura. Ein Sauerstoffschlauch war durch den Mund eingeführt und im Mundwinkel mit einem Klebeband fixiert worden. Eine Art Dorn kam direkt oberhalb der Stirn aus dem Kopf heraus; das war wohl der Hirndruckmonitor, den der Arzt erwähnt hatte. Außerdem hatte man Infusionsschläuche und die Kabel der Überwachungsgeräte an beiden Seiten ihres Körpers befestigt.

Susie ging ans Bett. Das Piepsen der Maschinen und das unheimliche Geräusch des Beatmungsgerätes ließen ihr Herz fast stillstehen. „Oh Laurie", flüsterte sie, als sie sich hinunterbeugte und die Hand ihrer Tochter ergriff. Tränen liefen ihr über die Wangen. „Wir sind hier ... wir sind hier."

„Laurie, ich bin's, Dad", sagte Don leise. „Ich weiß nicht, ob du uns hören kannst, aber das ist in Ordnung." Er blickte sich im Zimmer um und atmete aus. Er verspürte weder Panik noch Furcht, sondern vielmehr ein Gefühl des Friedens. „Du wirst wieder gesund werden", sagte er. „Halte durch und kämpfe weiter. Ich weiß, dass du wieder gesund wirst."

Lisa ging zu ihrer Mutter hinüber und legte ihr den Arm um die Schulter.

Susie betete schweigend: *Auch wenn es wirklich schwer ist, Gott, ich vertraue dir. Laura ist in deiner Hand ... Sie ist in deiner Hand.*

Lisa strich ihrer Mutter über den Rücken, um sie wissen zu lassen, dass sie da war.

Gott, ich weiß, dass du einen Plan für Lauras Leben hast, betete Susie weiter, *das kann nicht das Ende sein. Ich weiß einfach, dass das nicht das Ende sein kann.*

Eine Krankenschwester kam herein und stellte einen der Monitore neu ein.

„Suz", sagte Don, „wir sollten ihr etwas Ruhe gönnen."

Susie sah ihn mit einer Miene an, die deutlich machte, dass sie Lauras Hand nicht loslassen wollte.

„Es ist schon in Ordnung", sagte er, „sie ist in guten Händen." Die Krankenschwester lächelte, dabei hatte Don nicht in erster Linie das Krankenhauspersonal gemeint. Obwohl er nicht immer so positiv eingestellt war, wie er es sich selbst gewünscht hätte, spürte Don, dass Gott ihm ein Gefühl des Friedens geschenkt hatte, ebenso wie die Sicherheit, dass Laura wieder vollständig genesen würde. In den vorangegangen zwei Monaten hatte er in der Bibel besonders gern Geschichten von Menschen gelesen, die außergewöhnliches Leid erlebten, darin aber Gottes Treue erleben durften – so wie Hiob. *Gott hat sich seit damals nicht geändert,* dachte er. *Er wirkt auch hier und heute.* Dann dachte Don an Monica, Betsy, Laurel, Whitney und Brad, vor allem an Brad. Er seufzte tief. *Warum wir und nicht sie, Herr? Warum sollte unsere Tochter überleben, aber nicht einer von ihnen?*

Etwa zwei Stunden nachdem die Van Ryns im Krankenhaus eingetroffen waren, fuhren Aryn und seine Eltern in die Tiefgarage des Krankenhauses. Aryn war komplett durch den Wind, als er aus dem Wagen stieg und auf den Eingang zuging. Erinnerungen an Laura schossen ihm durch den Kopf, begleitet von der Furcht, dass er solche Augenblicke mit ihr niemals wieder erleben würde.

Als er das Wartezimmer der Intensivstation betrat, sprangen Don, Susie und Lisa auf und nahmen ihn erst einmal in den Arm. Wieder flossen Tränen.

„Möchtest du sie sehen?", fragte Don.

Aryn atmete tief durch und nickte.

Don und Susie gingen mit ihm den Flur bis zu Lauras Zimmer hinunter. Als sie den Raum betraten, verschlug es Aryn die Sprache. Er wollte etwas sagen, irgendetwas, um Laura mitzuteilen, wie sehr er sie liebte, und doch brachte er kein Wort heraus. Stattdessen stand er neben ihrem Bett und beobachtete, wie sie ein- und wieder ausatmete, und betete darum, dass jedem Atemzug ein weiterer folgen würde.

Kurz nach Aryns Ankunft betrat eine Krankenhausangestellte das Wartezimmer der Intensivstation. „Hier sind Lauras Sachen", sagte sie, als sie Lisa eine Tüte mit Schuhen und einigen anderen persönlichen Dingen übergab.

Lisa griff in die Tüte und zog ein Paar Converse-All-Star-Schuhe heraus, die das Personal Laura von den Füßen genommen hatte. „Das sind nicht Lauras Schuhe", stellte sie fest.

Aryn nahm Lisa den Schuh aus der Hand und pflichtete ihr bei. „Ich habe sie nie mit solchen Schuhen gesehen."

„Das waren jedenfalls die Schuhe, die sie anhatte, als sie eingeliefert wurde", erklärte die Frau, als sie das Zimmer wieder verließ.

Als Lisa weitere Gegenstände aus der Tasche zog, waren sie und Aryn verwirrt. Nichts davon gehörte ihres Wissens Laura und doch maßen sie dem beide keine große Bedeutung bei. „Laura hat sich ständig meine Klamotten geborgt, als sie noch zu Hause wohnte", sagte Lisa. „Ich bezweifle, dass sich an dieser Gewohnheit etwas geändert hat, als sie zur Universität ging. Wahrscheinlich gehören die Sachen einer ihrer Mitbewohnerinnen. Das hier ist auf jeden Fall ihre Handtasche." Der Familie war mitgeteilt worden, dass die Rettungskräfte die Tasche an Lauras Körper gelehnt gefunden hatten.

„Möglicherweise mussten die Rettungskräfte aber einfach raten, was zu wem gehörte", mutmaßte Aryn. „Wynn und Skip haben erzählt, dass am Unfallort alles verstreut herumlag." Er hielt inne, als ihm ein Gedanke kam. „Wie weit entfernt lag Laura vom Kleinbus?"

„Ungefähr 15 Meter."

„Oh", gab er leise, fast flüsternd von sich. „Es ist ein Wunder, dass sie überlebt hat."

„Ja", pflichtete Lisa ihm bei. „Das ist es wirklich."

*

Als Kenny eintraf, hatten die Studenten der *Taylor University* das Krankenhaus schon lange verlassen, nur noch die Van Ryns, Aryn und seine Eltern saßen im Wartebereich der Intensivstation. Kenny hatte für die Fahrt von Chicago einige Stunden gebraucht; nun schritt er zielstrebig durch die Tür, fast als ob er in militärischem Auftrag unterwegs war. Das Erste, was er sagte, war nicht: „Hallo, Mom" oder: „Hallo, Dad", sondern: „Gibt es irgendetwas Neues?"

Don, Susie und Lisa brachten ihn direkt zu Lauras Zimmer auf der Intensivstation. Er sagte kein Wort, sondern stand einfach nur da und blickte seine Schwester an. Nach nur ein oder zwei Minuten kehrten sie in den Wartebereich zurück.

Mark traf vier Stunden später ein. Er hatte ein Flugzeug von Marquette nach Fort Wayne genommen. Auch er wurde sofort von seiner Familie in Lauras Zimmer begleitet. Er trat ein, sah seine Schwester dort liegen, drehte sich um und ging sofort wieder hinaus. Tränen liefen ihm über das Gesicht.

Es fiel Don schwer, seinen Söhnen nun auch noch sagen zu müssen, dass Brad es nicht geschafft hatte. Er wollte gar nicht daran denken, wie seine Familie damit klargekommen wäre, wenn Brad *und* Laura an diesem Abend gestorben wären.

Nachdem sie nun also alle fünf beisammen waren, ließ Don sie Platz nehmen, und er gab Bericht über alles, was die Ärzte ihnen bis zu diesem Zeitpunkt mitgeteilt hatten. „Wir wissen Folgendes", sagte er. „Um ihr Bein steht es ziemlich schlecht; möglicherweise muss es operiert werden. Der Ellenbogen vielleicht auch. Am meisten Sorgen machen sich die Ärzte aber um die Gehirnverletzung. Ich glaube, es wird noch ein paar Tage dauern, bis sie wissen, worauf sie sich einzustellen haben." Mit seiner nüchternen Art, die er seinen niederländischen Wurzeln zu verdanken hatte, versuchte Don, nichts von dem, was man ihnen erzählt hatte, schönzureden, und er sprach auch nicht viel darüber, was sie in den kommenden Tagen und Wochen erwarten würde. Er beendete seinen Bericht mit den Worten: „Das ist also die momentane Situation. Hat noch jemand eine Frage?"

Niemand meldete sich.

Den Rest der Nacht verbrachten sie im Wartezimmer unmittelbar vor der Intensivstation. Keiner von ihnen schlief auch nur eine Minute. Die Van Ryns, Aryn und seine Eltern saßen ängstlich gespannt im Wartezimmer und konnten auch nur genau das tun: warten. Dies sollte die einzige Nacht sein, die die Familie tatsächlich im Krankenhaus selbst verbringen würde. Dies war jedoch erst der Anfang ihrer Reise. Sie stellten bald fest, dass das, was sie vor sich hatten, kein Sprint, sondern ein Marathonlauf war. Keiner von ihnen ahnte jedoch, wie dieser Marathonlauf enden würde. Alles, was sie im Moment tun konnten, war warten und beten.

Letzten Endes würde das genügen müssen.

4

Die Situation begreifen

Ich kann nicht glauben, was geschehen ist", sagte Colleen zu Jim, als sie Gaylord verließen und mit dem Auto in Richtung Upland, Indiana, fuhren. „Das kann nicht wirklich passiert sein." Sonst schlief Colleen im Auto immer schnell ein, vor allem während mehrstündiger nächtlicher Autofahrten, doch nicht in dieser Nacht. „Es ist gerade einmal ein paar Wochen her, dass sie über Ostern zu Hause war. Sie und Carly haben darauf bestanden, Ostereier zu verstecken." Colleen lächelte und fuhr dann fort: „Es war, als ob sie wieder kleine Kinder wären, die lachend im Haus herumrannten." Ihre Stimme brach, als sie sagte: „Und nun das ... Wie ist das möglich?"

„Ich weiß nicht." Jim wusste, dass er nicht mehr sagen musste. Colleen brauchte im Moment niemanden, der versuchte, ihr billige Antworten oder leere Plattitüden zu liefern, sondern jemanden, der ihr einfach nur zuhörte,

„Ich weiß nicht, ob du dich daran erinnerst, aber Whitney wollte eigentlich gar nicht auf die *Taylor University* gehen. Sie wollte mit der Familientradition brechen und irgendwo anders studieren. Ich vermute, die Tatsache, dass Newell, Carly und ich dort waren, machte die Uni für sie nur noch weniger attraktiv. Obwohl wir ihr zugesagt haben, für zwei Drittel der Kosten aufzukommen, wenn sie ein christliches College besuchen würde, war *Taylor* nicht ihre erste Wahl, auch wenn das bedeutete, dass sie komplett selbst für die Unigebühren aufkommen müsste. Sie hat sich bei einer staatlichen Hochschule beworben, von der es heißt, dass dort praktisch jeder angenommen wird, der sich dort bewirbt. *Taylor* war für sie nur eine Art Rückversicherung für den Fall, dass es mit ihrer ersten Bewerbung nicht klappt. Sie konnte es kaum glauben, als sie von der staatlichen Hochschule, ihrer ersten Wahl, abgelehnt wurde, vor allem, da sie die Aufnahmevoraussetzungen mehr als erfüllt hatte. Und dann wurde sie von der *Taylor,* die viel höhere Anforderungen stellt, angenommen. Wir alle haben das als unmissverständliches Zeichen gesehen, dass Gott sie auf der *Taylor University* haben wollte." Colleen schwieg einen Augenblick, dann fuhr sie fort: „Und nun das. Ich muss immer daran denken, dass wir diese Autofahrt nicht machen würden, wenn sie nicht auf die *Taylor University* gegangen wäre. Aber dass sie dorthin ging, gehörte offensichtlich zu Gottes Plan für ihr Leben. Es fällt mir wirklich schwer, das Ganze zu begreifen."

Während Colleen und Jim miteinander redeten, vergaßen sie alles andere um sich herum, zumindest bis rote und blaue Blinklichter hinter ihnen aufleuchteten. Sie hatten gerade eine Radarfalle an einer Stelle passiert, an der das Tempolimit von 100 auf 90 Kilometer pro Stunde heruntergesetzt war. Jim fuhr an den Straßenrand.

„Wenn du willst, dass ich weine, kann ich das tun", sagte Colleen.

„Ich glaube, das wird nicht notwendig sein", erwiderte Jim. Er bat den Polizisten um die Erlaubnis auszusteigen und erklärte ihm dann unter vier Augen die Situation. Einige Minuten später waren sie wieder unterwegs, und zwar ohne einen Strafzettel erhalten zu haben.

Etwa einen Kilometer vor der Ausfahrt nach Marion passierten sie den Unfallort.

Jim drosselte die Geschwindigkeit. Die Trümmer waren bereits beseitigt worden, doch das Loch in der Mittelbegrenzung, wo der Lkw durchgebrochen war, war deutlich zu erkennen. Weder Colleen noch Jim sagte ein Wort, doch beiden liefen Tränen über die Wangen.

Colleen bestand darauf, direkt zum *Marion General Hospital* zu fahren. Sie wusste zwar, dass Carly das Krankenhaus schon gegen vier Uhr morgens verlassen hatte, da sie selbst sie dazu gedrängt hatte, aber sie musste einfach den Ort sehen, an den man Whitney nach dem Unfall gebracht hatte.

Der Parkplatz des Krankenhauses war leer, ebenso wie die Eingangshalle und die Wartezimmer. Die vielen Studenten waren bereits Stunden zuvor gegangen, nun herrschte unheimliche Stille. Schließlich fand Colleen eine Krankenhausmitarbeiterin und stellte sich vor. „Meine Tochter war eins der Todesopfer des Unfalls gestern Abend. Gibt es noch etwas, das ich noch erledigen muss, oder brauchen Sie noch irgendwelche Informationen von mir?"

Die Angestellte griff nach dem Telefon, führte ein kurzes Gespräch mit dem Rechtsmediziner und sagte dann: „Nein, Ma'am. Man hat bereits für alles Sorge getragen. Er sagt, dass der Leichnam bereits identifiziert wurde, und er wird für den Transport des Leichnams Ihrer Tochter durch ein Bestattungsinstitut sorgen. Wenn Sie sie aber gerne sehen möchten, können wir arrangieren, dass Sie jemand dorthin bringt."

Eine Welle der Übelkeit stieg in Colleen hoch. Sie schloss die Augen und sah Whitney lächelnd und mit einem Osterkörbchen in der Hand vor sich. Dann erinnerte sie sich an ein Gespräch mit einer Freundin, deren Teenager-Tochter ein Jahr zuvor verstorben war. *Ich werde das Bild, wie sie dort im Sarg lag, nicht mehr los,* hatte sie gesagt. Colleen wusste, dass sie sich nicht so an Whitney erinnern wollte. „Nein", antwortete sie schließlich. „Ich ... äh ..." Ihre Stimme versagte, und sie machte eine Pause, um sich zu sammeln. „Aber vielen Dank."

Nachdem sie der Angestellten eine Telefonnummer gegeben hatte, unter der man sie erreichen konnte, verließen Colleen und Jim das Krankenhaus und fuhren nach Upland, wo Carlys Freund wohnte und wo Carly und ein paar Freunde versuchten, etwas Ruhe zu finden. Auch Sandra war dort, ebenso wie Whitneys Freund Matt und Sandras Schwester Laisa.

Im Haus war es still und dunkel, als Colleen es betrat. Carly, Sandra und Ben schliefen aneinandergelehnt auf dem

Sofa. Colleen ging zu Carly hinüber, hockte sich hin und berührte sie sachte am Arm und flüsterte: „Carly."

Langsam öffnete Carly die Augen. Als sie ihre Mutter sah, fiel sie ihr sofort um den Hals und begann zu weinen.

Sandra wachte auf. Sie legte ihre Arme um die beiden und weinte mit ihnen. Lange sagte niemand ein Wort. Es gab auch kein Wort, das ihre Gefühle hätte ausdrücken können.

Im Laufe der nächsten Stunden versuchte Colleen, sich etwas auszuruhen, doch ohne Erfolg. Sie war zu benommen, um schlafen zu können. *Das kann unmöglich wahr sein,* dachte sie. *Ich werde bestimmt aufwachen und dann ist alles vorbei. Oh Gott,* betete sie. Weiter kam sie mit ihrem Gebet nicht. Sie war sich sicher, dass Gott ohnehin wusste, was ihr auf dem Herzen brannte. Nachdem sie sich drei Stunden lang nur hin und her gewälzt hatte, stand sie auf, zog sich an, wusch sich das Gesicht und rief Marty Singer, einen Freund der Familie, an. „Ich muss unbedingt zu dem Gebetsgottesdienst morgen früh in der Kapelle der *Taylor University* gehen", sagte sie.

Marty versuchte, ihr klarzumachen, dass sie Ruhe brauchte, doch Colleen ließ sich nicht von ihrem Vorhaben abbringen. „Ich muss aus dem Haus und irgendetwas tun. Ich denke, es wird mir guttun, wenn ich von betenden Menschen umgeben bin."

Als Colleen und Marty durch die Eingangstür zur *Rediger Chapell* schlüpften, hatte der Gottesdienst bereits begonnen. Fast eintausend Menschen saßen dicht gedrängt in der Kapelle, doch niemand erkannte Colleen als die Mutter eines der Unfallopfer. Sie fand einen Platz neben Carlys Mitbewohnerinnen, die sie, ohne ein Wort zu sagen, umarmten. Zwei Reihen vor ihr saßen Whitneys Mitbewohnerinnen und weinten.

In der ersten Stunde des Gebetsgottesdienstes wurde nur wenig gesprochen. Stattdessen wurden die Namen aller Opfer nacheinander auf eine große Leinwand an der Stirnwand der Kapelle projiziert. Die Gottesdienstbesucher beteten jeweils für die Angehörigen des Opfers, dessen Name auf der Leinwand erschien. Auch die Namen der Verletzten wurden an die Wand geworfen, ebenso der Name des Lkw-Fahrers, der mit dem Kleinbus der *Taylor University* zusammengestoßen war.

Schließlich stand der Name WHITNEY CERAK auf der Leinwand – in großen weißen Buchstaben auf schwarzem Hintergrund. Colleen starrte auf Whitneys Namen. *Das hier ist real,* sagte sie sich. *Whitney ist eine der fünf Personen, die gestern Abend starben.* Vor ihr begannen Whitneys Mitbewohnerinnen, hörbar zu schluchzen, doch Colleen konnte nicht weinen. Sie erwartete, jeden Moment von ihren Gefühlen überwältigt zu werden. Stattdessen aber verspürte sie einen unerklärlichen Frieden. Als sie sich umblickte, sah sie Hunderte von betenden Menschen. *Sie beten für uns,* dachte sie. *Für mich. Für Newell. Für Carly.* In diesem Augenblick konnte sie regelrecht spüren, wie die Gebete in den Himmel reichten und Gottes Arme sich herabsenkten, um sie tröstend in den Arm zu nehmen. Sie schloss die Augen und ließ sich davon erfüllen.

Als der Gottesdienst zu Ende war, brachte Jim Mathis Colleen wieder zu Ben nach Hause, wo sie Carly, Sandra und Sandras Schwester Laisa abholten. Zu fünft fuhren sie dann nach Indianapolis, um Newell vom Flughafen abzuholen.

Er hatte eine lange schlaflose Nacht allein in Mississippi verbracht, während er auf seinen Sechs-Uhr-Flug gewartet hatte. Sein Freund Mark Vaporis hatte angeboten, bei ihm zu bleiben, doch Newell hatte dieses Angebot höflich abgelehnt. „Du brauchst den Schlaf", hatte Newell zu ihm gesagt. „Ich dagegen werde wahrscheinlich ohnehin nicht schlafen können." Newell verbrachte die Nacht also auf einer Couch in der Eingangshalle der Unterkunft, in der die freiwilligen Mitarbeiter von *Habitat for Humanity* untergebracht waren. Er wollte mit seinen Gedanken und Gebeten allein sein. Im Laufe der Nacht wurde die Stille zweimal unterbrochen, als Carly weinend anrief. Newell wusste nicht recht, wie er seine Tochter trösten sollte, wo ihm der Verlust doch selbst so wehtat.

Frühmorgens ließ Mark den Bus an, mit dem jeden Tag die Helfer zur Baustelle transportiert wurden, und brachte Newell zum Flughafen. Selbst als Newell sich auf seinen Platz in dem überfüllten Flugzeug setzte, fühlte er sich, als befände er sich in einer anderen Welt. *Das kann einfach nicht wahr sein ... es kann einfach nicht wahr sein,* wiederholte er immer wieder. Er lehnte seinen Kopf gegen das Fenster, weinte und betete leise für seine Familie. Bei einer Zwischenlandung in Charlotte rief Newell seine Mutter und alle anderen Angehörigen an, um ihnen die Nachricht mitzuteilen. Um kurz nach zwölf Uhr mittags landete er schließlich in Indianapolis.

Jim, Colleen und die Mädchen warteten am Fuß der Rolltreppe, die zur Gepäckrückgabe führte. Die Passagiere kamen mit der Rolltreppe herunter, und man konnte sie erst vollständig sehen, wenn sie an der Hälfte der Rolltreppe angelangt waren, doch als Colleen einen Blick auf Newells Beine erhascht hatte, wusste sie gleich, dass er es war. Sie stürzte auf die Rolltreppe zu und fasste ihn am Arm, kaum dass er die Rolltreppe verlassen hatte. Carly, Sandra und Laisa liefen ihr hinterher. Die ganze Familie stand um Newell herum und umarmte sich. Die anderen Fluggäste, die mit der Rolltreppe herunterkamen, warfen ihnen verwunderte Blicke zu, während sie sich an ihnen vorbeiquetschten. Schließlich gingen die Ceraks zu Jims Auto. Newell hatte all seine Sachen beim Bauteam in Mississippi zurückgelassen, sodass er nicht erst zur Gepäckausgabe musste.

Die Ceraks machten in Cracker Barrel zwischen Indianapolis und Upland Rast, um zu Mittag zu essen und in Ruhe über die Geschehnisse am Vorabend zu reden. Sie wussten, dass sie etwas essen mussten, doch sie konnten die Mahlzeit kaum in ihre emotional ausgelaugten Körper zwingen. Das Tischgespräch hatte etwas Surreales. „Bin ich der Einzige, der Schwierigkeiten damit hat, das alles wirklich zu begreifen?", fragte Newell schließlich. „Ich kann einfach nicht glauben, dass sie von uns gegangen ist."

„Nein", entgegnete Carly. „Ich habe das Gefühl, als befände ich mich in einem schlimmen Traum, und ich wünschte, ich würde aufwachen."

„Mir geht es genauso", sagte Sandra.

„Hat man euch gestern Abend gebeten, Whitney zu identifizieren?", wollte Newell von Carly wissen.

„Nein. Das hatte schon jemand anders gemacht. Jemand vom College, glaube ich."

„Ich glaube, ich möchte den Leichnam auch nicht sehen. Ich will nicht, dass dieses Bild sich mir einprägt", sagte Newell.

„Mich haben sie gefragt, ob ich sie sehen will, aber ich habe Nein gesagt", meinte Colleen. „Ich will sie lieber mit ihrem Lächeln auf dem Gesicht und ihren Grübchen in den Wangen in Erinnerung behalten. Das ist die wirkliche Whitney, das ist die Whitney, die nun im Himmel ist. Das ist das Bild, an das ich mich erinnern will."

Newell stocherte auf seinem Teller herum. Er wusste, dass er etwas essen sollte, doch er hatte einfach keinen Appetit. „Das kann alles nicht wahr sein", sagte er.

＊

Als die Ceraks gegen drei Uhr nachmittags wieder an der *Taylor University* eintrafen, sahen sie sich der schwierigen Aufgabe gegenüber, Whitneys Sachen aus ihrem Zimmer in der *Olson Hall* abzuholen. Als sie die Tür am Südausgang des Wohnheims öffneten, sahen sie, dass sich die Bewohner in der Eingangshalle versammelt hatten, um für all diejenigen zu beten, die vom Unfall betroffen waren. Die Ceraks hörten, wie die Wohnheimsprecherin Einzelheiten des Unfalls schilderte, und sie hörten die Mädchen schluchzen. Schnell schlossen sie die Tür wieder in der Hoffnung, dass niemand sie bemerkt hatte. „Ich glaube, ich schaffe es nicht, zu den Mädchen reinzugehen und all ihre Fragen zu beantworten", sagte Carly. Colleen und Newell stimmten ihr zu. Schließlich nahmen sie die Tür, die durch die Waschküche ins Innere des Wohnheims führte, und gingen auf schnellstem Weg zu Whitneys Zimmer.

Emily, Whitneys Mitbewohnerin, sowie Amy und Anne, zwei ihrer Freundinnen, die in einem Zimmer auf der anderen Seite des Flurs wohnten, hatten das Gebetstreffen verlassen und trafen sich dort mit den Ceraks. Die Mädchen hatten bereits alle Sachen von Whitney zusammengepackt, um der

Familie dieses Trauma zu ersparen. „Es gibt da etwas, von dem Whitney bestimmt gewollt hätte, dass Sie es bekommen", sagte Emily. „Vor ein paar Wochen haben wir mit einem kleinen Bibelkreis angefangen, nur wir vier. Gestern hat Whitney zum Schluss unseres Treffens das hier gemacht und es über die Tür gehängt. Sie wollte, dass dieses Schild sie immer daran erinnert, Gott in allem zu dienen, was sie tut. Nun, ich dachte, Sie hätten es vielleicht gerne."

„Vielen Dank", sagte Newell, als er die Hand ausstreckte und das kleine Schild entgegennahm. Er drehte es um und las vor, was darauf stand: „Sehr gut, sagte der Herr, du bist ein tüchtiger und treuer Diener." Seine Stimme versagte; er brachte die folgenden Worte kaum heraus: „Matthäus 25, Vers 23. Die Bibel sagt, dass das die Worte sind, mit denen Jesus im Himmel diejenigen begrüßt, die ihn lieben."

Colleen, Carly und Sandra liefen die Tränen über die Wangen hinunter. „Danke", sagten sie. „Vielen Dank, Emily."

*

Jim Mathis erklärte sich bereit, Carlys Freunde zurück nach Gaylord zu fahren. So hätten die Ceraks auf dem Heimweg etwas Zeit für sich. Colleen und Newell begleiteten Carly in ihr Zimmer am anderen Ende der *Olson Hall,* damit diese noch ein paar Sachen einpacken konnte, die sie für die Reise nach Hause und für Whitneys Beerdigung brauchen würde. Als sie schließlich im Auto saßen, sagte Carly: „Ich kann nicht glauben, dass wir jetzt nur noch zu dritt sind." Kaum hatte sie das gesagt, wurde sie erneut von ihren Emotionen überrollt, und sie begann zu weinen.

Newell konnte kaum losfahren, weil ihm selbst die Tränen in den Augen standen. Als er den Motor anließ, begann eine CD mit Anbetungs- und Lobpreismusik in der Anlage zu laufen. Sie ließen sich von der Musik einhüllen. Nach einigen Kilometern stimmten sie in die Lieder zu Gottes Ehre ein. Sie hatten das Bedürfnis, genau das zu tun. Als sie jedoch die Stelle auf der Schnellstraße erreichten, an der die Reifenspuren des Lkw über die Mittelbegrenzung auf die Fahrbahn in südlicher Richtung ausscherten, hörten sie auf zu singen. Die Musik lief weiter, während sie weinten.

Nach einer Stunde drehte Colleen die Lautstärke herunter. „Wir müssen uns Gedanken darüber machen, was wir tun wollen, wenn wir nach Hause kommen. Morgen ist Freitag, und ich fände es gut, wenn Whitneys Beerdigung am Sonntag stattfinden könnte. Ich möchte, dass alle kommen können, ohne sich einen Tag freinehmen zu müssen."

„Das bedeutet, dass die Aufbahrung an ihrem Geburtstag stattfinden würde", sagte Newell.

„Das ist in Ordnung", entgegnete Colleen. „Ich glaube sogar, dass der Zeitpunkt richtig gut passt. Whitney hat ihre Geburtstagspartys immer geliebt. Es ist nur recht und billig, eine letzte große Geburtstagsparty zu veranstalten, um ihr Leben zu feiern." Colleen kramte einen Zettel hervor und begann, eine Liste mit den Dingen zu erstellen, die zwischen Donnerstagnachmittag und Sonntag noch erledigt werden mussten. Dann machte sie sich daran, Whitneys Todesanzeige für die Lokalzeitung zu verfassen.

Etwa auf halber Wegstrecke ging die Sonne im Westen unter. Newell schaute aus dem Fenster und sagte: „Das ist unser erster Sonnenuntergang ohne Whitney." Den Rest der Fahrt über herrschte Schweigen im Auto, abgesehen von leisem Schluchzen auf dem Rücksitz.

5

Banges Warten

„Vertrau auf den Herrn, sei stark und fasse Mut, vertrau auf den Herrn!" Psalm 27,14

Mein Sonnenschein, am schlimmsten ist das Warten. Wir wissen, dass wir einen mächtigen Gott haben. Er hält uns. Er hält Dich in seiner Hand. Er gibt Dir Zuflucht. Gott hat uns ein kostbares Geschenk gemacht, als er Dich uns gab. Du bist unsere Freude und ein großer Schatz. Wir bitten Gott, dass er Dich wieder vollständig genesen lässt, und wir wissen, dass er uns und Dich liebt.

Seine Wege sind vollkommen.

Kämpfe weiter, meine Kleine. Werde mit jedem Tag stärker. Öffne Deine schönen Augen. Auf der ganzen Welt beten Menschen für Dich. Und es waren schon so viele Leute hier, denen Du am Herzen liegst. Ich hoffe, Du kannst unsere Stimmen hören.

Ich liebe Dich,

Mom

EIN BRIEF VON SUSIE VAN RYN AN LAURA, ALS SIE AUF DER INTENSIVSTATION LAG, 27. APRIL

Die Neurologin verschonte die Van Ryns nicht, als sie sich mit ihnen zusammensetzte, um sie über Lauras Zustand zu informieren: „Laura liegt im Koma, und es gibt keine Garantie dafür, dass sie wieder daraus aufwacht, oder wenn sie aufwacht, dass sie derselbe Mensch sein wird wie vorher. Sie müssen verstehen, womit wir es hier zu tun haben. Ihre Tochter hat bei dem Unfall eine traumatische Hirnverletzung erlitten. Wir wissen noch nicht, wie sehr das Gehirn geschädigt ist und inwieweit sie genesen wird. Es gibt einiges, das wir noch nicht wissen. Erst mit der Zeit können wir mehr sagen."

Don beugte sich vor. „Wie viel Zeit?", fragte er.

„Vielleicht einige Tage, vielleicht Wochen, vielleicht aber auch noch viel mehr Zeit."

Don wandte sich Susie zu. Ihr Gesicht war wachsbleich. „Ich vermute, das bedeutet, dass wir sie nicht in ein paar Tagen nach Hause holen können, wie wir anfangs geglaubt haben", sagte er mit einem nervösen Lachen.

„Nein, Ihre Tochter wird eine ganze Weile hierbleiben müssen. Ihr Zustand entspricht nicht dem Bild, das Hollywood von einem Koma vermittelt", erklärte die Ärztin weiter. „Ihre Tochter wird nicht eines Tages aufwachen wie nach einem langen Schlaf. Aus dem Koma aufzuwachen ist in etwa so, als würde man aus großer Tiefe wieder aus dem Meer auftauchen. Laura kommt langsam an die Oberfläche. Zum jetzigen Zeitpunkt können wir noch nicht sagen, wie dicht sie an die Oberfläche kommt oder ob sie jemals vollständig auftauchen wird."

Don nickte, als er zu begreifen versuchte, was die Ärztin ihm erklärt hatte. Sein Gesichtsausdruck hatte sich die ganze Zeit über nicht verändert. Er wusste die Offenheit der Ärztin zu schätzen. *Gut*, dachte er sich, *dann wissen wir wenigstens, was Sache ist*. „Was machen wir als Nächstes?", fragte er.

„Unsere Hauptsorge gilt im Augenblick den Schwellungen oder Blutungen im Gehirn", sagte die Ärztin. „Wir werden ein Auge darauf haben. Der Druck muss unter 25 bleiben. Jetzt liegt er bei 16; das ist sehr gut. Vielleicht wird er hin und wieder auf 20 steigen, aber davon sollten Sie sich nicht allzu sehr beunruhigen lassen. Sie sollten sich bewusst machen, dass Laura viele, viele Aufs und Abs erleben wird. Freuen Sie sich nicht allzu sehr über ein gutes Zeichen und seien Sie nicht allzu enttäuscht über ein schlechtes. Wir werden von beidem eine Menge sehen."

Susie rutschte unruhig auf ihrem Stuhl hin und her. Sie versuchte um ihrer Kinder willen, äußerlich ruhig zu bleiben.

Innerlich aber war sie von Furcht aufgewühlt. *Wenn diese Ärztin gerade versucht, uns Mut zu machen, dann macht sie das nicht gerade gut,* dachte sie. Statt ihr die Furcht zu nehmen und ihr zu sagen, dass alles gut würde, verstärkte sie ihre Sorgen noch. *Oh Gott,* betete sie, *ob Laura lebt oder stirbt, liegt ganz allein in deiner Hand. Du weißt, was ich mir wünsche, aber ich habe keine andere Wahl, als dir zu vertrauen und dir meine Tochter anzuvertrauen.*

Don griff nach ihrer Hand. „Es ist alles in Ordnung, Suz. Wir müssen nicht allein da durch." Dann fragte er die Ärztin: „Gibt es irgendetwas, das wir tun können, um ihr zu helfen?"

„Allein Ihre Gegenwart kann ihr helfen. Wir müssen zwar aufpassen, dass wir Laura nicht allzu vielen Reizen aussetzen, aber wenn Sie mit ihr reden und sie spüren lassen, dass Sie da sind, hilft das den Neuronen in ihrem Gehirn, sich wieder zu vernetzen und Signale zu senden. Und natürlich können Sie beten. Ich weiß, dass Sie das ohnehin schon tun."

„Eine Menge Leute beten für sie", entgegnete Don.

Hey Laurie ... Wir haben dieses Tagebuch für Dich gekauft, weil wir wissen, wie gern Du schreibst. Ein paar Seiten sind schon beschrieben, aber wir hoffen, dass ein paar für Dich übrig bleiben. Wir lieben Dich, Laurie, und vermissen Dein Lächeln. Unsere Gebete und Gedanken begleiten Dich jeden Tag. Du hast so viele Menschen angerührt, und wir sind uns sicher, dass Du noch viele weitere anrühren wirst. Wir wünschen Dir alles Gute und können es nicht erwarten, Dich ganz fest zu umarmen!
Wir lieben Dich!
Tegan, Liza, Pawdge
PS: Wenn es Dir besser geht, singen wir zusammen Amy Grants „The Night Before Christmas" in der Kirche.
Pawdge
Inschrift auf der ersten Seite eines Tagebuchs, das Lauras Freunde im Wartezimmer in der Klinik ausgelegt hatten. Ihre Freunde und Angehörigen schrieben ihr ermutigende Zeilen, die sie lesen sollte, wenn sie aus dem Koma erwachte.

Im Wartezimmer der Intensivstation hatte sich bereits eine Menschenmenge versammelt. Eine Gruppe von Lauras Freunden von der Universität stand auf einer Seite des Raums, während Aryn mit seinen Eltern auf der anderen saß. Aryn versuchte, den vielen Menschen so weit wie möglich aus dem Weg zu gehen. Die Angehörigen eines anderen Intensiv-Patienten hatten auf den Stühlen in der Nähe des Fensters Platz genommen.

Alle Gespräche kamen schlagartig zum Stillstand, als die Van Ryns durch die Tür kamen. Aryn stand sofort auf und ging auf Don zu. „Was haben die Ärzte gesagt?", wollte er wissen.

Don atmete tief durch. „Die Neuigkeiten könnten besser sein, aber auch viel schlechter." Er berichtete Aryn, was die Neurologin ihnen erklärt hatte.

Während er und Aryn miteinander sprachen, trafen immer mehr Freunde und Angehörige im Krankenhaus ein. Jeder Einzelne wurde von einem Mitglied der Familie Van Ryn persönlich begrüßt. Don sah sich irgendwann um und sagte zu Paul: „Ich habe fast das Gefühl, ich sei Gastgeber irgendeiner großen Feier."

Aufgrund der Schwere ihrer Verletzungen erlaubten Lauras Ärzte nur eine gewisse Anzahl an Besuchern pro Tag, und auch das jeweils nur für eine begrenzte Zeit. Ihre engsten Angehörigen durften sie zwar jederzeit sehen, sofern sie nicht gerade von Ärzten oder Pflegern behandelt oder versorgt wurde, doch für alle anderen gab es über den Tag verteilt lediglich vier halbstündige Besuchszeiten, und es waren weitaus mehr Leute als die engsten Angehörigen, die Tag für Tag ins Krankenhaus kamen, um Laura zu besuchen.

Wann immer die erste Besuchszeit nahte, drängten sich die vielen Menschen in der Hoffnung, Laura zu sehen, aus dem Wartezimmer hinaus. „Also, DV", sagte Lisa zu Don (alle vier Kinder der Van Ryns nannten ihn DV statt Dad), „wie sollen wir das organisieren?"

„Ich weiß nicht genau. Ich fürchte, wir müssen Türsteher spielen und alle abweisen, die schon einmal bei Laura drin waren."

58

„Das Gebäude ist fest in unserer Hand", lachte Lisa. Sie blickte auf die wartende Menschenmenge. „Du darfst die unangenehme Arbeit übernehmen."

„Kein Problem", sagte Don. Er drehte sich um und rief den wartenden Besuchern zu: „Bitte hört mir mal zu. Die Ärzte erlauben nicht, dass mehr als drei oder vier Leute auf einmal bei Laura sind. Wenn ihr sie sehen wollt, müsst ihr euch anstellen. Einer von uns wird euch dann ins Krankenzimmer begleiten. Denkt daran, dass ihr nur ein paar Minuten habt. Und bitte seid möglichst ruhig. Wir müssen den Geräuschpegel auf ein Minimum reduzieren."

Die Leute im Wartezimmer standen auf, gingen in den Flur und stellten sich dort in der Schlange an. Don ging an den Anfang der Schlange und zählte die ersten drei ab, die alle enge Freunde von Laura waren. „Lisa wird euch reinbringen", erklärte er, dann fügte er hinzu: „Vielen Dank, dass ihr für Laura da seid. Das bedeutet uns viel."

Lisa begleitete die Mädchen auf die Intensivstation und brachte sie einige Minuten später wieder raus. Keins der Mädchen konnte sprechen, als sie wieder auf den Flur traten. Tränen liefen ihnen über die Wangen. Sie umarmten Lisa, gingen dann zu Susie hinüber und umarmten auch sie.

„Wie geht es ihr?", fragte jemand.

Keine von ihnen konnte antworten. Die Worte blieben ihnen im Hals stecken.

Mark begleitete die nächste Gruppe ins Krankenzimmer. Es folgte eine weitere. Und danach noch eine. Und noch eine. Einige Stunden später, zur nächsten Besuchszeit, wiederholte sich die Szene und dann immer wieder im Laufe der nächsten Tage. Keiner der unzähligen Besucher stellte jemals die Identität des Mädchens infrage, das dort im Bett lag; falls sie es doch taten, so erwähnten sie es jedenfalls nicht gegenüber der Familie oder dem Krankenhauspersonal. In der Zeit, die sie auf der Intensivstation verbrachte, wurden Lauras verändertes Aussehen und ihr ausdrucksloses Gesicht zu ihrer neuen Identität. Trotz ihres Zustands waren alle davon überzeugt, dass es Laura war, die dort in diesem Bett lag.

Zwischen der ersten und der zweiten Besuchszeit kam Jay Curry ins Krankenhaus. Er war weder Don noch Susie jemals begegnet, doch am Abend zuvor hatte er Laura gesehen. Jay ging zu Don hinüber und stellte sich vor. „Ich war einer der Sanitäter in dem Hubschrauber, der Laura gestern Abend hierhergebracht hat", sagte er. „Wie geht es ihr heute?"

Don fühlte sich mit diesem Mann sofort verbunden. Immerhin war er einer der Menschen, die seiner Tochter das Leben gerettet hatten. „Sie lebt, und das verdankt sie Ihnen", erklärte Don und umarmte Jay. Dann setzte sich Jay zur Familie, die ihn sofort mit Fragen bombardierte.

„Ich weiß, ich bin nicht der Einzige, der das sagt", erzählte Jay, „aber das war so ziemlich der schlimmste Unfall, den ich je gesehen habe. Ich hoffe, ich muss nie wieder so etwas erleben. Laura war die Einzige, die aus dem Fahrzeug geschleudert wurde und überlebt hat", fuhr er fort. „Sie hat selbstständig geatmet, als wir sie fanden."

„Das ist ein gutes Zeichen, oder?", sagte Lisa an ihre Mutter und ihre Brüder gewandt.

„Das stimmt", bestätigte Jay. Dann schilderte er, wie sie Laura am Unfallort stabilisiert und für den Transport vorbereitet hatten. „Innerhalb von 20, vielleicht 25 Minuten nach dem Notruf war sie im Krankenhaus."

„Ist das schneller als gewöhnlich?", wollte Susie wissen.

„Für so einen Unfall auf jeden Fall. Es war erstaunlich, wie schnell alle Rettungskräfte auf den Notruf reagiert haben", antwortete Jay. „Gott hat auf sie aufgepasst", fügte er mit einem Lächeln hinzu. „Das konnte man am Unfallort spüren."

Kurz nachdem Jay gegangen war, kam eine weitere Fremde in das Wartezimmer. Sie kam zu Don und Susie und erklärte: „Ich heiße Julie. Sie kennen mich nicht, aber ich hatte das Gefühl, ich müsste vorbeikommen, um mit Ihnen zu sprechen. Ich habe gestern Abend in den Nachrichten von dem Unfall gehört. Der Reporter sagte, dass Laura aus Caledonia stammt. Mein Schwiegervater besitzt dort einen Eisenwarenladen, und deshalb weiß ich, wie weit Sie im Moment von zu Hause entfernt sind. Ich wohne in Fort Wayne; wenn Sie etwas brauchen, zögern Sie bitte nicht, mir Bescheid zu sagen."

„Das ist wirklich sehr nett von Ihnen", sagte Don, und dabei wollte er es eigentlich belassen. Fast jeder, der in den letzten zwölf Stunden bei ihnen gewesen war, hatte etwas in dieser Art gesagt.

„Was essen Sie eigentlich, während Sie hier sind?", fragte Julie.

Die Van Ryns sahen einander an und lachten. „Bis jetzt waren wir immer in der Krankenhauscafeteria oder haben uns etwas aus dem Automaten geholt", antwortete Susie.

„Mein Mann und ich betreiben eine Pizzeria", sagte Julie. „Hätten Sie etwas dagegen, wenn wir Ihnen heute Abend ein paar Pizzas schicken?"

„Dagegen hätten wir nichts. Vielen Dank!", antwortete Lisa stellvertretend für alle.

Don lachte. „Pizza klingt ziemlich gut. Das ist sehr großzügig von Ihnen."

Zu diesem Zeitpunkt hatte er keine Ahnung, wie großzügig Julie tatsächlich war. Im späteren Verlauf des Abends kamen sie und ihre kleinen Töchter erneut ins Krankenhaus und stapelten Pizzas auf dem Tisch im Wartezimmer auf und bauten einen regelrechten Wolkenkratzer aus Pizzaschachteln. Don schätzte, dass es mindestens 25 Pizzas waren. Doch nicht eine davon kam um. Wie auch, in einem Wartezimmer voller Collegestudenten! Don und Susie ließen auch Angehörige anderer Intensiv-Patienten, die im Wartezimmer übernachteten, mitessen.

„Darf ich Sie auch mit Wasserflaschen versorgen?", fragte Julie. „Ich weiß, dass es mit der Zeit recht teuer werden kann, wenn man sich das aus dem Automaten holt."

„Das wäre wunderbar. Wie können wir Ihnen jemals danken?", sagte Susie.

„Das müssen Sie nicht. Ach ja, noch was: Ich hoffe, Sie haben nichts dagegen, aber ich habe einen Rundruf in meiner Gemeinde gestartet und von Ihrer Situation erzählt. Es handelt sich um die *Pathway Community Church*. Jedenfalls gibt es einige Leute aus unserer Gemeinde, die Ihnen gerne Essen bringen würden, wenn das für Sie in Ordnung ist."

„Ich weiß nicht, was ich sagen soll", antwortete Don.

„Wie wäre es mit Ja?", entgegnete Susie.

*

Den ganzen Tag über kamen neue Besucher in das Wartezimmer. Gegen drei Uhr nachmittags brauchte Don eine Pause, um sich von den vielen Menschen zu erholen. „Ich gehe etwas frische Luft schnappen", teilte er seiner Familie mit.

Zum ersten Mal, seit sie am frühen Morgen eingetroffen waren, verließ er das Krankenhaus. Er genoss die Sonnenstrahlen auf seinem Gesicht. Als er dastand und sie aufsog, ließ er seinen Blick über den Krankenhausparkplatz schweifen. Ü-Wagen mit Satellitenantennen aus Fort Wayne und Indianapolis waren wie Pilze aus dem Boden geschossen. Die Schwere des Unfalls machte die Geschichte zu einer Nachricht von landesweitem Interesse. Ein Reporter kam auf Don zu und sprach ihn an: „Mr Van Ryn? Würde es Ihnen etwas ausmachen, wenn ich Ihnen einige Fragen stelle?"

Woher weiß dieser Mann, wer ich bin?, fragte sich Don. „Es macht mir nichts aus. Fragen Sie", sagte er.

„Soweit wir wissen, wurde der Lkw-Fahrer, der diesen Unfall verursacht hat, gestern Abend ebenfalls hierhergebracht. Haben Sie schon mit ihm gesprochen?"

Er war hier? „Nein", entgegnete Don, „aber das würde ich gerne." Don sah, wie die Augen des Reporters aufblitzten.

„Und was würden Sie ihm sagen wollen?", fragte der Reporter mit einem Gesichtsausdruck, der zu sagen schien: Gleich kommt's!

„Ich würde ihm sagen, dass er mir leidtut und dass ich ihm vergebe", sagte Don.

Der Reporter schien enttäuscht zu sein. Er hatte wohl auf eine zornige Tirade gehofft.

„Verbitterung und Zorn bringen einen nicht weiter", fuhr Don fort. „Gott hat mir Gnade erwiesen und mir vergeben. Wie könnte ich das diesem Mann verweigern?"

Nachdem der Reporter sich entfernt hatte, dachte Don weiter über dessen Frage und über Robert Spencer, den Lkw-Fahrer, nach. Noch wusste niemand, warum er die Begrenzung zwischen den Fahrbahnen durchbrochen und den Kleinbus der *Taylor University* gerammt hatte. Je länger er über ihn nachdachte, desto mehr wurde ihm klar, wie es diesem Mann gehen musste. Es war keine böswillige Tat gewesen. Der Fahrer hatte nicht beabsichtigt, irgendjemandem Schaden zuzufügen, und doch waren fünf Menschen bei diesem Unfall ums Leben gekommen. *Ich muss mit ihm reden,* dachte Don.

Er ging zum Empfangstresen des Krankenhauses und fragte die Mitarbeiterin nach Robert Spencers Zimmernummer. Sie drückte verschiedene Tasten auf ihrer Computertastatur und antwortete dann: „Tut mir leid, aber ich finde über ihn keine Informationen im Krankenhauscomputer."

„Sind Sie sicher?", fragte er.

„Ja, Sir."

„Hmmm. Gut. Vielen Dank", sagte Don und ging fort. *Es ist verständlich, dass die Polizei den Fahrer schützt. Wahrscheinlich hat man Sorge, dass ein verrückter Vater wie ich sich nicht unter Kontrolle hat, wenn er ihn findet. Aber schade, ich würde ihm wirklich gerne sagen, was ich empfinde.*

Als er in das Wartezimmer der Intensivstation zurückkehrte, klingelte dort das Telefon. Jemand nahm ab und rief dann in den Raum hinein: „Ist Don Van Ryn hier?"

„Ja, hier", entgegnete er, als er sich näherte. „Wer ruft mich denn hier an?", fragte er, an niemanden im Besonderen gerichtet. Alle Freunde und Angehörigen, die nicht schon nach Fort Wayne gefahren waren, würden ihn auf dem Handy anrufen. Er griff schließlich nach dem Telefon und sagte: „Hier ist Don Van Ryn, kann ich Ihnen helfen?"

„Ja, Mr Van Ryn, ich repräsentiere eine Kanzlei in Washington, D. C., die sich auf Lkw- und Pkw-Unfälle spezialisiert hat." Der Anrufer nannte den Namen der Kanzlei und erzählte von vergangenen Erfolgen bei Prozessen gegen Speditionsfirmen, bei denen sie viele Millionen Dollar für ihre Mandanten herausgeholt hatten.

Don war fassungslos. Er konnte nicht glauben, dass man ihn so kurz nach dem Unfall im Krankenhaus aufgespürt hatte. Er hatte schon öfter Witze über Anwälte gehört, die Krankenwagen nachjagten, aber bis zu diesem Augenblick hatte er nicht geglaubt, dass es sie tatsächlich gab. „Ich habe kein Interesse, mit Ihnen zu reden, Sir. Ich hoffe, Sie können Ihren Tag sinnvoller nutzen als auf diese Weise. Auf Wiedersehen", sagte Don und legte auf.

„Wer war das?", fragte Susie, als Don sich neben sie setzte.

„Ein Anwalt. Kannst du das glauben? Einer von diesen Anwälten, die Krankenwagen hinterherjagen, wollte wissen, ob seine Kanzlei uns in einem Prozess gegen den Lkw-Fahrer vertreten könnte."

„Prozess? Meinst du das ernst? Ausgerechnet jetzt so eine Frage zu stellen ..."

„Mach dich auf was gefasst. Ich habe das Gefühl, dass das nicht der letzte Anruf dieser Art war."

*

Im späteren Verlauf des Nachmittags kam einer der Krankenhausseelsorger auf Don und Susie zu. „Haben Sie sich schon Gedanken darüber gemacht, wo Sie wohnen werden, solange Sie hier sind?"

„Noch nicht", sagte Don. „Ehrlich gesagt, wollen wir uns nicht so sehr weit von hier entfernen."

„Es wäre jedenfalls schön, wenn wir dort die Möglichkeit zum Duschen hätten", fügte Susie hinzu.

„Das verstehe ich", sagte der Seelsorger. „Deshalb bin ich zu Ihnen gekommen. Vor einigen Jahren gerieten ein Pastor aus dieser Stadt und seine Frau in dieselbe Situation, in der Sie heute sind. Eins ihrer Kinder lag auf einer Intensivstation außerhalb der Stadt, und sie konnten es sich nicht leisten, in einem Hotel zu übernachten. Deshalb konnten sie nur im Wartezimmer kampieren. Als sie wieder nach Fort Wayne zurückkehrten, sammelten sie Spenden von Geschäftsleuten und Kirchen aus der Gegend, um wenige Blocks entfernt von hier ein Haus zu kaufen. Sie nannten es das Haus des Samariters, und es steht Ihnen und Ihrer Familie zur Verfügung, wenn Sie es brauchen."

„Wow." Don hielt inne. „Ja, wir brauchen es ganz bestimmt. Wie viel kostet es pro Nacht?"

„Nichts. Es ist für alles gesorgt. Bettzeug, Waschsachen, sogar für die Mahlzeiten. Pastor Tom Foster – so heißt der besagte Pastor – wollte sichergehen, dass Familien alles haben, was sie brauchen, wenn sie hier übernachten. Ich nehme einmal an, dass Sie nicht alles eingepackt haben, was Sie für einen längeren Aufenthalt brauchen, oder?"

„Wenn ich das richtig sehe, haben wir nur eine einzige Zahnbürste für uns fünf", lachte Susie.

„Ich denke, wir können noch ein paar für Sie auftreiben", antwortete der Seelsorger.

Etwas später brachte er Don und Susie zum Haus des Samariters, wo sie von Pastor Tom persönlich begrüßt wurden. Der Pastor führte sie durch das Haus und überreichte ihnen die Schlüssel. Ehe die Van Ryns zum Krankenhaus zurückgingen, fragte er Don: „Darf ich noch für Sie und Ihre Familie beten?"

„Gerne", antwortete Don.

Der Pastor bat Gott darum, dass er Don die nötige Kraft geben würde, um seiner Familie in dieser Krise die Stütze zu sein, die sie jetzt brauchte. Niemals würde Don dieses Gebet vergessen.

*

Außer den Van Ryns schlief in den ersten Nächten noch ein junges Amish-Paar, dessen Baby auf der Intensivstation der Klinik lag, im Haus des Samariters. Nachdem die beiden weg waren, waren die Van Ryns unter sich – abgesehen von Aryn, der ebenfalls dort schlief, da er von dort aus das Krankenhaus zu Fuß erreichen konnte. Don, Susie und Lisa hatten zunächst immer noch keine Kleidung oder andere persönliche Dinge, die für einen längeren Aufenthalt nötig waren, bis sich Freunde, die von Grand Rapids kamen, anboten, bei ihnen zu Hause vorbeizufahren und alles mitzubringen, was die Familie brauchte.

Das Leben außerhalb des *Parkview Hospitals* schien stillzustehen. Für Don, Susie und ihre Kinder war Laura das Einzige, was zählte.

Donnerstag, 27. April
Das war ein langer Tag. Du wirst von so vielen Menschen geliebt – ich kann nicht einmal anfangen aufzuzählen, wer alles vorbeigekommen ist oder angerufen hat. Paul und Tante Sue waren schon sehr früh hier. Sie sind uns eine wirkliche Stütze. So viele Menschen nehmen Anteil, wir haben so viel, wofür wir dankbar sein können. Heute war ich ein Nervenbündel, Laurie; ich wollte so sehr, dass Du aufwachst. Es ist so untypisch für Dich, dass Du so still daliegst. Die Blutergüsse und die kleinen Schnittwunden im Gesicht sehen schon viel besser aus. Wir begegnen in dieser Zeit so vielen Menschen, die zu Gott gehören; seine Familie ist wunderbar. Wir fühlen uns so gesegnet. Wach auf, meine Süße – ich möchte mit Dir reden und dabei in Deine Augen blicken. Ich liebe Dich, Mom
Aus Susies Gebetstagebuch

Gott, höre meine Gebete! Ich möchte gegen das, was Du willst, rebellieren, Herr, aber ich kann es einfach nicht. Du weißt, wie sehr ich sie liebe. Bitte lass ein Wunder geschehen. Du bist der große Arzt. Mach es auf Deine Art ... ich weiß, dass Dein Wille geschieht, und ich bitte Dich, dass eine vollständige Genesung Deinem Willen für sie entspricht. Du weißt, dass ich Dir immer dienen werde, egal, was passiert. Du weißt, dass ich mein Leben für Dich geben würde. Ich wünschte, ich läge an ihrer Stelle in diesem Bett, Vater. Das hat sie nicht verdient. Es ist so schwer, den ganzen Tag nur tatenlos herumzusitzen. Bitte schenk mir Frieden und die Gewissheit, dass Du wirkst. Das Leben ist so kurz, Herr, das hast Du uns nachdrücklich ins Gedächtnis gerufen ... Bitte halte uns ... Ich liebe Dich, Herr – Dein treuer Diener.

ARYNS GEBET FÜR LAURA, 28. APRIL 2006

6

Trost inmitten der Trauer

Die 18-jährige Whitney Erin Cerak aus Gaylord, Michigan, kam am Mittwoch, dem 26. April 2006, in Marion, Indiana, bei einem tragischen Autounfall ums Leben. Sie wurde am 29. April 1987 in Muncie, Indiana, als Tochter von Newell und Colleen Cerak geboren. Sie führte ein wundervolles und erfülltes, aber kurzes Leben. Sie ging von der Vorschule bis zur zwölften Klasse auf die *Gaylord Community Schools,* wo sie viele Freunde fand und allgemein beliebt war. Sie trieb viel Sport, engagierte sich in der studentischen Selbstverwaltung und in ihrer christlichen Jugendgruppe. Sie befand sich im ersten Studienjahr an der *Taylor University,* wo sie ihren Freund und Retter Jesus Christus immer mehr kennenund lieben lernte. Nun ist sie bei ihm im Himmel. Sie hinterlässt ihre Eltern, Newell und Colleen Cerak, ihre Schwester Carly, ihre „Schwester" Sandra und viele Verwandte. Die Trauerfeier wird am Sonntag, dem 30. April 2006, um 15:00 Uhr in der *Gaylord Evangelical Free Church* stattfinden. Es besteht die Möglichkeit, am Samstag zwischen 15:00 Uhr und 18:00 Uhr im Bestattungsinstitut Nelson sowie am Sonntag ab 14:00 Uhr bis zur Trauerfeier in der Kirche am Sarg Abschied zu nehmen. Kondolenzspenden zugunsten des Projekts *Invisible Children* können über das Bestattungsinstitut Nelson geleistet werden.

WHITNEYS TODESANZEIGE AUS DER *GAYLORD HERALD TIMES* AM 2. MAI 2006.
NEWELL, COLLEEN UND CARLY VERFASSTEN SIE AUF DER HEIMFAHRT VON DER
TAYLOR UNIVERSITY AM TAG NACH DEM UNFALL.

Colleen traute ihren Augen kaum, als sie durch die Hintertür des Hauses ihre Küche betrat. „Sind wir wirklich bei uns zu Hause?", fragte sie Newell und Carly. Schon beim Betreten des Hauses hatten sie gestaunt, als sie gesehen hatten, dass die Bank neben der Hintertür mit Wasser- und Pepsikisten beladen war. Nun öffnete Newell einen Kühlschrank, den irgendjemand vorbeigebracht hatte, während sie weg waren. „Schau dir das an, Colleen. Er ist voller Lebensmittel."

Doch in der Küche stockte ihnen der Atem erst richtig. Sechs große Blumensträuße standen auf der Arbeitsplatte und dazwischen große Tabletts voller Kekse. Bis ins Esszimmer erstreckten sich die Lebensmittel und im ganzen Erdgeschoss bedeckten Blumen jedes freie Fleckchen. Colleen schlug die Hand vor den Mund und kämpfte mit den Tränen. Newell und Carly gingen zu ihr und nahmen sie in die Arme.

Nach einigen Minuten ging Carly zum Anrufbeantworter, der auf einem kleinen Regal zwischen Küche und Esszimmer stand. „Ist der AB kaputt?", fragte sie. „Die Lichter blinken, aber man kann nicht wie sonst sehen, wie viele Nachrichten gespeichert sind."

„Das ist merkwürdig", meinte Newell. Er drückte einen Knopf, um die Nachrichten abzuhören. Eine blecherne weibliche Stimme sagte: „Sie haben 31 Nachrichten. Nachricht eins ..."

In der nächsten Viertelstunde saßen die drei in der Küche und hörten die 31 Nachrichten ab, die alle mehr oder weniger denselben Inhalt hatten: „Hallo, Colleen und Newell. Hier ist ... Ich habe gerade von dem Unfall gehört. Ich kann es nicht glauben. Es tut mir so unendlich leid. Ich bete für euch und auch für Carly und Sandra. Wenn ihr etwas braucht, sagt Bescheid." Die drei schwiegen, während sie die Nachrichten abhörten. Sie saßen einfach nur da und hörten zu, wie die Menschen ihre Liebe und Anteilnahme zum Ausdruck brachten.

Anschließend gingen Newell, Colleen und Carly durch das Haus, um die Karten, die an den Blumenarrangements angebracht waren, sowie die anderen Nachrichten zu lesen, die man ihnen geschrieben hatte. Etwas später wurde Sandra von einem Freund zu Hause abgesetzt und sie schloss sich ihnen an. Die vier konnten nicht glauben, dass so viele Menschen in so kurzer Zeit so viel getan hatten – immerhin war es noch nicht einmal 24 Stunden her, dass Colleen das Haus verlassen hatte. Trotzdem hatten sie Schwierigkeiten zu begreifen, dass all dies ihnen zugestoßen war. Sie fühlten sich innerlich wie zerrissen. Sie waren dankbar für die überschwängliche Anteilnahme, gleichzeitig trauerten sie aber über Whitneys Tod. „Sie hat mit ihrem Leben so viele Menschen berührt", stellte Colleen fest und dann versagte ihr fast die Stimme. „So viele Menschen in so kurzer Zeit."

Die Blumen und Karten säumten ihren Weg von der Küche durch das Esszimmer ins Wohnzimmer und bis zur Treppe. Newell blickte Colleen und die Mädchen an. „Wir sollten hochgehen", sagte er.

Sie wussten, was er meinte. Zu viert stiegen sie langsam die Treppe hoch und betraten Whitneys Zimmer.

Das Bett war gemacht, und jeder Gegenstand befand sich an seinem Platz, was nicht gerade üblich gewesen war, als Whitney noch zu Hause gewohnt hatte. Doch seit sie ins College gezogen war, war ihr Zimmer immer sauber und ordentlich – zumindest so lange, bis sie wieder nach Hause kam. „Ich vermute, ihr Zimmer wird nun immer aufgeräumt sein", sagte Newell. Alle lachten, doch schnell schlug das Lachen in Weinen um.

Zu viert legten sie sich auf Whitneys Bett und hielten einander an den Händen. Lange Zeit sagte niemand ein einziges Wort. Jeder von ihnen spürte eine überwältigende Leere in sich.

Schließlich brach Carly das Schweigen. „Ich kann mich daran erinnern, wie Whitney und ich einmal ..." Damit war der Damm gebrochen. Während sie auf Whitneys Bett lagen und über ihren Tod trauerten, erzählten sie einander Geschichten, die sie für diesen Moment wieder lebendig erscheinen ließen. Die meisten dieser Geschichten brachten sie zum Lachen. Sie redeten über Whitneys ansteckendes Lachen und ihren schrägen Humor. Niemand würde ihnen diese Erinnerungen nehmen können, doch die Erkenntnis, dass ihnen außer diesen Erinnerungen nichts blieb, ließ sie wieder in Tränen ausbrechen.

„Ich weiß wirklich nicht, wie das Leben ohne sie weitergehen soll", sagte Newell. „Ich kann nicht glauben, dass sie nicht gleich zur Tür hereinkommen und uns fragen wird, warum wir alle weinen."

„Ja, und mir würde sie vermutlich unterstellen, dass ich nur deshalb in ihrem Zimmer bin, um ihre Klamotten zu stibitzen", sagte Carly.

Alle lachten, dann machte sich wieder Schweigen breit.

Nach einer Pause, die ihnen allen sehr lang vorkam, sagte Colleen: „Wie Weihnachten dieses Jahr wohl aussehen wird? Ich kann mir nicht vorstellen, ohne sie Weihnachtskekse zu backen. Oder den Baum zu schmücken. Und ich kann mir nicht vorstellen, wie es am Weihnachtsmorgen sein wird, wenn Whitney nicht die Treppe heruntergestürmt kommt."

„Oder wie es ist, ohne sie den Film *Weiße Weihnachten* zu sehen", ergänzte Carly. Sie hatten diesen alten Klassiker mit Bing Crosby und Danny Kaye jedes Jahr gesehen, seit Carly und Whitney klein waren. Die beiden konnten jedes Lied mitsingen. Dann tanzten sie im Wohnzimmer herum und sangen „Sisters", ein Lied, das sie besonders liebten. Carly konnte die Erinnerungen in diesem Moment nicht ertragen.

„Wisst ihr", sagte Newell, „jedes Jahr am *Memorial Day* hat Whitney mit mir *Der Soldat James Ryan* angeschaut. Es ist ein ziemlich blutrünstiger Film – eigentlich überhaupt nicht die Art Film, die sie sich sonst angeschaut hat –, aber sie bestand immer darauf, ihn sich mit mir anzuschauen." Er hielt inne, Tränen liefen ihm über die Wangen. „Es sind nur noch wenige Wochen bis zum nächsten ..." Die Stimme versagte ihm; er konnte seinen Satz nicht beenden.

„Ich werde den Film mit dir angucken, Dad", sagte Carly. Wieder wurden sie von ihren Emotionen überwältigt.

*

Als Colleen und Newell am Freitagmorgen gegen halb neun aufwachten, wartete eine lange Liste mit den Dingen, die noch zu erledigen waren, auf sie. Sie hatten zwar gewollt, dass Whitneys Aufbahrung bereits am Samstag und die Beerdigung am

Sonntag stattfand, doch das hieß auch, dass in der kurzen Zeit noch eine Menge erledigt werden musste. Sie hatten noch nicht mit dem Beerdigungsinstitut gesprochen und in nicht einmal 30 Stunden sollte die Trauerfeier stattfinden. Colleen und Newell mussten außerdem einen Sarg aussuchen, eine Grabstelle kaufen und alle weiteren Vorbereitungen für die Beisetzung treffen. Darüber hinaus hatte der Rechtsmediziner von Grant County Whitneys Leiche noch nicht freigegeben. Das bedeutete, dass sie noch weitere Anrufe tätigen mussten, um sicherzustellen, dass sie rechtzeitig in Gaylord eintreffen würde.

All diese Dinge schwirrten Colleen im Kopf herum, als sie aus dem Bett stieg und nach unten ging, um die anstehenden Aufgaben in Angriff zu nehmen.

Carly war schon im Wohnzimmer, als Colleen hereinkam, und begrüßte sie mit den Worten: „Mom, weißt du, ich glaube, wir sollten uns erst einmal zwei Stunden Zeit nehmen, um miteinander zu beten, ehe wir uns dem heutigen Tag stellen."

Colleen schaute ihre Tochter völlig verständnislos an. *Zwei Stunden!*, dachte sie. *Weißt du nicht, wie viel wir heute zu tun haben? Wir können keine zwei Stunden erübrigen.* „Das ist eine schöne Idee, Carly", sagte sie, „aber ich habe zu viel zu tun. Ich habe keine Ahnung, wie ich alles erledigen soll."

„Mom, das war kein Vorschlag", entgegnete Carly. „Wir *müssen* es tun. Wenn wir unseren Tag nicht damit anfangen, uns von Gott Kraft zu erbitten, schaffen wir das alles nicht."

Colleen wollte etwas darauf erwidern, doch Carly war bereits auf dem Weg zur Tür, in der Hand ein Schild mit der Aufschrift „Bitte bis elf Uhr nicht stören".

Nach einem leichten Frühstück schaltete Carly die Telefone aus und rief die gesamte Familie ins Wohnzimmer.

Colleen konnte nur an die Liste der Dinge denken, die sie so bald wie möglich abarbeiten musste. Vielleicht ahnte Carly, was ihrer Mutter durch den Kopf ging, denn sie sagte: „Bevor wir irgendetwas anderes tun, möchte ich einige Lieder spielen, die unsere Gedanken von alldem, was wir heute zu erledigen haben, weg- und auf Gott hinlenken sollen." Dann ließ sie eine CD laufen.

I was sure by now that You would have reached down
and wiped our tears away
stepped in and saved the day
But once again, I say „Amen" and it's still raining
As thunder rolls I barely hear You whisper
through the rain, „I'm with you"
As Your mercy falls I raise my hands
and praise the God that gives and takes away
I'll praise You in this storm, and I will lift my hand
For You are who You are, no matter where I am
Every tear I've cried You hold in Your hand
You never left my side
And though my heart is torn
I will praise You in this storm*

Ich war mir sicher, dass Du Deine Hand ausstrecken
und unsere Tränen abwischen würdest,
dass Du eingreifen und uns retten würdest.
Noch einmal sage ich „amen", und es regnet immer noch.
Wenn der Donner grollt, höre ich kaum Dein Flüstern
durch den Regen: „Ich bin bei Dir."
Wenn Deine Gnade uns umhüllt, erhebe ich die Hände
und preise den Gott, der gibt und nimmt.
Ich preise Dich in diesem Sturm, und ich werde meine Hände
erheben.
Denn Du bist, der Du bist, ganz egal, wo ich stehe.
Jede Träne, die ich geweint habe, hältst Du in deiner Hand,
Du hast mich nie verlassen.
Und obwohl mein Herz zerrissen ist,
will ich Dich in diesem Sturm preisen.

Es war, als sei der Liedtext speziell für sie als Familie, für ihre momentane Situation geschrieben worden.

Tränen flossen. Innerhalb weniger Sekunden wurden sie von einem tiefen Frieden erfüllt, und Colleen und auch die anderen vergaßen alles, was noch zu erledigen war.

Carly ließ noch ein oder zwei weitere Lieder laufen, anschließend beteten sie miteinander. Nach dem Gebet griff sie zu der Bibel, die Whitney nicht einmal ein Jahr zuvor zu ihrem Schulabschluss geschenkt bekommen hatte. Einige Wochen vor dem Unfall hatten Whitney und einige Freundinnen aus ihrem Wohnheim miteinander in den Psalmen gelesen. Davor hatte Whitney niemals Notizen in ihrer Bibel gemacht, doch nun hatte sie begonnen, Verse zu unterstreichen, die sie besonders ansprachen. Zum Beispiel die folgenden: „Ich sah mich im Sumpf versinken; doch er hat mich herausgezogen und mich auf Felsengrund gestellt" (Psalm 40,3) ... „Deine Liebe bedeutet mir mehr als das Leben, darum will ich dich preisen" (Psalm 63,4) ... „Vertrau auf Gott, dann findest du Ruhe! Er allein gibt mir Hoffnung ... Ihr, die ihr zu seinem Volk gehört, setzt allezeit euer Vertrauen auf ihn, schüttet euer Herz bei ihm aus; denn Gott ist unsere Zuflucht!" (Psalm 62,6 und 9).

Während Carly die Verse, die Whitney so viel bedeutet hatten, vorlas, hatten die Ceraks fast das Gefühl, Whitney säße direkt bei ihnen.

„Bei dem folgenden Vers könnte man meinen, Whitney würde uns mitteilen, was sie in diesem Moment sieht und hört", erklärte Carly. Dann las sie: „„Meine ganze Liebe gehört deinem Haus, Herr, du großer und mächtiger Gott! Ich möchte jetzt dort sein, in den Vorhöfen des Tempels – die Sehnsucht danach verzehrt mich! Mit Leib und Seele schreie ich nach dir, dem lebendigen Gott!' (Psalm 84,2-3)."

Einige Minuten lang schwiegen alle. Schließlich sagte Newell: „In 2. Korinther 1,3 wird Gott ein Vater genannt, ‚dessen Erbarmen unerschöpflich ist, und ein Gott, der uns nie verzweifeln lässt'. Im folgenden Vers sagt Paulus: ‚Auch wenn ich viel durchstehen muss, gibt er mir immer wieder

Mut.' Ich glaube, ich habe erst jetzt verstanden, was er damit meint." Seine Stimme versagte und Tränen liefen ihm über die Wangen. „Ich weiß, dass der Unfall für Gott nicht überraschend kam. Ich weiß nicht, wie ich ohne sie weiterleben soll, aber ich weiß, dass er uns in dieser Situation nicht alleinlässt." Er hielt inne und versuchte, die Fassung wiederzugewinnen. „Danke, Carly, dass du uns überredet hast, uns diese Zeit zu nehmen und unsern Blick zuallererst auf Gott auszurichten statt auf die vielen Dinge, die noch erledigt werden müssen. Ich bin dir dankbar, dass du kein Nein akzeptiert hast."

Die Zeit verging wie im Flug. Gegen halb elf steckte Jim Mathis seinen Kopf durch die Tür und sagte: „Tut mir leid, euch stören zu müssen, aber ich muss euch mitteilen, dass ich für halb zwölf einen Termin mit dem Beerdigungsinstitut Nelson ausgemacht habe." So schnell er gekommen war, war er auch wieder verschwunden, und für die nächste halbe Stunde blieben sie ungestört.

Um Punkt elf Uhr verwandelte sich das Wohnzimmer in einen geschäftigen Ameisenhaufen. In dem Augenblick, in dem die Familie die Musik abdrehte, die Jalousien hochzog und die Telefone wieder anschaltete, setzte wirbelnde Aktivität ein. Freunde aus der Gemeinde, in der Newell 18 Jahre lang als Jugendpastor gearbeitet hatte, und die Lieferanten des örtlichen Blumenladens kamen vorbei.

Newell, Colleen, Carly und Sandra machten sich wenig später auf den Weg ins Beerdigungsinstitut, wo sie sich mit Carol Nelson trafen, die sie schon länger kannten. „Haben Sie schon eine Vorstellung davon, was für einen Sarg Sie haben möchten?", fragte sie.

„Verstehen Sie mich nicht falsch", entgegnete Colleen, „aber wir wollen nicht allzu viel Geld für einen Sarg ausgeben. Whitney ist im Himmel, sie ist nicht hier."

„Ich verstehe", sagte Carol. „Ich verstehe vollkommen." Dann fügte sie hinzu: „Es tut mir leid, dass Sie all das durchmachen müssen." Sie kämpfte gegen die Tränen an. Dann führte sie Newell, Colleen, Carly und Sandra in den Keller, wo die Särge ausgestellt waren. „Ich lasse Sie hier unten allein, damit Sie eine Entscheidung treffen können. Wenn Sie Fragen haben, ich bin oben; und nehmen Sie sich so viel Zeit, wie Sie brauchen."

Nachdem Carol wieder nach oben gegangen war, sagte Newell zu Colleen: „Es ist, als ob das alles jemand anders passiert wäre. Ich habe fast das Gefühl, dass ich neben mir stehe und alles nur beobachte."

„Mir geht es genauso", sagte Colleen.

„Es tat weh, als mein Vater starb, aber Kinder sollten ihre Eltern begraben und nicht umgekehrt. Ich habe das Gefühl, als sei es erst gestern gewesen, dass du mit ihr losgegangen bist, um ein Kleid für den Abschlussball zu kaufen, und jetzt suchen wir ihren Sarg aus."

„Mir fällt es auch schwer, das Ganze tatsächlich zu begreifen. Was meinst du? Welchen Sarg sollen wir nehmen?", fragte Colleen.

„Wenn Whitney entscheiden könnte, würde sie sagen, wir sollten einen einfachen Kiefernsarg statt einem teuren Sarg nehmen und das Geld, das wir sparen, für das Projekt *Invisible Children* spenden, das es für Kinder in Uganda verwendet."

„Kiefernsärge sehe ich nicht, aber der da drüben sieht schön aus, und es ist der zweitbilligste, den sie hier haben. Wahrscheinlich würde sie sagen, dass wir ihn nehmen sollen."

„Mir gefällt er auch", meinte Newell.

Als die Ceraks wieder nach Hause kamen, herrschte dort alles andere als Ruhe. Der Strom von Besuchern riss nicht ab. Einige von Colleens Freundinnen werkelten in der Küche herum, während andere notierten, wer alles da gewesen war. Außerdem kamen einige Freunde von Whitney und Carly.

Der Tag verging wie im Flug, doch dieses unwirkliche Gefühl blieb. Carly und Sandra waren zwischendurch immer wieder unterwegs, um irgendwelche Dinge zu erledigen. Irgendwann am Spätnachmittag schlug Colleen ihrem Mann schließlich vor: „Lass uns auch mal ein bisschen nach draußen gehen."

„Was hast du vor?", fragte er.

„Ich weiß, das klingt verrückt, aber die Mädchen-Fußballmannschaft der Highschool hat heute ein Heimspiel. Ich finde, wir sollten da hingehen", meinte sie.

Newell fand diese Idee gar nicht verrückt. Whitney war in der letzten Saison Spielkapitän gewesen und alle Mädchen des jetzigen Teams außer denen aus dem ersten Highscholjahr waren ihre Mannschaftskameradinnen gewesen. Dass sie es schafften, zwei Tage nach Whitneys Tod ein Spiel zu bestreiten, war bemerkenswert.

Das Spiel war bereits in vollem Gang, als Newell und Colleen ankamen. Sie wollten nicht unbedingt unter Menschen sein und auch nicht die Aufmerksamkeit der Zuschauer von den Mädchen ablenken, weil sie womöglich Fragen beantworten mussten, also gingen sie nicht zur Tribüne, sondern blieben am Zaun stehen, der das Spielfeld säumte. Sie sahen, dass alle Mädchen im Team ein Tape um den oberen Strumpfrand geklebt hatten. Darauf stand „Whit" und ihre Spielernummer „9" sowie jeweils eine persönliche Botschaft.

Kaum war das Spiel zu Ende, scharte sich die gesamte Mannschaft um Newell und Colleen. Die Mädchen waren gerührt, dass die Ceraks in dieser Situation gekommen waren, um das Spiel anzusehen, und zeigten ihnen die Botschaften, die sie für Whitney geschrieben hatten.

Der Rest des Freitags verging wie im Flug. Colleen traf noch letzte Vorbereitungen für den nächsten Tag. Sie bat einen Freund, eine Videopräsentation zusammenzustellen, die bei Whitneys Beerdigung gezeigt werden sollte. Dafür mussten sie und Newell noch Bilder und Videos durchsehen und zusammensuchen. Nebenbei spielten sie Gastgeber für die vielen Besucher, die nach wie vor ins Haus strömten.

Am Ende dieses Tages fielen die beiden völlig erschöpft ins Bett. Beim Einschlafen hörten sie noch Musik aus dem Erdgeschoss. Carly und Sandra hatten alle ihre Freunde und auch Freunde von Whitney aus Highschool und College zusammengetrommelt. Die Jugendlichen sangen miteinander Lieder zur Ehre Gottes und tauschten ihre Erinnerungen an Whitney aus. Das schien die einzig angemessene Art zu sein, den Tag zu beenden.

7

Von Fort Wayne bis Sidney

Freitag, 28. April 2006
Lagebericht vom Freitag: Hier die neuesten Infos zu Lauras Gesundheitszustand am Freitagmorgen …

ERSTER BLOG-EINTRAG

Es begann mit einer E-Mail. Am zweiten Tag, an dem sie im
Parkview Hospital warteten, setzte sich Todd Henderson neben
Lisa und fragte: „Wusstest du, dass das Krankenhaus direkt hier
im Wartezimmer einen kostenlosen WLAN-Zugang bietet?"

Lisa hatte keine Ahnung, worauf Todd hinauswollte. „Äh,
gut. Das bedeutet wohl, dass man jederzeit den Tabellenstand
der *Tigers* nachsehen kann?!"

„Das war es nicht, was ich sagen wollte. Wenn du möchtest,
kann ich per E-Mail den neuesten Lagebericht rausschicken,
damit ihr nicht mehr jeden Tag so viele Anrufe machen
müsst."

„Das wäre großartig. Es ist schon anstrengend, immer und
immer wieder dieselben Nachrichten am Telefon wiederholen
zu müssen."

„Sag mir einfach, welche Informationen du weitergeben
möchtest. Oder – wenn du willst, kannst du meinen Computer benutzen und sie über deinen eigenen E-Mail-Account
verschicken."

„Das wäre vermutlich besser", meinte Lisa. „Dann wissen die Leute, dass die Mail von mir kommt, und halten sie nicht für Spam."

Sie schrieb einen Lagebericht, und im Verlauf der nächsten Stunde stellte sie eine Liste zusammen mit Namen und E-Mail-Adressen von Familienangehörigen und Freunden aus der Gemeinde, von der *Taylor University* und dem Bibelcamp auf der *Upper Peninsula,* wo die Van Ryns in jedem Sommer mitarbeiteten.

Viele, die die E-Mail bekamen, leiteten sie an Menschen weiter, von denen sie wussten, dass sie für Laura beten würden. Die Empfänger leiteten sie wiederum an noch mehr Menschen weiter. Je weiter sich die E-Mail verbreitete, desto mehr füllte sich Lisas E-Mail-Posteingang mit Reaktionen von Menschen, die für Laura beteten und über ihren Gesundheitszustand auf dem Laufenden gehalten werden wollten.

Am nächsten Tag bekam Dave Niffin, ein Freund der Familie, der zum Krankenhaus gekommen war, mit, wie Lisa ihre E-Mail-Adressenliste aktualisierte. „Ich hätte niemals gedacht, dass so viele Leute jeden Tag auf dem Laufenden gehalten werden wollen", staunte Lisa.

„Hast du schon mal daran gedacht, einen Blog zu führen?", fragte Dave.

„Ich wüsste nicht einmal, wie man so etwas einrichtet."

„Das ist wirklich einfach und bedeutet für dich viel weniger Arbeit. Jeder Leser kann auf das, was du reinschreibst, reagieren, indem er Kommentare hinterlässt. Das Ganze hat so fast den Charakter eines Gesprächs."

Lisa redete mit ihrer Familie über diesen Vorschlag, und alle waren der Meinung, dass die Sache mit dem Blog eine gute Idee war. Mit Sicherheit war es einfacher, den Blog zu pflegen, als jeden Tag viele Telefongespräche führen und sich dann Gedanken darüber machen zu müssen, ob man jemanden vergessen hatte.

Dave richtete für Lisa einen Account bei blogspot.com ein und zeigte ihr, wie man sich einloggte und Einträge machte.

Am Freitag, dem 28. April, also zwei Tage nach dem Unfall, stellte sie ihren ersten Eintrag im Laura-Van-Ryn-Blog online:

Laura liegt im *Parkview Hospital* in Fort Wayne, Indiana. Sie wurde am Mittwochabend mit dem Hubschrauber hierhergebracht. Laura und einige Kommilitonen waren gerade auf dem Weg von Fort Wayne, wo sie bei einem Bankett geholfen hatten, zurück zum Campus, als der Unfall geschah. Ein Sattelschlepper fuhr über den Mittelstreifen der I-69, rammte den 15-sitzigen Kleinbus und schlitzte ihn regelrecht auf. Laura wurde gut 15 Meter aus dem Bus geschleudert und ihre linke Körperhälfte beim Aufschlagen offenbar am schwersten verletzt. Laura liegt zurzeit im Koma; sie war seit dem Unfall noch nicht bei Bewusstsein. Heute Morgen hat sie einige kleine Bewegungen gemacht. Sie hat ihr Bein leicht bewegt, ein wenig geblinzelt und mit den Fingern gezuckt ... Offenbar verspürt sie Schmerzen, was im Grunde ein gutes Zeichen ist. Augenscheinlich hat sie auch eine kleine beabsichtigte Bewegung gemacht. Wir als Familie sind sehr dankbar für die Liebe und Anteilnahme, die man uns entgegenbringt.

Am nächsten Tag schrieb sie:

Am Freitag hat Laura angefangen, sich mehr zu bewegen, und diese Entwicklung setzt sich heute fort. Hin und wieder macht sie eine Faust, wackelt mit den Zehen, blinzelt (auch wenn ihre Augen noch geschlossen sind) oder sie bewegt Arme und Beine. Sie liegt immer noch im Koma, doch die Bewegungen sind ein sehr positives Zeichen. Die Ärzte betonen, dass ihre Genesung „ein Marathonlauf und kein Sprint" sein wird und sie deshalb vielleicht nur langsame Fortschritte macht. Wir spüren Eure Gebete und merken, dass Gott bei Laura ist. Bitte betet weiter für sie, für die Familien, die ihre Kinder bei dem Unfall verloren haben, und für diejenigen, die zu den Beisetzungen fahren.

Am Sonntag machte sie den folgenden Eintrag:

Gestern hatte Laura 39° C Fieber. Niemand kannte den Grund, doch heute Morgen ging die Temperatur wieder herunter. Am meisten Hoffnung macht uns, dass sie auf Anweisungen der Krankenschwester zu reagieren schien. Davor hat sie sich zwar bewegt, doch es war schwer zu sagen, ob sie diese Bewegungen selbst gesteuert hat oder nicht. Es sah so aus, als habe sie die Bewegungen heute Morgen bewusst ausgeführt, was offensichtlich ein gutes Zeichen ist ... Im Augenblick machen die Ärzte sich Sorgen darum, dass sie eine Lungenentzündung bekommen könnte. Offenbar ist fast davon auszugehen, dass sich ein Patient eine Lungenentzündung zuzieht, wenn er länger als fünf Tage am Beatmungsgerät hängt. Montag Nacht werden fünf Tage verstrichen sein. Bitte betet weiter für Laura und uns, besonders für die Dinge, die Gottes Eingreifen erfordern.

Am Montagnachmittag schrieb sie:

Laura hat die Nacht zum Montag gut hinter sich gebracht, ihre Vitalzeichen waren stabil, sie hatte kein Fieber und keine Gehirnschwellungen. Ihre Lungen sind in Ordnung und nichts deutet auf eine Lungenentzündung hin. Die Schwester hat sie aufgefordert, ihre Daumen hochzuhalten, wenn sie sie verstünde, und Laura hob tatsächlich die Daumen! Man darf nicht vergessen, dass sie noch im Koma liegt, doch hin und wieder reagiert sie auf Anweisungen und Fragen.

Die ersten Einträge folgten alle dem gleichen Muster: „Hier ist der Lagebericht ... Bitte betet weiter." Dann, eine Woche nachdem sie mit dem Blog angefangen hatte, schrieb Lisa:

Laura geht es heute Morgen sehr gut und wir klammern uns weiter an die Verheißungen des Herrn. Aus Psalm 33,20-22: „Wir hoffen auf den Herrn, er hilft uns und beschützt uns. Wir freuen uns über ihn, denn auf ihn, den heiligen Gott, ist Verlass. Herr, lass uns deine Güte sehen, wie wir es von dir erhoffen!" Hier der Lagebericht von heute Morgen für euch alle ... "

Von diesem Tag an diente der Blog nicht nur als aktueller Bericht zu Lauras Gesundheitszustand. Die Familie wollte mehr, als nur die Menschen darüber informieren, dass Laura überlebt hatte; sie wollte, dass alle, die den Blog im Internet besuchten, erfuhren, dass Gott treu bleibt, auch wenn unsere schlimmsten Albträume Wirklichkeit werden.

Als der Blog an Bekanntheit gewann, kamen weniger Anrufe und E-Mails, genau wie die Familie gehofft hatte. Man konnte zu den einzelnen Blogeinträgen auch Kommentare hinterlassen. Zur Überraschung der Familie kamen die ersten Reaktionen oft direkt nachdem ein neuer Eintrag eingestellt wurde. Zunächst gab es nur einige Kommentare pro Tag, in erster Linie von Freunden und Angehörigen ...

Ich kann mich glücklich schätzen, dass Ihr mein Leben so nachhaltig und dauerhaft beeinflusst. Ich freue mich über jede gute Nachricht in diesem Blog. Unser kleiner Verstand kann nicht begreifen, was Gott mit alldem im Sinn hat. Nur eines verstehe ich: dass er damit einen Plan hat, der für uns vielleicht niemals sichtbar wird, solange wir hier auf dieser Erde sind. Bei uns zu Hause beten alle für Laura und für diejenigen, die ihr nahestehen.

Bry

Bald war der Blog weit über Michigan und Indiana hinaus bekannt. Die Van Ryns wussten, dass die *Taylor*-Gemeinschaft stark war, doch als eine „*Taylor*-Familie" der nächsten vom Blog erzählte, merkten sie, wie stark die Bande innerhalb dieser Gemeinschaft wirklich waren. Eines Morgens loggten sie sich ein und lasen:

Wir beten für die *Taylor*-Gemeinschaft, die Familien derjenigen, die uns in den Himmel vorausgegangen sind, und für Lauras vollständige Genesung. Wir sind Missionare in Deutschland und halten uns über unseren Sohn, der im dritten Jahr an der *Taylor University* studiert, über die Website der Universität und über diesen Blog auf dem Laufenden. Wir haben Freunde von uns gebeten, ebenfalls zu beten. Wir wissen, dass Ihr großen Trost in dem

Wissen findet, dass Laura in den Händen des besten Arztes ist. Wir beten für das Krankenhauspersonal und für Euch als Familie, dass ihr in diesem „Marathon" (der hoffentlich ein Mini-Marathon sein wird) Kraft schöpft und Durchhaltevermögen bekommt. Vor allem beten wir dafür, dass Menschen zu Christus finden, wenn sie Euren Blog lesen und sehen, wie ihr mit Eurer Situation umgeht. Wir beten, dass Ihr seine Gegenwart und Gnade in Eurem Leben spüren könnt wie nie zuvor und dass Laura früher aufwachen wird, als alle erwarten!

Die Existenz des Blogs sprach sich auch unter Leuten herum, die nicht einmal zum entfernten Bekanntenkreis der Van Ryns gehörten. Ein Mann aus Arizona teilte ihnen in einem Kommentar sogar mit, dass ein örtlicher christlicher Radiosender regelmäßig über Lauras Gesundheitszustand informierte und seine Hörer aufrief, für sie zu beten. Und eines Morgens erhielten die Van Ryns die folgende kurze Mitteilung:

Möge Gott Euch segnen und Euch tragen, möge sein Angesicht über Euch leuchten ... Sogar hier auf den Philippinen wird für Euch gebetet.

Dave Niffin, der den Blog eingerichtet hatte, erzählte der Familie, dass in den ersten beiden Wochen Menschen aus jedem Winkel der Vereinigten Staaten und aus Kanada die Seite besucht hatten, darüber hinaus wurde sie in China, den Philippinen, Kolumbien, Deutschland, Australien, Japan und Afrika aufgerufen. Allein am 10. Mai hatten über 1500 Menschen die Seite aufgerufen, am Tag zuvor waren es noch 1300 gewesen.

Leute aus der ganzen Welt hielten sich nicht nur über Lauras Gesundheitszustand auf dem neuesten Stand, sondern nutzten die Seite, um den Van Ryns mitzuteilen, wie sehr sie an Lauras Schicksal teilnahmen.

Liebe Familie Van Ryn,
ich möchte Sie nur wissen lassen, dass ich für Ihre Familie bete und dafür, dass Laura aufwacht. Danke, dass Sie diesen Blog ein-

gerichtet und uns so viele Einzelheiten mitgeteilt haben. [...] Es ist großartig, über Lauras Zustand informiert zu sein!

Andere Kommentare zeigten, dass die Leute sich nicht nur aus Neugier über Lauras Zustand informierten. Sie dachten den ganzen Tag an sie.

Heute lag mir ein Bibelvers besonders auf dem Herzen, und ich glaube, dass er auch Ihnen gilt: „Weinend gehen sie hin und streuen die Saat aus, jubelnd kommen sie heim und tragen ihre Garben." Ich glaube, dass hinter dieser schweren Zeit ein großer Plan für Laura und Sie alle steckt. Ich bete dafür, dass Sie sich jeden Tag von Lauras Fortschritten und der Liebe, die Ihnen Freunde und Angehörige erweisen, ermutigen lassen. [...] Ich bete jeden Tag für Sie alle!
Connie

Für manche gehörte es bald zum Tagesablauf, sich über Lauras Fortschritte zu informieren. Ein Leser hinterließ auf dem Blog beispielsweise den folgenden Kommentar:

Wie die meisten, die heute einen Kommentar geschrieben haben, schaue ich jeden Tag in Lauras Blog. Ich bin nie einem von Euch begegnet. Vor neun Jahren habe ich auf der *Taylor University* meinen Abschluss gemacht, aber das Band, das die *Taylor*-Familie zusammenhält, ist stark. Deshalb habe ich das Gefühl, immer noch da zu sein, und ich fühle mit. Ich werde Euch weiterhin jeden Tag in meine Gebete einschließen. Danke für die immer neuen Informationen.

Die Familie las die Kommentare jeden Tag und schöpfte Mut aus ihnen. Sie zeigten jedoch, dass dies auch andersherum der Fall war. Jemand schrieb:

Die neuesten Nachrichten über Laura zu lesen ermutigt mich jeden Tag. Ihre Geschichte bzw. die Geschichte Eurer Familie ist so ein cooles Zeugnis für das, was Gott in den kleinen Dingen unseres

Lebens bewirkt. Es macht so viel Mut, sich daran zu erinnern, dass Gott sich um solche Kleinigkeiten wie Lippenfettstift oder rosa Luftballons kümmert. Viel zu oft nehme ich mir nicht die Zeit, ihm für all das Gute zu danken, das er mir jeden Tag schenkt. Danke, dass Ihr mir die Augen für all die kleinen Dinge geöffnet habt, die Gott tut ... Oft sind die kleinsten Dinge in Wirklichkeit die größten.

Aber von allen Kommentaren, die auf dem Blog zu lesen waren, taten ihnen die von den Familienmitgliedern der anderen Unfallopfer besonders gut. Lisa konnte ihre Gefühle kaum im Zaum halten, als sie die Seite eines Tages aufrief und las:

Hallo, ich bin die älteste Tochter von Monica Felver. Ich möchte Ihnen und Ihrer Familie sagen, dass ich jeden Tag an Sie alle denke und für Sie bete. Ich spüre, dass uns etwas verbindet, und zwar aufgrund der Ereignisse vom 26. April 2006. Jeden Tag schaue ich nach, welche Fortschritte Laura gemacht hat, und ich bin sehr dankbar, dass es ihr immer besser geht. Zurzeit muss ich mich durch jeden Tag kämpfen, doch ich finde Trost in Jesus Christus, unserem Herrn und Retter. Er ist ein wunderbarer Gott, und ich spüre, dass sein Lächeln jedem von uns gilt. Ich danke Ihnen, dass Sie uns jeden Tag auf so ermutigende Weise auf dem Laufenden halten. Umarmen Sie Laura für mich. Möge Gott Sie und Ihre Familie segnen. In der Liebe Gottes
Kelly

Einmal hinterließ Brad Larsons Schwester einen Kommentar. Sie schrieb:

Hallo, Van Ryns! Ihr seid ein Segen für so viele Menschen. Es war mir eine Ehre, am Freitag Zeit mit Euch zu verbringen. Ich hoffe, dass ich Euch bald wiedersehen werde. Am Freitag habe ich zusammen mit Lisa den folgenden Vers gelesen; ich mag ihn so sehr – Zefanja 3,17: „Der Herr, dein Gott, ist in deinen Mauern, er ist mächtig und hilft dir. Er hat Freude an dir, er droht dir nicht mehr, denn er liebt dich; er jubelt laut, wenn er dich sieht." Der Herr jubelt gerade bestimmt über Euch, weil ihr ihm in dieser schweren Zeit treu seid. [...] Ich habe nicht aufgehört, für Euch zu beten.

Dawn

Dann, am 11. Mai, fanden sie den folgenden Kommentar im Blog:

Vielen Dank für die neuesten Informationen ... Sie sollen wissen, dass wir für Laura und für Sie beten. In dieser bedrückenden und schlaflosen Zeit denken wir viel an Sie. Möge Gott Sie weiterhin stärken.

Newell und Colleen Cerak

Zu dem Zeitpunkt, als Lisa fünf Wochen später aufhörte, den Blog zu schreiben, waren täglich mehrere Hundert Kommentare hinterlassen worden, die meisten von völlig Fremden.

Die Van Ryns lasen jeden Tag alle Kommentare. Jede ermutigende Mitteilung gab ihnen das Gefühl, Gott selbst habe sie in den Arm genommen, und das brauchten sie auch, denn sie standen erst am Anfang des Wegs.

8

Der erste Meilenstein

Montag, 1. Mai 2006

Morgen früh um 8:30 Uhr wird Laura operiert. Dass die Ärzte zu diesem Zeitpunkt eine Operation planen, ist eine gute Nachricht; es bedeutet, dass sie Lauras Zustand als so stabil einschätzen, dass sie eine Reihe von Behandlungen durchstehen kann. Zuerst werden sie ihren gebrochenen Ellenbogen und das Bein (Oberschenkelknochen) richten und falls nötig werden die Brüche noch mit Metallstiften fixiert. Unmittelbar nach dem Unfall wurden sie provisorisch gerichtet, aber nun soll eine endgültige Lösung her. Wenn Laura unter Narkose ist, wollen die Ärzte gleich auch eine Tracheotomie durchführen. Damit sind verschiedene Absichten verknüpft. Der Beatmungsschlauch kann aus Mund und Kehle herausgenommen und direkt in die Luftröhre eingesetzt werden. Das verringert das Infektionsrisiko durch das Beatmungsgerät. Es minimiert außerdem das Risiko, dass Laura sich eine Lungenentzündung zuzieht, und sorgt für einen milderen Verlauf, falls sie doch daran erkranken sollte. Die Tracheotomie macht es darüber hinaus wahrscheinlicher, dass Laura früher ohne künstliche Beatmung auskommt.

Wenn sie morgen operiert wird, wird möglicherweise auch die Sonde aus ihrem Schädel entfernt, mit der ihr Hirndruck überwacht wird. Dieses Gerät gab Hinweise auf mögliche Gehirnschwellungen. Da man weder größere Schwellungen noch einen zu hohen Gehirndruck festgestellt hat, wird es wahrscheinlich entfernt werden können.

Bitte betet weiter und gebt diese Nachricht an Eure Gebetsgruppen weiter.

BLOGEINTRAG VON LISA VAN RYN

Lauras Zustand hat sich in den letzten Tagen erfreulich verbessert. Ihre Fortschritte machen uns wirklich Mut. Allerdings ..." In dem Augenblick, als Lauras Arzt das Wort „allerdings" sagte, hatte Susie das Gefühl, ihr Herz würde zu schlagen aufhören. Sie musste sich daran erinnern, das Atmen nicht zu vergessen. „Allerdings müssen wir einiges unternehmen, um ihr die vollständige Genesung zu ermöglichen. Zu diesem Zweck würden wir sie gerne morgen früh operieren."

„Was genau haben Sie vor, Doktor?", fragte Don.

„Die künstliche Beatmung hilft ihrem Körper, mit dem Trauma des Unfalls fertig zu werden, sie stellt aber auch ein Risiko dar. Wir würden gern eine Tracheotomie durchführen, sodass wir den Schlauch aus ihrem Mund nehmen und direkt in die Luftröhre einführen können. Das sollte das Infektionsrisiko vermindern und auch die Wahrscheinlichkeit, dass Laura sich eine Lungenentzündung zuzieht. Wir wollen außerdem ihren gebrochenen Ellenbogen richten und ihre gebrochenen Beine stabilisieren. Das bedeutet, dass wir einige Nägel und möglicherweise eine Platte einsetzen müssen. Direkt nach dem Unfall haben wir die Brüche provisorisch versorgt, aber jetzt hätten wir gerne eine endgültige Lösung."

„Dann wird sie ja großen Spaß haben, wenn sie das nächste Mal durch die Metalldetektoren am Flughafen geht", scherzte Lisa.

Niemand hatte etwas gegen diesen Anflug von Humor – im Gegenteil, er tat ihnen allen gut.

„Wie lange wird die Operation dauern?", fragte Susie.

„Nicht allzu lange", antwortete der Arzt. „Wenn Sie keine Einwände haben, setzen wir sie morgen früh für 8:30 Uhr an."

Don und Susie unterschrieben die notwendigen Papiere, lehnten sich zurück und blickten sich an. „Das sind doch gute Nachrichten, oder?", meinte Don. „Sie ist stark genug, um die Operation zu überstehen, und das bedeutet, dass sie bald auch stark genug sein wird, um von der Intensivstation auf ein normales Zimmer verlegt zu werden."

Susie sträubte sich gegen diesen Gedanken. Die Nachricht, dass Laura in einen Unfall verwickelt worden war, war schon schwer genug zu verarbeiten gewesen, doch nun hatte sie sich an den Ablauf auf der Intensivstation gewöhnt. Die Lichter und Geräusche der Maschinen machten Susie immer noch zu schaffen, doch sie wusste, was sie zu erwarten hatte, wenn sie Lauras Zimmer betrat. Ihr gefiel die Vorstellung nicht, mit etwas Neuem konfrontiert zu werden.

„Alles wird gut werden, Mom. Du wirst schon sehen", beruhigte Lisa ihre Mutter. „Gott hat alles in der Hand."

„Das weiß ich", entgegnete Susie. „Ich weiß." Sie seufzte. „Andernfalls könntet ihr mir hier auch gleich ein Zimmer organisieren."

*

„Morgen wirst du operiert", erklärte Susie, als sie Laura übers Haar strich. „Der Arzt hat gesagt, dass du hinterher sehr viel weniger Schmerzen in deinem Arm und im Bein haben wirst."

Aryn saß auf der anderen Seite des Bettes und hielt Lauras Hand. Bis auf die Lichter der Überwachungsgeräte war der Raum dunkel. Der Herzmonitor ließ hin und wieder ein eigenartiges Geräusch hören und kehrte dann sofort zum normalen Rhythmus zurück. An Lauras erstem Tag im Krankenhaus hatten solche Unregelmäßigkeiten noch dazu geführt, dass die Familie zusammenzuckte, doch nun erschrak weder Susie noch Aryn darüber. Inzwischen hatten sie sich an die Lichter und Geräusche auf der Intensivstation gewöhnt.

Susie wusste nicht, ob Laura sie verstehen konnte, doch das spielte keine Rolle. Sie strich ihrer Tochter weiter übers Haar und sagte: „Auf der ganzen Welt wird für dich gebetet, mein Sonnenschein. Du glaubst gar nicht, wie sehr du geliebt wirst." Sie beugte sich über Laura und küsste sie sacht auf die Stirn. „Du wirst die Operation gut überstehen."

„Wir sollten ihr jetzt Ruhe gönnen", sagte Don, als er und der Rest der Familie Lauras Zimmer betrat. Kaum hatte er das gesagt, gähnte Laura hörbar. Der Schlauch des Beatmungsgeräts versperrte ihnen zwar teilweise den Blick, doch sie hatten alle deutlich sehen können, dass sie gegähnt hatte, zum ersten Mal seit dem Unfall. Ihre Augenlider flatterten und dann öffnete sie ihre Augen einen Spalt weit.

„Habt ihr das gesehen?", rief Susie. „Es sieht so aus, als versuche sie aufzuwachen."

Die anderen umarmten sie und klatschten sich mit den Händen ab. Ein Gähnen und flatternde Augenlider waren normalerweise vielleicht nicht besonders viel, doch nach fünf Tagen, in denen Laura kaum eine Reaktion gezeigt hatte, war das eine ganze Menge.

„Ich würde sagen, das ist ein perfekter Tagesabschluss", sagte Don.

„Versucht ihr, ein bisschen zu schlafen", sagte Lisa zu ihren Eltern. „Mark und ich bleiben noch ein Weilchen."

„Ich will nicht von ihrer Seite weichen", erklärte Susie.

„Es ist in Ordnung, Mom, wir sind doch hier. Außerdem wird der Tag morgen für dich viel härter als für Laura. Du brauchst Schlaf."

Es kostete die Familie noch etwas mehr Überzeugungsarbeit, doch schließlich willigte Susie ein.

Bis auf Susie und Mark verließen alle das Krankenhauszimmer und kehrten in das Haus des Samariters zurück. Wie immer, wenn sie bei ihrer Schwester im Krankenhaus waren, setzten sie sich neben ihr Bett und beobachteten sie einfach. Etwas später gähnte Laura noch einmal.

„Was ist das?", fragte Lisa überrascht.

„Was denn?", fragte Mark.

„Ihre Zähne."

„Was ist mit ihnen?"

„Sie sehen anders aus als sonst."

Die beiden beugten sich vor, um besser sehen zu können. Zunächst passierte nichts, doch einige Minuten später gähnte Laura wieder.

„Hast du das gesehen?", fragte Lisa.

Mark deutete auf die Schneidezähne. „Diese beiden sehen aus, als hätte man sie in den Kiefer hineingedrückt. Das ist wirklich komisch", meinte er.

„Sie haben gesagt, dass sie gut 15 Meter weit geschleudert wurde. Oh Mann. Kannst du dir vorstellen, dass der Aufprall so stark war, dass ihre Zähne so verschoben wurden? Es ist ein Wunder, dass sie den Unfall überhaupt überlebt hat."

„Abgesehen davon sieht sie ziemlich normal aus, findest du nicht?", meinte Mark. „Die blauen Flecken in ihrem Gesicht sind fast verschwunden."

„Aber die kahl rasierte Stelle auf ihrem Kopf an der Stelle, wo die Sonde eingeführt wurde, wird ihr nicht gefallen", scherzte Lisa.

*

Obwohl Lauras Operation für 8:30 Uhr angesetzt war, wurde sie erst weit nach zwölf Uhr mittags für den Eingriff vorbereitet. Einer der Chirurgen hatte einen Notfall, wodurch sich Lauras Operation nach hinten verschob.

Wieder einmal wartete die Familie und wartete und wartete, während sie die eine feste und unumstößliche Wartezimmerregel lernte: Operationen beginnen immer später und dauern immer länger als erwartet.

Als der Arzt um 16:15 Uhr aus dem OP kam, lächelte er der Familie aufmunternd zu. „Alles ist gut gelaufen. Laura hat sich hervorragend geschlagen. Es gab keinerlei Komplikationen. Alles lief genau so, wie wir es gehofft hatten."

Die Familie ließ einen kollektiven Seufzer der Erleichterung hören. Mark und Kenny schlugen einander in die Hände, während Lisa ihre Mutter umarmte.

„Sie können sie bald sehen, aber sie wird nicht so stark auf Reize von außen reagieren wie gestern. Sie steht noch unter dem Einfluss der Narkose."

„Konnten Sie alles machen, was Sie vorhatten?", fragte Don.

„Ja. Wie ich schon sagte, es lief alles glatt. Wahrscheinlich können wir heute sogar die Sonde entfernen. Das können wir in ihrem Zimmer erledigen."

Eine knappe Stunde später betrat eine Krankenschwester das Wartezimmer und verkündete: „Ein paar von Ihnen können jetzt zu ihr rein."

Als Don und Susie das Zimmer ihrer Tochter betraten, bemerkten sie sofort eine Veränderung. „Sie hat viel mehr Farbe bekommen", stellte Susie mit einem Lächeln im Gesicht fest. Da der Sauerstoffschlauch nun direkt in die Luftröhre führte, waren die Krankenschwestern viel besser in der Lage, überschüssige Flüssigkeit aus Lauras Lungen zu entfernen, was ihre Atmung verbesserte. „Und sie sieht so viel besser aus, wenn dieser schreckliche Schlauch nicht mehr mit Klebeband an ihrem Mund befestigt ist." Susie beugte sich über ihre Tochter und küsste sie sanft auf die Wange.

An ihrem linken Arm und Bein trug Laura nun einen neuen Gips. Ihr rechter Arm steckte in einer Schlinge und war festgebunden, damit sie nicht nach den Schläuchen greifen konnte. Die Schnittwunden in ihrem Gesicht verheilten gut; allerdings war ihr Gesicht immer noch völlig ausdruckslos. Der Herzmonitor piepte langsamer als noch vor einigen Tagen. Ihr Puls, der zeitweise bei 125 gelegen hatte, lag nun zwischen 80 und 90.

Laura war den Rest des Tages und den größten Teil des nächsten Tages sehr ruhig.

Alle sagen, wir seien so stark. Glaub das nur nicht! Du weißt, was für ein Weichling ich bin. Ich habe nur eine Erklärung für diese „Stärke", nämlich die, dass ich im Gebet getragen werde. Ich habe Angst um Dich, meine Kleine, aber Gott ist größer als meine Angst. Schlaf gut, meine süße Laurie. Ich liebe Dich so sehr – Mom
Susies Botschaft für Laura am Dienstag, dem 2. Mai

9

Whitneys Geburtstag

Meine liebste Whit,
herzlichen Glückwunsch zum 19. Geburtstag!!! Ich bin so aufgeregt, weil Du mit Sicherheit den besten Geburtstag überhaupt
gefeiert hast! Ich hoffe, Du hast nicht zu viel Kuchen gegessen. Die
Geburtstagsfee hat dich dieses Jahr verpasst, aber sie weiß, dass
Gott sich um Dich kümmert. Du kannst Dich freuen, dass die Party
niemals aufhören wird.

Ach, Whit, es ist schon viel zu lange her, dass wir miteinander
geredet haben. Ich vermisse unsere Donnerstagabend-Gespräche.
Ich weiß nicht, ob ich Dir das schon einmal gesagt habe, aber darauf habe ich mich immer gefreut. Es ist schon komisch, zwischen
den einzelnen Treffen lag nur eine Woche und wir konnten uns
schon wieder stundenlang über alles Mögliche unterhalten. So
warst Du eben – es war einfach, mit Dir zu reden. Ich bin nicht
sicher, wie ich diese Stunden jetzt füllen werde, aber Du sollst
wissen, dass ich unendlich dankbar dafür bin, dass unsere Freund-
schaft nicht darunter gelitten hat, dass wir zuletzt unterschiedliche
Schulen besucht haben.

Ich muss Dir etwas sagen, was ich Dir noch nie erzählt habe:
Ich bewundere Dich. Ich bewundere Dich schon allein dafür, dass
Du das einzige Mädchen bist, das Shopping hasst. Meine Mutter
wünscht sich, dass ich mir davon eine Scheibe abschneide, also
werde ich daran arbeiten. Ich bewundere Dich aber auch dafür,
dass Du so ein großes Herz für alle Menschen hattest. Dir war es
wichtig, dass Menschen sich geliebt fühlten. Das habe ich bei Dir

gesehen, als das mit Liz passierte. Ich bin so glücklich, dass Du jetzt bei ihr bist. Umarme sie für mich. Whit, Du bist eine erstaunliche Zuhörerin. Es gibt wenig Leute, die in einem Pflegeheim arbeiten und wirklich gut darin sind. Du wärst erstaunlich gut darin gewesen, weil Deine Leidenschaft so echt war. Aber, Whit, vor allem bewundere ich Deinen Glauben. Ich erinnere mich, dass Du in der Highschool immer gesagt hast, dass Du zu mir aufblickst und mich für stark hältst. Aber in Wahrheit ist es so ... Du bist mein Vorbild. Ich habe durch Dich zum Glauben gefunden. Es ist wirklich schön zu hören, wie Dein eigener Glaube im vergangenen Jahr gewachsen ist. Ich bin so dankbar, dass Du an die *Taylor University* gegangen bist und dass Du dieses Verlangen nach Gott entwickelt hast, um das Du gebeten hast. Er ist so gut.

Whit, ich bin Gott so dankbar, dass ich Dich kennen durfte. Ich glaube, Du warst für mich ein Engel in menschlicher Gestalt, der mir in den schwersten Zeiten meines Lebens geschickt wurde. Und Du wirst immer bei mir sein, das weiß ich. Danke.

Also gut, Whit ... ich will nicht lügen ... ich vermisse Dich so sehr. Es wird wirklich schwierig werden, wenn die Leute alle gegangen sind, wenn wir zusammen essen, Ferien machen, unseren Studienabschluss feiern, wenn Car und ich heiraten und später Kinder bekommen. Nur damit Du es weißt – ich würde für immer auf Brezelpudding verzichten, wenn ich Dich dafür noch ein letztes Mal umarmen könnte. Manchmal frage ich mich, wie ich es ohne Dich schaffen soll. Aber dann weiß ich: Gott schenkt mir Frieden. Er gibt mir Kraft, und wenn ich mich am schwächsten fühle, dann hebt er mich auf und trägt mich. Danke, Whit, dass Du mir das gezeigt hast. Ich liebe Dich von ganzem Herzen und weiß, dass Du immer hier bist. [...] Unser Abschied ist nicht für immer; wir werden uns wiedersehen.

In Liebe,

das Mädchen aus dem Keller,

auch bekannt als Deine Schwester

DIESEN BRIEF SCHRIEB SANDRA AM SAMSTAG, DEM 29. APRIL 2006. SIE VERLAS IHN BEI DER BEERDIGUNG AM FOLGENDEN TAG.

Colleen begann, leise zu weinen, als sie erwachte. „Seit dem Tag, an dem wir sie an der *Taylor University* abgesetzt haben, wusste ich, dass dieser Tag anders sein würde als ihre bisherigen Geburtstage, aber ... aber nicht so."

Newell zog sie in seine Arme. „Ich weiß." Mehr sagte er nicht. Er verlor sich in Erinnerungen an Whitneys letzten 18 Geburtstage. Vor seinem inneren Auge sah er sie in die Küche rennen mit einem breiten Lächeln auf dem Gesicht, als sie sah, dass er ihr Lieblingsfrühstück zubereitete – Rühreier mit Käse und Wurst.

„Der Zeitpunkt ist so ...", sagte Colleen. „Er ist einfach so ..."

„Falsch", sagte Newell.

„Ja." Immer mehr Tränen strömten über ihre Wangen. „Wie sollen wir diesen Tag nur bewältigen?"

„Ich weiß es nicht, Colleen. Ich weiß es nicht." Er schluckte. „Whitney liebte Geburtstage."

„Mehr noch die ihrer Freunde als ihre eigenen. Jedes Mal, wenn jemand aus ihrem Freundeskreis Geburtstag hatte, schoss sie zur Tür hinaus, als hätte sie einen Sonderauftrag." Beide stellten sich vor, wie Whitney zu ihrem Auto rannte, das Geschenk in der einen Hand, die Autoschlüssel in der anderen.

Keiner der beiden wollte nach unten gehen.

„Ich wusste nicht, dass es so wehtun kann", sagte Newell.

*

„Seid ihr bereit?", fragte Carly, als Newell und Colleen endlich nach unten kamen, um auch diesen Tag als Familie mit einer gemeinsamen Gebetszeit zu beginnen.

„Mehr, als du denkst", entgegnete Colleen. Obwohl sie das Gefühl hatte, sie hätte heute noch mehr zu erledigen als am Tag zuvor, konnte sie es kaum erwarten, dass sie die Außenwelt aussperren und miteinander beten würden. „Ich brauche diese Zeit heute Morgen wirklich ganz besonders", sagte sie, als sie sich hinsetzte.

Newell nahm auf dem Sofa neben seiner Frau Platz. „Das war wirklich eine gute Idee, Carly", sagte er.

Wie am Tag zuvor legte Carly eine CD in die Stereoanlage. Alle sangen mit und spürten, wie sie von Gottes Frieden erfüllt wurden. Dann lasen sie laut Bibelabschnitte, vor allem aus den Psalmen, und beteten. Alle vier – Newell, Colleen, Carly und Sandra – wussten, dass sie die Kraft und den Frieden brauchten, den nur Gott schenken kann, da sie sonst diesen Tag – oder den nächsten – niemals überstehen würden.

Wieder verfiel alles im Haus in hektische Aktivität, kaum dass sie nach der Familienandacht das „Bitte-nicht-stören"-Schild von der Tür entfernt hatten. Ein paar von Whitneys Freundinnen kamen vorbei, um letzte Hand an die Arbeiten zu legen, die sie tags zuvor begonnen hatten. Einige von ihnen hatten Fotos von sich und Whitney zusammengesucht und auf große Pappen geklebt, die im Beerdigungsinstitut aufgestellt werden sollten, wenn die Menschen am Sarg Abschied nahmen.

Außerdem kamen viele Verwandte von Newell und Colleen vorbei. Sie waren aus dem ganzen Land angereist. Freunde aus der Gemeinde hatten Schlafplätze zur Verfügung gestellt, was bedeutete, dass die Verwandten der Ceraks über ganz Gaylord verstreut waren. Viele wollten die Familie noch sehen, bevor sie zum Beerdigungsinstitut gingen.

Gegen 12:30 Uhr verließen Newell und Colleen schließlich das Haus, um sich auf den Weg zum Beerdigungsinstitut zu machen. Beide wussten, dass es ein langer Tag werden würde, doch sie wollten ihn so bald wie möglich in Angriff nehmen.

Carly und Sandra trafen kurz nach ihnen im Institut ein. Carly war überwältigt von dem Blumenmeer, das sie dort empfing. „Hast du in deinem Leben jemals so viele Blumen auf einem Fleck gesehen, Mom?", fragte sie.

„Und es scheinen immer noch mehr zu kommen", stellte Colleen fest.

Im Beerdigungsinstitut gab es drei Räume, die für Aufbahrungen und Beisetzungsfeiern zur Verfügung standen. Alle drei quollen vor Blumen für Whitney regelrecht über. Entlang der Wand des einen Raumes waren mehrere Staffeleien aufgestellt worden, auf denen die großen Poster ruhten, die Whitneys Freundinnen angefertigt hatten. Vor der Stirnwand des Hauptsaals stand Whitneys Sarg, auf dem ein großes Blumenarrangement lag; daneben stand ein Bild von Whitney.

Die Ceraks gingen gemeinsam zum Sarg. Newell legte die Hand auf den Deckel und sagte: „Ich kann nicht glauben, dass sie hier drinliegt."

„Aber es ist doch nur ihr Körper, Dad", entgegnete Carly. „Whitney ist jetzt bei Gott und feiert die beste Geburtstagsparty, die man sich nur vorstellen kann."

„Ich weiß, Carly. Ich weiß. Wenn ich das nicht wüsste, wäre dieser Tag für mich unerträglich."

Die Abschiedsfeier sollte zwar erst um 14:00 Uhr beginnen, aber eine Gruppe von Whitneys Freunden, darunter auch ihr Freund Matt, war schon zeitig da. Die jungen Leute versammelten sich um den Sarg, und Matt und ein weiterer Freund, Kyle, lasen Gedichte vor, die sie für Whitney geschrieben hatten. Alle weinten. Als Carly die Szene von der anderen Seite des Raums aus beobachtete, dachte sie: *Bis jetzt war mir gar nicht richtig bewusst, wie viele Freunde meine kleine Schwester tatsächlich hatte.*

Um 14:00 Uhr nahmen Newell, Colleen und Carly ihren Platz neben Whitneys Sarg ein. Ein Gast nach dem anderen trat hervor, um ihnen sein Beileid auszusprechen. Hin und wieder hörte man Lachen aus einer Ecke des Raums, in der man sich Videobänder von Whitney ansah. Die Familie hatte sich entschlossen, Videos von ihren vorhergegangenen Geburtstagen zu zeigen sowie ein paar amüsante Bänder, die Whitney und ihre Freundinnen aufgenommen hatten, als sie bei einer Pyjama-Party die ganze Nacht aufgeblieben waren. Einmal war das Lachen so laut, dass Newell sich lächelnd zu ihnen drehte. „Das ist unsere Whitney auf diesen Bändern", sagte er. „Ich bin froh, dass wir diese Videos mitgenommen haben. Selbst jetzt bringt sie Leben in die Bude, so wie sie es immer gemacht hat."

Das Lachen prägte die Atmosphäre genau in der Art, wie die Familie sie am Samstagnachmittag im Beerdigungsinstitut haben wollte. Eine Frau, die sich zum Kondoulieren angestellt hatte, blickte Colleen an und fragte: „Woher nehmen Sie in dieser schweren Situation nur Ihre ganze Stärke?"

„Das kommt alles von Gott. Glauben Sie mir, allein würde ich das niemals schaffen."

Die Frau umarmte Colleen und sagte: „Der Herr segne Sie."

Viele andere, die ihr Beileid bekundeten, erzählten den Ceraks, wie Whitney ihr Leben auf ganz besondere Art beeinflusst hatte. Zu hören, welche Erinnerungen andere Menschen an Whitney hatten, tat den Ceraks besonders gut. Die Erzählungen dieser Menschen zu hören, die gekommen waren, um von Whitney Abschied zu nehmen, schenkte ihnen neue Kraft. Sie versuchten aber auch, anderen etwas mitzugeben. Wenn sich ihnen jemand vorstellte, löste der genannte Name bei Newell und Colleen oft Erinnerungen aus, die sie der entsprechenden Person dann erzählen konnten.

Die Ceraks waren entschlossen, heute Whitneys Leben und Wirkung auf andere Menschen zu feiern, statt sich mit dem zu beschäftigen, was nicht mehr war, weil sie nun nicht mehr lebte. Für Letzteres würde es noch reichlich Zeit geben, wenn die Trauerfeierlichkeiten vorüber waren und das normale Leben wieder Einzug hielt.

Gegen fünf Uhr trat Jim Mathis an Newell und Colleen heran und zog sie zur Seite. „Ich muss mit euch reden", sagte er.

„Kann das nicht warten, Jim?", fragte Colleen. „Die Schlange reicht bis zur Tür und dann einmal um das Gebäude herum. Manche Leute warten schon seit über einer Stunde, dass sie mit uns reden können."

„Genau darum geht es", entgegnete Jim. „Es sind so viele Leute, dass das hier sehr, sehr lange dauern wird. Ihr braucht eine Pause. Carly und Sandra können sich eine Weile um die Leute kümmern. Geht in den Aufenthaltsraum, holt euch etwas zu trinken und esst eine Kleinigkeit."

„Uns geht es gut, Jim", erklärte Newell. „Wenn wir müde werden, machen wir eine Pause."

„Das glaube ich nicht. Solange noch jemand in der Schlange steht, werdet ihr hierbleiben, vor allem du, Colleen. Kommt jetzt. Ein Nein akzeptiere ich nicht."

Newell und Colleen folgten ihm in ein kleines Zimmer, das den Trauergästen nicht zugänglich war, und setzten sich. Sie nahmen sich zwar zwei Flaschen Wasser, doch von dem Essen, das auf dem Tresen stand, brachten sie keinen Bissen herunter. Auch schafften sie es nicht, innerlich zur Ruhe zu kommen. Colleen ließ unruhig ihr Bein wippen und Newell blickte ständig auf die Uhr. Nach nicht einmal fünf Minuten schaute Newell seine Frau an und fragte: „Bist du so weit, dass wir zurückgehen können?"

„Ja", entgegnete Colleen.

Sie gingen zurück und nahmen wieder ihren Platz neben Whitneys Sarg ein.

Der letzte Trauergast ging erst gegen 21:00 Uhr, obwohl das Ende der Aufbahrung für 20:00 Uhr angesetzt worden war. Erst dann gönnten Newell und Colleen sich etwas zu essen. Müde fühlten sie sich erstaunlicherweise jedoch nicht.

„Das fühlt sich alles so unwirklich an", sagte Newell zu Colleen. „Ich fühle mich, als befände ich mich außerhalb meines Körpers und beobachtete jemand anderen, der das alles durchmacht."

Colleen empfand genauso.

Als sie nach Hause kamen, erwartete sie dort eine große Gruppe von jungen Leuten. Einige Highschool- und College-Freunde von Whitney waren gekommen und auch viele Freunde von Carly waren da. Die beiden Gruppen kannten einander nicht, und Carly sah dies als einzigartige Gelegenheit, sie zusammenzubringen.

Wie schon in der Nacht zuvor schliefen Newell und Colleen also zu den Klängen der Lieder ein, die die Freunde ihrer Töchter zu Gottes Lob sangen.

Der Tod ist Satans beste Möglichkeit, diese Welt anzugreifen. Erstaunlicherweise nimmt Gott das, was Satan einsetzt, um uns anzugreifen, und gebraucht es, um uns zusammenzubringen und

sich ganz deutlich zu offenbaren. Gottes Kraft ist größer als Satans
größte Stärke.
Kelly und Carly, Zimmer 110
Eintrag in Carlys Tagebuch am 11. Mai 2006

10

Ein Wendepunkt

Donnerstag, 4. Mai 2006

Hier die neuesten Informationen zu Lauras Gesundheitszustand. Die Ärzte haben das Beatmungsgerät runtergedreht, da sie glauben, dass ihr Körper jetzt besser selbstständig atmen kann. Anfangs hat die Maschine zwölf Atemstöße pro Minute geliefert, dann wurde sie auf sechs Stöße pro Minute herabgesetzt. Damit kam Laura so gut zurecht, dass man nun auf zwei Stöße pro Minute runtergegangen ist. Das bedeutet, dass ihr Körper den Unterschied ausgleicht und sie jetzt recht regelmäßig atmet.

Gestern wurde ihr die Magensonde eingeführt und auch damit kommt ihr Körper hervorragend zurecht. Heute haben sich die Physiotherapeuten ein Bild von ihrem Zustand gemacht. Dabei ging es in erster Linie um ihre Fähigkeiten und Grenzen. Man hat sie auf einen Spezialstuhl gesetzt, in dem sie in leicht zurückgelehnter Position sitzen kann. Ursprünglich sollte sie heute zwei Stunden darin sitzen. Obwohl sie noch im Koma liegt, wollen die Therapeuten so früh wie möglich mit der Rehabilitation beginnen. Heute hat Laura allerdings nicht auf Anweisungen reagiert, was uns an die Bemerkung des Arztes erinnert, dass ihre Genesung eher ein Marathon als ein Sprint wird. Wir hoffen, dass es sich wenigstens um einen Mini-Marathon handelt. Hört nicht auf, Gott um sein Eingreifen zu bitten, damit Laura bald aus diesem Koma aufwacht.

Die Neurologen waren nach einem CT und anderen Untersuchungen sehr zufrieden mit ihr. Es sind keine Hirnblutungen aufgetreten, und sie hatten keine Bedenken, den Hirndrucksensor aus ihrem Schädel zu entfernen. Die Familie ist sehr zufrieden mit der medizinischen Versorgung. Ein Arzt kümmert sich sogar mit ganz besonders viel Engagement um Laura und uns als Familie.

BLOGEINTRAG VON LISA VAN RYN EINE WOCHE NACH DEM UNFALL

S usie blieb der Mund offen stehen, als sie Lauras Zimmer betrat. *Das kann nicht sein! Was haben sie mit ihr gemacht?!*

Laura lag nicht im Bett wie sonst. Die Krankenschwester hatte sie auf einen Stuhl gesetzt. Nach wie vor führten Schläuche und Kabel von ihrem Körper zu den verschiedenen Geräten; der Sauerstoffschlauch ragte aus der Luftröhre heraus und ihr Arm hing an einem Tropf. Aber sie saß praktisch aufrecht. Sie war immer noch nicht bei Bewusstsein, hatte die Augen geschlossen, aber sie saß.

Susie geriet in Panik. Sie wollte die Krankenschwester am liebsten anschreien: „Nein! Sie tun ihr weh! Sie muss still liegen, damit sie gesund werden kann. Wie kommen Sie dazu, sie auf einen Stuhl zu setzen? Damit helfen Sie ihr nicht. Wie können Sie nur so grausam sein?"

Die Krankenschwester schien Susies Gedanken zu lesen und sagte: „Der Körper heilt schneller, wenn der Patient bewegt wird. Auch wenn Laura noch nicht bei Bewusstsein ist, hilft ihr das, sich an verschiedene Positionen zu gewöhnen. Sie braucht zwar Ruhe, aber sie braucht mehr als das, um wieder vollständig zu genesen."

„Aber", stammelte Susie, „sie ist so ..." Sie wusste nicht, ob sie den Rest des Satzes laut aussprach oder nur dachte. ... *Sie ist so zerbrechlich.*

„Der menschliche Körper ist erstaunlich widerstandsfähig", erklärte die Krankenschwester. „Ich weiß, dass der Anblick für Sie schwer zu ertragen ist. Vielleicht möchten Sie lieber hinausgehen, wenn ich sie wieder zu Bett bringe."

Die Schwester hatte recht. Susie wollte zwar genau Bescheid wissen, was mit ihrer Tochter gemacht wurde, aber nicht alles aus nächster Nähe mit ansehen.

Kurz nachdem sie ins Wartezimmer zurückgekehrt war, kam auch Lisa herein und fragte: „Wie geht es Laura heute Morgen?"

„Du wirst es nicht glauben, aber sie haben sie auf einen Stuhl gesetzt", entgegnete Susie.

„Was?", fragte Lisa. Sofort machte sie sich auf den Weg zu Lauras Zimmer, um mit der Krankenschwester zu reden. Nicht weil sie sich über die Maßnahmen beschweren wollte, sondern einfach weil sie sich von ihr erklären lassen wollte, wie und warum man so etwas macht. Als einige Tage später Lauras Physiotherapie begann, war Lisa an der Seite ihrer Schwester. Sie wollte alles verstehen, was dort passierte.

Nachdem die Krankenschwester Laura wieder ins Bett gelegt hatte, nahmen Lisa und Susie eine deutliche Veränderung bei ihr wahr. Die Wirkung der Narkose, die sie noch den gesamten Dienstag und den größten Teil des Mittwochs so ruhiggestellt hatte, war abgeklungen. Zwar lag sie noch im Koma, aber sie war aktiver geworden. „Sie kann ihr rechtes Bein nicht stil lhalten", sagte Lisa mit einem Lächeln. „Das ist typisch Laura, sie zappelt immer herum. Sie konnte dieses Bein noch nie still halten, egal, ob sie saß oder lag."

Laura bewegte sich so viel, dass das Krankenhausnachthemd hochrutschte. „Ich glaube, sie hat keine Lust mehr, im Bett zu liegen. Es sieht fast so aus, als wollte sie aufstehen. Ich hoffe, sie erinnert sich später nicht daran; das hier wäre ihr nämlich ganz schön peinlich", sagte Susie, als sie Laura wieder mit dem Laken zudeckte. Sie und Lisa waren froh, dass gerade keine Männer im Raum waren. Als Laura sich gleich wieder frei strampelte, griff Lisa nach ihrem Nachthemd, um es erneut herunterzuziehen. Dabei bemerkte sie etwas Seltsames. „Was ist das da an ihrem Bauch? Das habe ich noch nie bemerkt."

Susie wusste nicht, was Lisa meinte, bis ihre Tochter auf einen Punkt oberhalb des Bauchnabels deutete. „Es sieht so aus, als hätte sie sich ihren Bauchnabel piercen lassen."

„Das glaube ich nicht."

„Schau es dir genau an. Ich sage dir, das kommt nicht von dem Unfall. Das war ein Piercing. Sie hat sich ihren

Bauchnabel piercen lassen. Wann sie das wohl hat machen lassen?"

„Bist du dir sicher?", fragte Susie. Sie sah sich die Stelle etwas genauer an, dann drehte Laura sich ruckartig zur Seite. „Es sieht ihr gar nicht ähnlich, so etwas zu machen, ohne irgendjemandem von uns etwas davon zu erzählen."

„Vielleicht sollten wir ihren Körper mal auf Tätowierungen hin untersuchen", scherzte Lisa. „Das Mädchen wird 21 und glaubt, es kann tun und lassen, was es will."

Susie fand diese Bemerkung nicht besonders komisch.

Die Unterhaltung fand ein jähes Ende, als Laura durch den Luftröhrenschnitt ein gurgelndes Geräusch von sich gab, als ob sie erstickte.

„Schwester, Schwester!", rief Susie.

Bri, eine der Krankenschwestern der Intensivstation, kam angelaufen und fragte: „Was ist los, Mrs Van Ryn?"

„Es klingt so, als ob sie ersticken würde."

„Lassen Sie mich einmal nachsehen", sagte Bri. Alle Ärzte, Pfleger und das gesamte übrige Personal im *Parkview Hospital* kümmerten sich jederzeit hervorragend um Laura, doch Bri war einzigartig. Sie sorgte sich um Laura, als wäre sie ihre Schwester. Eines Tages hatte sie Lauras Haar zur Überraschung der Familie sogar in zwei Zöpfe geflochten. Den Van Ryns gefiel das sehr. „Alles in Ordnung", sagte Bri, als sie die Flüssigkeit aus dem Schlauch absaugte. „Das ist ganz normal bei einem Beatmungsgerät. Wenn Sie möchten, kann ich Ihnen zeigen, wie Sie die Flüssigkeit selbst absaugen können."

Susie schluckte. „Nein, danke." Lisa dagegen nahm Bris Angebot an und zeigte anschließend auch ihren Brüdern, wie es ging. Von diesem Zeitpunkt an verließ Susie jedes Mal den Raum, wenn sich ihre Kinder oder eine der Schwestern an den Beatmungsschläuchen zu schaffen machten. Das gurgelnde Geräusch, das von der Flüssigkeit verursacht wurde, löste bei Susie jedes Mal die Furcht aus, dass ihre Tochter ersticken und sterben könnte. Sie verließ auch jedes Mal das Zimmer, wenn Laura eine Spritze bekam oder man ihr einen neuen intravenösen Zugang legte. Jedes Mal, wenn Laura gestochen wurde, spürte Susie es regelrecht am eigenen Leib. Sie konnte den Gedanken nicht ertragen, dass man ihrem kleinen Mädchen Schmerzen zufügte.

Obwohl es Susie zu schaffen machte, wenn sie Laura würgen oder das Beatmungsgerät gurgeln hörte, versuchte sie, sich klarzumachen, dass Laura damit geholfen wurde. Die Ärzte hatten die Frequenz des Beatmungsgeräts von zwölf Atemstößen pro Minute zunächst auf sechs, dann auf zwei reduziert. Ansonsten atmete Laura selbstständig, was Mut machte. Diese positive Entwicklung setzte sich in den folgenden Tagen fort.

Es wurde eine CT-Untersuchung durchgeführt, die keinerlei Anzeichen einer Blutung ergab, sodass die Ärzte beschlossen, den Hirndrucksensor zu entfernten. Es gab auch immer mehr Anzeichen dafür, dass Laura bald aus dem Koma aufwachen würde. Sie versuchte häufiger, die Augen zu öffnen, vor allem dann, wenn ihre Familie mit ihr sprach. Ihr Körper nahm die Magensonde an, ihr Gesicht bekam immer mehr Farbe und ihre Atmung verbesserte sich. Diese Fortschritte sprachen dafür, dass die ersten Schritte der Ergotherapie eingeleitet werden konnten. Das bedeutete, dass Laura immer öfter auf den Stuhl gesetzt wurde, um ihre Muskeln zu stimulieren. Vor allem aber deutete nichts auf eine Lungenentzündung hin, was sehr ungewöhnlich war für einen Patienten, der so lange künstlich beatmet wurde wie Laura.

Abgesehen von der Stelle, die man zum Einführen des Hirndrucksensors kahl rasiert hatte, sahen Lauras Kopf und Gesicht nun fast wieder normal aus. Ihre Mutter fand, sie sah wunderschön aus. Susie saß oft einfach nur da und schaute ihre Tochter an, während diese schlief. Dass Laura nicht mit ihr kommunizieren konnte und auch nichts darauf hindeutete, dass sie sich der Anwesenheit einer anderen Person in ihrem Zimmer überhaupt bewusst war, spielte für Susie keine Rolle. Dass ihre Tochter noch lebte, reichte ihr vollkommen.

„Ich möchte glauben, dass Gott dich schlafen lässt, damit deine Wunden heilen, ohne dass du allzu viele Schmerzen aushalten musst", flüsterte Susie ihrer Tochter zu, als sie an ihrem Bett saß und ihr die Hand hielt. „Ab und zu öffnest du deine Augen schon einen Spalt weit. Wir haben das Gefühl, dass du mit deinem Blick den Stimmen folgst. Oh Laura, kannst du mich hören? Sei nicht frustriert. Gott wird dich bald aufwecken. In Psalm 29,11 steht: ,Der Herr wird seinem Volk Kraft geben, er wird es mit Glück und Frieden beschenken.' Ich bitte Gott, dass er dir die Schmerzen nimmt und dich uns bald wiedergibt."

Aryn klopfte an die Tür. „Störe ich?", fragte er.

„Nein, überhaupt nicht", entgegnete Susie. Sie und Don wussten, wie schwer es Aryn fiel, im Wartezimmer bei den anderen zu sitzen. Er versuchte, wann immer es möglich war, einige Augenblicke bei Laura zu verbringen, war sich aber immer bewusst, dass er offiziell nicht zur Familie gehörte. „Ich wollte gerade gehen, du bist also genau zur rechten Zeit gekommen. Bleib, solange du willst", sagte Susie, als sie den Raum verließ.

Aryn setzte sich neben Laura ans Bett und nahm ihre Hand. „Ich wünschte, ich könnte sicher sein, dass du mich hörst und dass du weißt, dass ich da bin", sagte er, während ihm Tränen in die Augen schossen. „Oh mein Schatz, ich vermisse dich so sehr. Ich bitte Gott immer wieder, dass du die Augen öffnest und aufwachst. Ich habe dir so viel zu erzählen." Er blickte sie an. Erinnerungen an ihre drei gemeinsamen Jahre schossen ihm durch den Kopf. Sosehr er den Gedanken auch abzuschütteln versuchte, er konnte nicht anders, als sich zu fragen, ob es noch weitere gemeinsame Erlebnisse geben würde.

Er hatte auch mit der Frage „Was wäre gewesen, wenn ...?" zu kämpfen, vor allem nachdem Lauras beste Freundin Sara ihm erzählt hatte, dass Laura am Abend des Unfalls um Haaresbreite nicht im *Taylor*-Bus mitgefahren wäre. Sara war mit ihrem eigenen Auto nach Fort Wayne gekommen, um bei dem Bankett mitzuhelfen, und Laura, Brad und Whitney waren mit ihr mitgefahren. Sara und Whitneys Schwester Carly waren eng befreundet, und aus diesem Grund hatte Sara Whitney eingeladen, mit ihnen mitzufahren. Brad hatte sie während der Hinfahrt unterhalten und einen Witz nach dem anderen erzählt. Nach dem Bankett war Sara dann nicht mit den anderen zurück-, sondern zu ihren Eltern nach Detroit, Michigan, gefahren. Sie wollte unmittelbar nach dem Abschluss heiraten und hatte noch einiges dafür vorzubereiten. Laura hatte ernsthaft darüber nachgedacht, mit Sara nach Detroit zu fahren und Aryn mit einem Besuch zu überraschen, doch aus irgendeinem Grund hatte sie sich dann doch entschlossen, zum Wohnheim zurückzufahren. Vielleicht weil sie sich auf die bevorstehenden Abschlussprüfungen vorbereiten wollte. Aryn hatte das vorhergegangene Wochenende in Upland verbracht und Laura besucht. Nun fragte er sich immer wieder: *Was, wenn ich das nicht getan hätte? Was, wenn ich sie nicht besucht hätte? Dann wäre sie vielleicht zu einem Überraschungsbesuch aufgebrochen und hätte bei dem Unfall nicht in dem Kleinbus gesessen.*

Er versuchte, diesen Gedanken zu verdrängen. „Wir haben am letzten Wochenende wunderbare Stunden miteinander verbracht", flüsterte er ihr ins Ohr. „Wir haben uns alles gesagt, was gesagt werden musste. Wenn das für die nächste Zeit das letzte Mal gewesen sein sollte, dass wir zusammen waren, ist das in Ordnung. Wir hatten so viel Spaß miteinander. Du hast mich mit einigen großartigen Erinnerungen beschenkt, bis wir etwas Neues miteinander erleben." Er blickte auf die Zehen ihres rechten Fußes und erinnerte sich daran, wie er ihr dabei zugesehen hatte, als sie sich am Sonntag vor dem Unfall die Zehennägel lackiert hatte. *Die Farbe des Nagellacks ist immer noch dieselbe,* dachte er. *Sie hat ihn zwischen Sonntag und dem Unfall nicht verändert.* Durch diesen Gedanken fühlte er sich ihr noch enger verbunden, falls das überhaupt möglich war. Er griff nach Lauras Hand und forderte sie auf, seine Finger zu drücken, falls sie merkte, dass er da war. Das tat sie. Aryn konnte seine Freude kaum unterdrücken.

Montag, 8. Mai 2006

Gestern Abend konnte unsere Familie am Gedenkgottesdienst teilnehmen, der auf dem Campus der *Taylor University* für die fünf Menschen abgehalten wurde, die bei diesem Unfall ums Leben kamen. Es war beeindruckend zu sehen, wie die betroffenen Familien mit ihrer Situation umgehen, und zu hören, wie Gott sie hindurchträgt. Bitte betet auch weiter für die Familien von Whitney Cerak, Laurel Erb, Monica Felver, Brad Larson und Betsy Smith. [...]

Auch heute sehen wir wieder ermutigende Zeichen bei Laura: Sie atmet nun ganz selbstständig. Der Beatmungsschlauch wurde entfernt, sodass sie nun durch den Luftröhrenschnitt atmet, und zwar, wie die Krankenschwester sagte, in einer „ganz normalen Frequenz". Heute Morgen wurde sie wieder in einen Stuhl gesetzt und es scheint ihr keine Probleme zu bereiten.

BLOGEINTRAG VON LISA VAN RYN

Als die Tage im *Parkview Hospital* verstrichen, schrumpfte die Welt der Van Ryns auf kurze Nächte im Haus des Samariters und lange Tage im Wartezimmer zusammen. Nur frühmorgens konnten Don und Susie ungestört mit ihrer Tochter zusammen sein. An den meisten Tagen erlaubte ihnen das Krankenhauspersonal, sie dann morgens zwischen 8:15 Uhr und 8:30 Uhr noch einmal zu sehen. Etwa zu dieser Zeit traf auch Aryn ein. Lisa, Mark und Kenny kamen in der Regel ein wenig später ins Krankenhaus. Nach ihrem ersten Besuch bei Laura hieß es wieder: ins Wartezimmer gehen und sich die Zeit mit Lesen, Kartenspielen und Puzzeln vertreiben und sich um die vielen Menschen kümmern, die sich jeden Tag dort versammelten.

Fast täglich wurde die Familie mit Essen versorgt. Zwei oder drei Mal brachte ihnen der Wirt einer Gastwirtschaft aus der Nähe Donuts und Milch vorbei. Im Laufe des Tages kamen dann immer noch weitere Lebensmittel an. Die Familie besorgte Pappteller und Plastikgabeln, Löffel und Messer und verstaute sie in den Schränken im Wartezimmer.

Als Don eines Morgens zurück ins Wartezimmer kam, nachdem er eine Weile bei Laura im Zimmer verbracht hatte, blickte er sich verwundert um und stellte fest: „Muss wohl Wochenende sein."

„Wie kommst du nur darauf, Dad?", fragte Lisa lachend.

„Befinden sich im Augenblick überhaupt noch irgendwelche Studenten auf dem Campus der *Taylor University*? Ich kann es mir nicht vorstellen. Es sieht eher so aus, als seien sie alle hier", meinte Don. „Ihr kennt den Ablauf ja. Wir müssen sie bitten, sich in einer Schlange aufzustellen, und sie dann innerhalb der einstündigen Besuchszeit alle grüppchenweise durchschleusen."

„Wo sind Suz und Aryn?", fragte Lisa. „Sind sie noch bei Laura?"

„Deine Mutter schon. Aryn ist spazieren gegangen. Ich glaube, er braucht ein bisschen Ruhe. Er kommt nicht damit klar, dass hier immer so viel Trubel ist", sagte er.

„Er tut sein Bestes", meinte Lisa. Das Gespräch wurde unterbrochen, als Dons Bruder Dave und seine Frau Ruthann hereinkamen.

„Wie geht es ihr?", fragte Dave.

„So weit ganz gut, aber sie hat noch einen langen Weg vor sich. Wenn ihr wollt, bringe ich euch gleich zu ihr", erwiderte Don.

„Nicht nötig, wir können bis zur regulären Besuchszeit warten", meinte sein Bruder.

„Ach was, ich bringe euch gleich in ihr Zimmer. Die Familie darf sie jederzeit besuchen."

Don führte seinen Bruder und seine Schwägerin in Lauras Zimmer. Susie, die an Lauras Bett gesessen hatte, stand sofort auf und umarmte Ruthann. „Sie sieht schon viel besser aus als neulich, als sie eingeliefert wurde", erklärte sie. „Die Ärzte reden schon davon, dass sie von der Intensivstation auf ein normales Zimmer verlegt werden soll."

„Das ist toll, das ist wirklich toll. Wir haben für sie gebetet, und alle, die wir kennen, auch", sagte Dave.

Ruthann sagte nicht viel. Sie stand die ganze Zeit über still neben Susie. Als sie ins Wartezimmer zurückkehrten, gesellte Lisa sich zu ihnen. „Es ist vielleicht schwer zu glauben", sagte sie, „aber Laura sieht heute viel besser aus als neulich, als sie hierhergebracht wurde."

Ruthann zog ein Gesicht, als hätte sie in eine Zitrone gebissen. „Mir ist egal, was die anderen sagen, für mich sieht sie nicht aus wie Laura."

Lisa lachte auf. „Wenn du das durchgemacht hättest, was sie durchgemacht hat, wärst du auch nicht wiederzuerkennen", sagte sie.

Dienstag, 9. Mai 2006

Hier in Fort Wayne haben wir heute wieder einen schönen, sonnigen Tag, und es freut mich, Euch mitteilen zu können, dass es wieder einige hoffnungsspendende Neuigkeiten gibt. Laura hat sich ziemlich viel bewegt. Der Arzt hat ihre Augenlider angehoben, und Laura versucht offenbar, mit ihrem Blick Gegenstände zu fokussieren. Sie konnte heute Morgen ihr Bein kaum still halten, wie es für sie typisch ist, und sie hat sogar mit den Fingern geschnippt, als wir sie dazu aufgefordert haben!

Diese kleinen Zeichen geben uns zwar Hoffnung, aber wir wissen, dass noch ein langer Weg vor ihr liegt. Bitte betet weiter dafür, dass Gott ihr den Frieden und Trost schenkt, den sie braucht, wenn sie nun langsam aufwacht und versteht, wo sie sich befindet und was mit ihr geschehen ist. Heute Nachmittag werden ihr Schädel und ihre Wirbelsäule im Magnetresonanztomografen untersucht, um sicherzugehen, dass die Halskrause (die nur vorbeugend angelegt wurde) abgenommen werden kann. Die Ärzte haben vor, Laura heute in den siebten Stock zu verlegen, wo sie ihr eigenes Zimmer haben wird. So können wir viel mehr Zeit bei ihr verbringen. Das ist schön.

BLOGEINTRAG VON LISA VAN RYN

Am 9. Mai wurde Laura von der Intensivstation in ein Zimmer auf der Neurologie im siebten Stock verlegt. Es war zwar ein Zweibettzimmer, doch sie musste es sich nicht mit einer anderen Patientin teilen. Eine Krankenschwester schlug vor, dass in den ersten ein oder zwei Nächten jemand bei Laura blieb. „Allerdings", so erklärte sie der Familie, „sollten es höchstens ein oder zwei Personen sein. Nun, wo sie allmählich aufwacht, nimmt Laura ihre Umgebung immer mehr wahr. Ihre Sinne werden sehr empfindlich auf Reize von außen reagieren. Wir müssen deshalb aufpassen, dass wir sie nicht überstimulieren. Das bedeutet auch, dass wir ihr nicht zu viel Trubel zumuten sollten. Bis sie aufwacht, müssen wir deshalb den Besucherkreis auf die engste Familie begrenzen."

„In Ordnung", antwortete Don. Als die Krankenschwester das Zimmer verlassen hatte, sagte er: „Eure Mutter und ich werden die erste Nacht übernehmen. Wer will in der zweiten bei ihr bleiben?"

Etwas später kam eine Frau zu ihnen in den Aufenthaltsraum im siebten Stock. „Mein Name ist Joelle", stellte sie sich vor. „Ich bin eine von Lauras Therapeutinnen. Ich weiß, dass sie noch nicht ganz wach ist, aber das heißt nicht, dass wir noch nicht mit ihr arbeiten können. Wir wollen ihr Bewegungsgedächtnis reanimieren und ihre Neuronen wieder neu in Gang bringen. So kann sich das Gehirn von einer solchen Verletzung wie der ihren wieder erholen."

„Was können Sie in diesem Stadium denn mit ihr machen?", fragte Susie.

„Oh, Sie wären überrascht", meinte Joelle. Sie ging, gefolgt von Don, Susie und Lisa, in Lauras Zimmer hinüber. „Wir wollen mit etwas ganz Einfachem wie zum Beispiel Zähneputzen anfangen. Ich weiß, dass sie nicht über dem Waschbecken stehen, Zahnpasta auf die Zahnbürste drücken und sich wie Sie und ich die Zähne putzen kann, aber es sind die grundlegenden Bewegungen, mit denen ich sie wieder vertraut machen will." Sie wandte sich Laura zu und fragte: „Hallo, mein Liebes, würdest du dir heute gerne die Zähne putzen?" Sie drückte ihr die Zahnbürste in die Hand.

Laura reagierte nicht auf die Frage. Allerdings schürzte sie die Lippen und fuhr sich mit der Zunge darüber, als ob sie irgendetwas störte.

„Ich glaube, sie möchte ihren Lippenfettstift haben", meinte Lisa. „Laura hatte immer einen zur Hand."

„Wenn Sie einen dabeihaben, geben Sie ihn ihr", sagte Joelle.

Lisa gab Laura den Stift in die Hand. Ohne die Augen zu öffnen, tastete Laura ihn mit der Hand ab, drehte ihn richtig herum, zog die Kappe ab und führte ihn an die Lippen.

Lisa und Susie schauten sich an und lächelten breit. „Das ist typisch Laura", sagte Susie zu Joelle. „Sie kann es einfach nicht leiden, wenn ihre Lippen trocken sind. Ich habe schon rumgescherzt, dass sie sich die Lippen im Schlaf einfetten könnte. Das stimmt offensichtlich wirklich."

11

Feier des Lebens

Ich bin Gott so dankbar dafür, dass ich miterleben durfte, wie sehr
Whitneys Liebe zu Gott wuchs. Und ich bin froh, dass Whitney für
eine 19-Jährige ein unglaublich erfülltes Leben hatte.

Gott hat mich unendlich gesegnet. Er hat mir die beste Freundin gegeben, die ich mir hätte vorstellen können, und die besten
19 Jahre meines Lebens. Und durch ihren Tod ist die Liebe und
Kraft Jesu für mich ganz real erlebbar geworden: Ich bin schwach
und von Schmerz erfüllt, doch er trägt mich und meine Familie.
Und das sind nicht nur Worte, die mir helfen, mich besser zu fühlen und mit meinem Verlust umzugehen. Ich kenne den lebendigen Gott, und der Vers, den Whitney in ihrer Bibel unterstrichen
hat, gilt auch für mich: Meine Seele dürstet nach ihm. Er ist meine
Hoffnung wegen seiner unvorstellbaren Liebe. Eines Tages werde
ich vor ihm stehen – neben meiner Schwester.

AUS CARLYS REDE BEI WHITNEYS BEERDIGUNG

Die Ceraks wachten am Sonntagmorgen mit einem Gefühl
der Endgültigkeit auf. Die hektische Betriebsamkeit der letzten
Tage würde in dem Trauergottesdienst für Whitney gipfeln.
Sie hatten Carlys Freund Ben gebeten, Klavier zu spielen; Aly-
sha, eine Freundin von Whitney, sollte singen. Newell, Carly
und Sandra wollten jeweils ein paar Worte sagen, ebenso wie
Mark Vaporis und Whitneys Freund Matt. Pastor Jim Mathis

würde die Predigt halten. Weil die Trauerfeier in den Gemeinderäumen stattfinden sollte, mussten die vielen Blumen, die gebastelten Plakate und alles andere in der Zeit zwischen dem Morgengottesdienst und der Trauerfeier vom Beerdigungsinstitut dorthin gebracht werden.

Als das erledigt war, konnte die Familie nur noch warten. Die letzten Verwandten waren am Samstag eingetroffen, und Freunde hatten sich angeboten, sie am Sonntagmorgen mit zum Gottesdienst zu nehmen, sodass die Ceraks und Sandra noch etwas Zeit für sich hatten, die sie wieder zur gemeinsamen Andacht nutzten. Die Ruhe war allerdings nur von kurzer Dauer, da Freunde von außerhalb vorbeikamen.

Carly zog sich, nachdem die Gäste herzlich begrüßt worden waren, schließlich nach oben zurück, um sich aufzuschreiben, was sie bei der Beerdigung ihrer Schwester sagen wollte. Sie saß auf ihrem Bett und tippte mit ihrem Stift gegen den Notizblock. Sie musste sich zwingen zu glauben, dass sie nicht träumte. Jedes Mal, wenn sie vom Papier aufblickte, erwartete sie, ihre Schwester in der Tür stehen zu sehen, ein breites Lächeln im Gesicht, das ihre Grübchen zum Vorschein brachte.

„Whitney und ich hatten eine besondere Beziehung", schrieb sie. „Als wir noch klein waren, vertrugen wir uns nicht besonders gut, was vor allem daran lag, dass ich eine ziemliche Göre war ..." Als Carly zweieinhalb Seiten vollgeschrieben hatte, faltete sie ihr Papier zusammen und machte sich für die Trauerfeier fertig.

Als Colleen sich umziehen wollte, sah sie ihren Schrank durch und fragte sich: „Wie finden die Leute eigentlich Zeit, vor einer Beerdigung noch einkaufen zu gehen? Wo finden sie diese schönen schwarzen Kleider, die sie dann immer anziehen?"

Newell wollte etwas darauf erwidern, besann sich aber eines Besseren. Er verließ das Zimmer; just in dem Moment kam eine Freundin von Colleen rein.

„Ich weiß nicht, was ich anziehen soll!", sagte Colleen zu ihr. Sie zog ein Teil nach dem anderen aus ihrem Kleiderschrank, probierte es an und griff dann nach etwas anderem. Schließlich fanden die beiden Frauen ganz hinten im Schrank ein schwarzes Kleid, das ihnen passend erschien.

Später kam auch Newell wieder ins Schlafzimmer und machte sich ebenfalls fertig. Als er sich die Krawatte band, blickte Colleen, die gerade dabei war, ihr Make-up aufzulegen, zu ihm hinüber und fragte: „Alles in Ordnung bei dir?"

„Abgesehen von der Tatsache, dass ich mich für die Beerdigung meiner Tochter fertig mache, geht es mir hervorragend", erwiderte er mit einem ironischen Lachen.

Ehe sie sich versahen, war es 12:00 Uhr. Sie stiegen ins Auto und fuhren zur Kirche. Sie wollten sich noch einmal vergewissern, dass an alles gedacht worden war, ehe sie den Trauergästen, die am Abend zuvor nicht ins Beerdigungsinstitut hatten kommen können, noch einmal die Möglichkeit geben würden, am Sarg Abschied zu nehmen. Eine lange Schlange von Menschen wartete bereits auf sie, als sie um kurz nach zwölf in der Gemeinde eintrafen. Es waren so viele Leute, dass die letzten um 13:45 Uhr schließlich unverrichteter Dinge in die Kirche geschickt werden mussten.

Eine Viertelstunde später gingen die Ceraks Hand in Hand hinter Whitneys Sarg her in den Hauptsaal. Die Kirche platzte mit 1400 Menschen fast aus allen Nähten; bis ins Foyer standen die Trauergäste.

Die Ceraks nahmen ihre Plätze in der ersten Reihe ein, als Mark Vaporis, einer der Pastoren der Gemeinde, sich an die Menge wandte: „Ich danke Ihnen allen, dass Sie heute gekommen sind. Und im Namen der Familie möchte ich Ihnen allen auch für Ihre liebevolle Anteilnahme danken." Marks Stimme brach und er konnte fast nicht weitersprechen.

Newell griff nach Colleens Hand. „Jetzt ist es so weit", flüsterte er.

*

Als der Gottesdienst begann, machte Colleen sich auf das Unvermeidliche gefasst. Mit einem Papiertaschentuch in der Hand wartete sie darauf, dass sie zusammenbrechen würde.

Doch es geschah nicht. Sie brach nicht zusammen, als Matt aufstand und erzählte, dass Whitney seine beste Freundin gewesen sei und dass er nicht wisse, was er ohne sie tun solle. Sie brach nicht zusammen, als Sandra erzählte, dass sie und Whitney sich bei ihrer ersten Begegnung nicht hatten ausstehen können. „Whitney glaubte, ich hätte ihrer Mutter erzählt, dass sie einen bestimmten Jungen mochte, als wir in der vierten Klasse waren, und das ist das Schlimmste, was eine Viertklässlerin einer anderen antun kann", erklärte Sandra. Colleen lachte mit den anderen. Sie brach immer noch nicht zusammen.

Es passierte auch nicht, als Carly aufstand und schilderte, wie sehr Whitney ihre Mitmenschen geliebt hatte, wie sie auf Menschen zugegangen war, denen es nicht gut ging, und mit ihnen weinte. Statt zusammenzubrechen, wurde Colleen mit Stolz auf ihre beiden Töchter erfüllt. Als Carly davon redete, dass die Sonne aufgegangen sei, wenn Whitney ein Zimmer betreten habe, konnte Colleen nur daran denken, dass Carly selbst dieses Sonnenlicht in die Kirche trug, während sie von ihrer Schwester erzählte.

Und sie brach auch nicht zusammen, als Newell länger sprach als alle vorherigen Redner zusammengenommen. Colleen lachte mit den anderen, als er schilderte, wie Whitney an ihrem ersten Schultag in einer rosafarbenen Jacke und einem violetten Hut und mit dem Rucksack auf dem Rücken aus dem Haus gegangen war. Er erzählte, wie Whit an diesem ersten Tag mit einem breiten Lächeln wieder nach Hause gekommen war und er gewusst hatte, dass es ihr in der Schule gut gehen würde. „Ich wusste, das ihre Schullaufbahn für sie kein Problem darstellen würde. Sie kam praktisch mit allem zurecht. Sie musste die Leute nur anlächeln, den Kopf zur Seite legen, ihren Schmollmund machen und gewann so die Herzen für sich", sagte er.

Colleen konnte Whitney vor sich sehen. Dieses Lächeln. Diesen Blick. Es war, als säße ihre Tochter mitten unter ihnen.

*

Carly sog jedes Detail in sich auf. *Unglaublich, wie viele Menschen hier sind,* sagte sie sich. Als sie sich umschaute, sah sie, dass ein Sitzblock komplett mit Leuten von der *Taylor University* gefüllt war – mit Studenten, Professoren und Angestellten. Auf dem Parkplatz hatte sie einen Bus mit der Aufschrift „Indiana Wesleyan University" gesehen. Die IWU liegt nicht einmal 30 Kilometer von der *Taylor* entfernt und die beiden Hochschulen betrachten sich gegenseitig als größte Rivalen. Ein Freund hatte Carly erzählt, dass die *Taylor* ganze Busladungen zu den Beerdigungen der Unfallopfer fuhr und die IWU Busse zur Verfügung gestellt hatte, falls die *Taylor*-Busse nicht ausreichten.

Nach Marks Eingangsworten sang die Trauergemeinde ein Lied. Tränen flossen Carlys Wange hinab, als sie sang: „How great is our God ..." („Wie groß ist unser Gott"). *Whitney liebte dieses Lied,* erinnerte sie sich. Trotz ihrer Tränen fiel es ihr nicht schwer, Gott anzubeten. *Oh Gott,* betete sie, *du bist uns in diesem Augenblick so nahe. Ich brauche deine Kraft. Ich brauche deine Kraft.*

Als das Lied zu Ende war, ging sie mit Sandra, Newell und Matt nach vorn ans Rednerpult.

Matt sprach zuerst; es fiel ihm schwer, bis zum Ende seiner Rede die Fassung zu bewahren. *Lass ihn durchhalten, Herr,* betete Carly. *Du kannst ihm helfen.* Dann ging Sandra an das Rednerpult vor. Carly strahlte. *Sie ist uns wirklich eine Schwester geworden,* dachte sie, als sie zuhörte, wie Sandra ihre Beziehung zu Whitney und der ganzen Familie Cerak schilderte.

Dann war Carly selbst an der Reihe. Sie zog die Blätter heraus, auf denen sie notiert hatte, was sie sagen wollte, und fing an vorzulesen. Den ganzen Tag lang hatte sie befürchtet, dass sie mitten in ihrer Rede zusammenbrechen würde, doch während sie sprach, spürte sie eine Kraft, die sie niemals zuvor verspürt hatte. Während sie ihre Lippen bewegte, hatte sie fast das Gefühl, dass jemand anders sprach und sie zuhörte. „Ich bin Gott so dankbar dafür, dass ich miterleben durfte, wie sehr Whitneys Liebe zu Gott wuchs", las sie vor. „Und ich bin froh, dass Whitney für eine 19-Jährige ein unglaublich erfülltes Leben hatte." Als Carly ihre Rede beendet hatte, sprach sie noch ein Gebet und trat dann zurück, um ihrem Vater Platz am Podium zu machen.

*

Newell wollte, dass jeder Anwesende erfuhr, wie Whitney wirklich war und wie leidenschaftlich sie ihren Gott geliebt hatte. Wie Carly spürte auch er, während er sprach, eine Kraft in sich, von der er wusste, dass sie von Gott kam. Die Stimme versagte ihm zwar hin und wieder, und ein- oder zweimal glaubte er, dass er es nicht schaffen würde, doch diese Momente vergingen.

„Ich vermisse sie. Wir alle vermissen sie", sagte er. „Doch zu wissen, dass sie zu Gott gehörte, macht diesen Verlust ein wenig leichter zu ertragen ... Jetzt ist sie bei ihm, betet ihn an und verherrlicht ihn. Sie hat die Antwort auf die Fragen, die viele Leute bei Beerdigungen stellen, gefunden, und diese Antwort heißt Jesus Christus. Wer macht uns stark, um mit dieser Tragödie umzugehen? Sie wusste es und hielt sich deshalb an Christus. Sie stützte sich auf ihn. Sie hatte einen unerschütterlichen Glauben an die Liebe Christi, an die Liebe, die ihn ans Kreuz brachte – um unseretwillen. Deshalb trauern wir nicht, wie die Welt trauert", fuhr er fort. „Es tut weh. Wir vermissen sie. Doch die Verzweiflung schnürt uns nicht die Luft ab. Wir glauben wie Whit, dass Gottes Wort wahr ist und wir uns eines Tages wiedersehen werden. Das glaube ich von ganzem Herzen. Es ist keine Fantasie. Es ist kein Wunsch. Das glaube ich von ganzem Herzen."

Schließlich sagte Newell: „Ich entschuldige mich dafür, dass ich so lange gesprochen habe, aber Whitney ist meine Tochter, und deshalb will ich mir so viel Zeit nehmen, wie ich brauche."

Die Menge lachte zustimmend.

Er schloss mit den Worten: „Ich liebe meine Tochter, und ich weiß, dass viele sie vermissen werden, aber ich möchte, dass Sie eins über sie wissen: Sie hat die Antwort in Jesus Christus gefunden. Er allein kann uns trösten. Er allein kann uns Hoffnung schenken. Er allein kann uns unsere Sünden vergeben. Allein durch Gottes Gnade können wir diese Tragödie ertragen. Gott existiert wirklich und Whitney weiß es. Wir beten dafür, dass jeder von Ihnen diesen Christus kennenlernt, der Whitneys Retter, Herr und König ist. Ihr fast 19-jähriges Leben war erfüllt, aber ich weiß, Whitney würde euch sagen, dass der wichtigste Lebensabschnitt dieses letzte Jahr war, in dem Christus ihr so besonders wichtig wurde. Und ich bin mir sicher, auch sie wünscht sich, dass jeder Einzelne von euch ihn als Herrn, Retter und König kennenlernt." Nach seiner Rede nahm er wieder neben Colleen Platz, die wortlos ihren Arm um ihn legte.

Zu guter Letzt stand Jim Mathis auf, um etwas zu sagen. Die Ceraks wussten, dass dieser Tag für ihn genauso schwer war wie für sie als Familie. Jim kannte Whitney seit ihrer Geburt. Als Newells bester Freund hatte er sie aufwachsen sehen. Er sprach nicht als Pastor, der von Berufs wegen eine Traueransprache hielt, sondern als trauernder Freund, der mehr als alles andere von der Hoffnung erzählen wollte, die Whitney begleitet hatte, der Hoffnung auf Jesus Christus.

Nach der Trauerfeier veranstaltete die Gemeinde in der Sporthalle noch ein Essen für die Trauergäste. Im ganzen Raum waren Tische aufgestellt und mit Gerbera, Whitneys Lieblingsblumen, dekoriert worden.

Newell und Colleen kamen nicht dazu, sich hinzusetzen und etwas zu essen, da unzählige Menschen zu ihnen kamen, um ihnen Anekdoten von Whitney zu erzählen und ihnen zu sagen, dass sie für sie beteten.

Irgendwann wandte sich Colleen Newell zu und sagte: „Eigentlich müsste ich jetzt fix und fertig sein, aber ich bin es nicht. Ich weiß auch nicht, wie ich mir das erklären kann."

„Ich weiß", sagte Newell. „Mir geht es genauso. Es ist, als ob ..."

„Es ist, als ob Gott hier wäre und uns stützen würde."

„Genau."

Am Montagmorgen musste die Familie auf ihre Andachtszeit verzichten. Einige Freunde aus Upland waren zur Trauerfeier gekommen und Newell und Colleen hatten sich mit ihnen noch zum Frühstück in einem Restaurant verabredet.

Beim Frühstück redeten und lachten sie miteinander, während sie in Erinnerungen schwelgten. Irgendwann sagte Newell an Colleen gewandt: „So hätten wir uns den Tag nach Whitneys Trauerfeier nicht unbedingt vorgestellt, oder?" Sie genossen das Treffen mit alten Freunden so sehr, dass sie darüber völlig die Zeit vergaßen.

Als sie vom Restaurant nach Hause kamen, war es bereits 10:30 Uhr. Um 11:00 Uhr sollte die Beisetzung stattfinden. Am Straßenrand und auf der Auffahrt standen die Autos Stoßstange an Stoßstange. Newell und Colleen stürzten ins Haus, wo bereits viele Angehörige auf sie warteten. Während die Trauerfeier öffentlich gewesen war, waren für die Beisetzung nur Familienangehörige eingeladen worden. „Mom, wir kommen zu spät!", rief Carly.

„Nein, wir schaffen es noch. Außerdem glaube ich kaum, dass sie ohne uns anfangen würden", antwortete Colleen. Sie und Newell liefen nach oben, machten sich schnell fertig und kamen wieder nach unten. „Alles in Ordnung, wir können losfahren", sagte sie.

Einige Verwandte stiegen bei den Ceraks ins Auto und auch die anderen Wagen vor dem Haus füllten sich. Newell fuhr zum Friedhof voraus, die anderen kamen hinterher.

Als Newell aus dem Auto ausstieg, blickte er sich um und verschaffte sich einen Überblick darüber, ob alle da waren. „Wo ist meine Mutter?", fragte er verwundert.

Colleen spürte, wie ihr Herz einen Schlag aussetzte. Sie brachte keinen Ton heraus.

Newell drehte sich zu ihr um und bemerkte, dass ihr Mund weit offen stand. „Colleen?", fragte er.

„Oh nein", entgegnete sie. „Wir hätten sie eigentlich abholen sollen. Sie hat bei Yohe am *Dixon Lake* übernachtet. Ich habe ihr versprochen, dass wir sie um 10:30 Uhr abholen würden, aber ich habe vergessen, dir das zu sagen."

Newell warf einen Blick auf seine Armbanduhr und dann wieder auf die Menschen, die auf die Stuhlreihen vor dem Grab zugingen. Der Gottesdienst sollte gleich anfangen und seine Mutter war 15 Autominuten entfernt.

„Was sollen wir bloß machen?", fragte Colleen.

„Lass mich mit meinen Geschwistern darüber reden", erwiderte Newell. Er ging zu ihnen hinüber und fragte: „Glaubt ihr, es würde Mom etwas ausmachen, wenn sie bei der Beisetzung nicht dabei wäre? Wahrscheinlich dauert das Ganze ohnehin nur fünf Minuten. Wir hätten sie eigentlich abholen sollen, aber in der ganzen Hetze haben wir es vergessen."

Newells Geschwister waren sich einig, dass ihre Mutter nicht wollen würde, dass die Beisetzung ihretwegen verschoben würde, nur damit sie abgeholt werden konnte, also ging Newell zu Colleen hinüber. „Lass uns anfangen", sagte er.

Jim las am Grab aus 1. Thessalonicher 4 die Verse 13 bis 18 vor:

„Wir wollen euch nicht im Unklaren lassen, liebe Brüder und Schwestern, wie es mit denen aus eurer Gemeinde steht, die schon gestorben sind. Dann braucht ihr nicht traurig zu sein wie die übrigen Menschen, die keine Hoffnung haben. Wir glauben doch, dass Jesus gestorben und auferstanden ist. Ebenso gewiss wird Gott auch die Verstorbenen durch Jesus und mit ihm zusammen zum ewigen Leben führen. Mit einem Wort des Herrn sagen wir euch: Die Brüder und Schwestern, die schon gestorben sind, werden gegenüber uns, die beim Kommen des Herrn noch am Leben sind, nicht benachteiligt sein. Wenn Gottes Befehl ergeht, der oberste Engel ruft und die himmlische Posaune ertönt, wird Christus, der Herr, selbst vom Himmel kommen. Zuerst werden dann alle, die im Vertrauen auf ihn gestorben sind, aus dem Grab auferstehen. Danach werden wir, die noch am Leben sind, mit ihnen zusammen auf Wolken in die Luft gehoben und dem Herrn entgegengeführt werden, um ihn zu empfangen. Dann werden wir für immer mit ihm zusammen sein. Macht euch also damit gegenseitig Mut!"

Jim sagte noch ein paar persönliche Worte, dann betete er mit den Trauernden.

Newell hatte recht gehabt. Die ganze Zeremonie dauerte höchstens fünf Minuten. Als alles vorüber war, bat er jemanden, Colleen nach Hause zu bringen, und fuhr dann zum *Dixon Lake,* um seine Mutter abzuholen. Sie und Newells Schwester Grace hatten dort übernachtet. Grace hatte das Haus jedoch schon früher verlassen, um ihren Bruder Russ zum Flughafen zu bringen.

Newell fuhr vor dem Haus vor, parkte den Wagen und ging auf die Veranda zu. Gerade als er klopfen wollte, entdeckte er bei einem Blick durch das Fenster seine Mutter, wie sie in einem Sessel saß, den Mantel übergestreift, und auf ihn wartete. *Wahrscheinlich sitzt sie schon seit einer Stunde dort und wartet geduldig auf mich,* dachte er. Er trat durch die Tür und sagte: „Es tut mir so leid, Mom. Colleen hat Angst, dass sie auf der Schwiegertochter-Liste nach unten rutscht, weil sie dich vergessen hat."

Seine Mutter lachte. „Es ist schon in Ordnung, Newell. Denk nicht mehr daran."

„Aber Mom, du hast Whitneys Beisetzung verpasst. Ich mache mir deswegen schreckliche Vorwürfe."

„Das ist in Ordnung", sagte sie so, wie es nur eine Mutter sagen kann, „es spielt wirklich keine Rolle; genau genommen war es ja auch gar nicht Whitney, die da beigesetzt wurde."

Newell wusste, was seine Mutter damit sagen wollte. Als Christin wusste sie, dass es nur Whitneys Körper war, der beerdigt worden war. Die wirkliche Whitney – ihre Seele – war nun bei Gott.

Einige Wochen später jedoch sollte Newell diese Worte seiner Mutter in einem ganz neuen Licht sehen.

12

Ein einfaches „Hi"

Sonntag, 14. Mai 2006

Matthäus 18,19-20: „Aber auch das versichere ich euch: Wenn zwei von euch auf der Erde gemeinsam um irgendetwas bitten, wird es ihnen von meinem Vater im Himmel gegeben werden. Denn wo zwei oder drei in meinem Namen zusammenkommen, da bin ich selbst in ihrer Mitte."

Ich habe über das Thema „Gebet" nachgedacht. Darüber, um was man den Vater bitten darf – und dass man erwarten darf, dass er uns antwortet, so wie er es uns versprochen hat. Ihr habt ebenso für Laura gebetet wie ich, dass Gott sie heilen wird. [...] Wir waren überwältigt, als wir von Dave erfuhren, dass über eintausend Menschen täglich diese Seite aufrufen, um sich zu informieren, wofür sie im Bezug auf Laura beten können. Deshalb bitte ich Euch, heute sozusagen mit vereinter Stimme und vereintem Herzen unseren Gott um Lauras willen anzurufen. Lasst uns das folgende Gebet sprechen in der erwartungsvollen Haltung, dass unser himmlischer Vater all unsere Bedürfnisse, Lauras Leben und ihren Körper kennt und weiß, was am besten für sie ist:

„Lieber Vater, wir preisen Dich, weil Du allwissend und unbeschreiblich gut bist. Wir preisen Dich, weil Du der lebendige Gott bist – der einzig wahre Gott. Wir danken Dir, dass Du uns liebst und für uns sorgst. Wir danken Dir noch einmal dafür, dass Du Lauras Leben verschont hast, und wir bitten Dich, sie vollständig zu heilen. Gib sie uns dann zurück, wenn Du es für gut hältst, und schenke uns Kraft, während wir warten. Wir vertrauen Dir und Deinen vollkommenen Plänen. Wir wünschen uns, dass uns diese Erfahrung näher zu Dir bringt. Du bist ein guter Gott. Wir wissen, dass Du so viel mehr tun kannst, als wir bitten oder verstehen könnten. Danke für das, was Du tust. [...] Wache heute über Laura – wir wissen, dass sie in Deiner Hand ist. [...] Amen."

BLOGEINTRAG VON LISA VAN RYN

Hast du das gehört?", fragte Don. Er griff nach Susies Hand und trat näher an Lauras Bett. „Kannst du das noch einmal sagen, Laurie? Kannst du ,Hi' sagen?"

Laura presste die Lippen zusammen, um sie dann wieder zu öffnen und leise, kaum hörbar zu flüstern: „Hi."

Dies war ihr erstes gesprochenes Wort seit über zwei Wochen.

Don sprang mit einem breiten Lächeln in die Luft.

Susie weinte. „Laurie, ich bin's, Mom", sagte sie. „Kannst du mir auch ,Hi' sagen?"

„Hi", sagte Laura.

Tränen liefen Susie über die Wangen. Ihre Schultern zitterten, als sie nach Lauras Hand griff. „Hi, meine Kleine."

„Hi", sagte Laura noch einmal. Sie hielt die Augen geschlossen, drehte aber ihren Kopf in die Richtung, aus der Dons und Susies Stimmen kamen. Einige Stunden zuvor hatte eine Krankenschwester den Beatmungsschlauch entfernt und den Luftröhrenschnitt abgedeckt. So konnte sie nun durch Nase und Mund atmen. Die Ärzte hatten gesagt, dass sie so vielleicht auch anfangen würde zu sprechen, und nun hatte sie es tatsächlich getan.

„Hi", sagte Laura noch einmal.

„Das ist das Schönste, was ich jemals gehört habe", sagte Susie.

„Die Kinder werden durchdrehen, wenn sie hören, was sie verpasst haben", sagte Don lächelnd. „Sie hätten ein bisschen länger bleiben sollen. Sie wacht allmählich auf, Suz. Unsere Tochter kommt langsam wieder zu uns zurück."

„Das hoffe ich", seufzte Susie, während sie weiterhin Lauras Hand hielt und ihr ausdrucksloses Gesicht betrachtete. Sie streckte die Hand aus und strich ihrer Tochter über das blonde Haar. „Wach bald auf, mein kleiner Sonnenschein. Wir sind hier und warten auf dich."

Don und Susie saßen noch lange an Lauras Bett und beobachteten sie beim „Schlafen". Dabei lag Laura keineswegs still. Immer wieder schwang sie die Beine über die Gitter am Bettrand. „Da, sie tut es schon wieder", sagte Don, als Laura sich umdrehte.

Susie lachte. „Das ist genau wie damals, als wir mit ihr im *Chipmunk Inn* übernachtet haben." Sie lächelten beide bei der Erinnerung an die Familienhütte auf dem Gelände des Bibelcamps auf der *Upper Peninsula*, die nach den Eichhörnchen benannt war, die ständig über die Veranda flitzten. „Das Kind hat im Schlaf so heftig gestrampelt und getreten, dass ich jedes Mal mit lauter blauen Flecken aufgewacht bin, wenn ich versucht habe, neben ihr zu schlafen."

Nachdem Laura wieder ruhiger geworden war, schlug Susie ihrem Mann vor: „Versuche du doch, etwas zu schlafen. Ich übernehme heute Nacht die erste Schicht." Seit Laura im siebten Stock lag, wechselten sich die Familienmitglieder in zwei- oder dreistündigen Schichten ab.

„Gut", erwiderte Don. „Ich löse dich dann in ein paar Stunden ab." Damit verschwand er hinter dem Vorhang, der den Raum in zwei Bereiche trennte, und legte sich in das zweite Bett, das dort stand.

Als Don im späteren Verlauf der Nacht seine Schicht antrat, war Laura besonders unruhig. Einmal war es so heftig, dass er versuchte, ihren Oberkörper festzuhalten, damit sie nicht noch mit ihrem bereits verletzten Ellenbogen irgendwo gegenstieß und ihn noch schlimmer verletzte. Bevor er sich versah, hatte sie ihre Beine vom Bett geschwungen und um seine Hüften geschlungen. Später schrieb er im Blog: „Ich hatte das Gefühl, ich kämpfte mit einem Engel."

*

Früh am nächsten Morgen hörte Don ein Rascheln hinter dem Vorhang. Susie war aufgewacht. Sie kam hinter dem Vorhang hervor und ging direkt zu Lauras Bett hinüber. „Guten Morgen, mein Sonnenschein", begrüßte sie ihre Tochter.

„Guten Morgen", wiederholte Laura leise.

Susie lächelte Don breit an.

„Hi", sagte Don.

„Hi", flüsterte Laura.

„Kannst du ‚Dad' sagen?"

„Dad." Lauras Augenlider flatterten, als ob sie versuchte, die Augen aufzuschlagen. Es gelang ihr, das linke einen Spalt weit zu öffnen.

Don lächelte über das ganze Gesicht. „Sehr gut, Laurie, sehr gut", sagte er. „Ich habe lange darauf gewartet, dich ‚Dad' sagen zu hören."

Eine Krankenschwester kam herein, um Lauras Vitalzeichen zu überprüfen. „Guten Morgen, Laura. Wie geht es dir heute?"

„Guten Morgen", wiederholte Laura.

Don grinste breit. „Heute Nacht hat sie angefangen zu reden. Sie hat ‚Hi' gesagt. Bis jetzt umfasst ihr Vokabular zwar nur drei Wörter, aber damit geben wir uns erst einmal zufrieden."

„Das machst du toll, Laura", sagte Susie, als sie die Hand ihrer Tochter streichelte. „Gib nicht auf, mein Mädchen. Kämpf weiter. Du bist so stark. Hör nicht auf zu kämpfen."

Einige Stunden später betrat Joelle das Zimmer, um die erste Therapiesitzung des Tages anzugehen. „Und wie geht es ihr heute?", fragte sie.

„Sie hat ihre ersten Worte gesagt", entgegnete Susie lächelnd.

Joelle klatschte in die Hände. „Das ist gut." Seit sie angefangen hatte, mit Laura zu arbeiten, waren sie und die ganze Familie Van Ryn ihr ans Herz gewachsen. Nach einer der ersten Therapiesitzungen hatte sie der Familie erzählt, dass auch sie Christin war und jeden Tag für Laura betete. „Lass

◀ Die Familie Cerak,
Ostern 2006:
Carly, Newell,
Colleen, Sandra,
Whitney

▶ Whitney mit ihren
Freundinnen an der
Taylor University,
Dezember 2005:
Emily, Amy, Anne,
Whitney

◀ Die Familie
Van Ryn,
Sommer 2004:
Laura, Mark, Susie,
Don, Kenny, Lisa

Laura und ihre
Mitbewohnerinnen an
der Taylor University,
Frühling 2006:
Brittney, Laura, Sara,
Christine, Courtney

◄ Frühlingsferien 200(
Brittney, Jordan, Brad,
Laura, Sara, Christine

▲ Frühlingsferien 2006:
Laura Van Ryn und Brad Larson

▲ Laura und ihr Freund Aryn, Sommer 20(

▲ Laura und
ihre Freunde
im Bibelcamp,
November 2004

► Sommer 2004:
Laura, Kenny, Mark
und Lisa Van Ryn

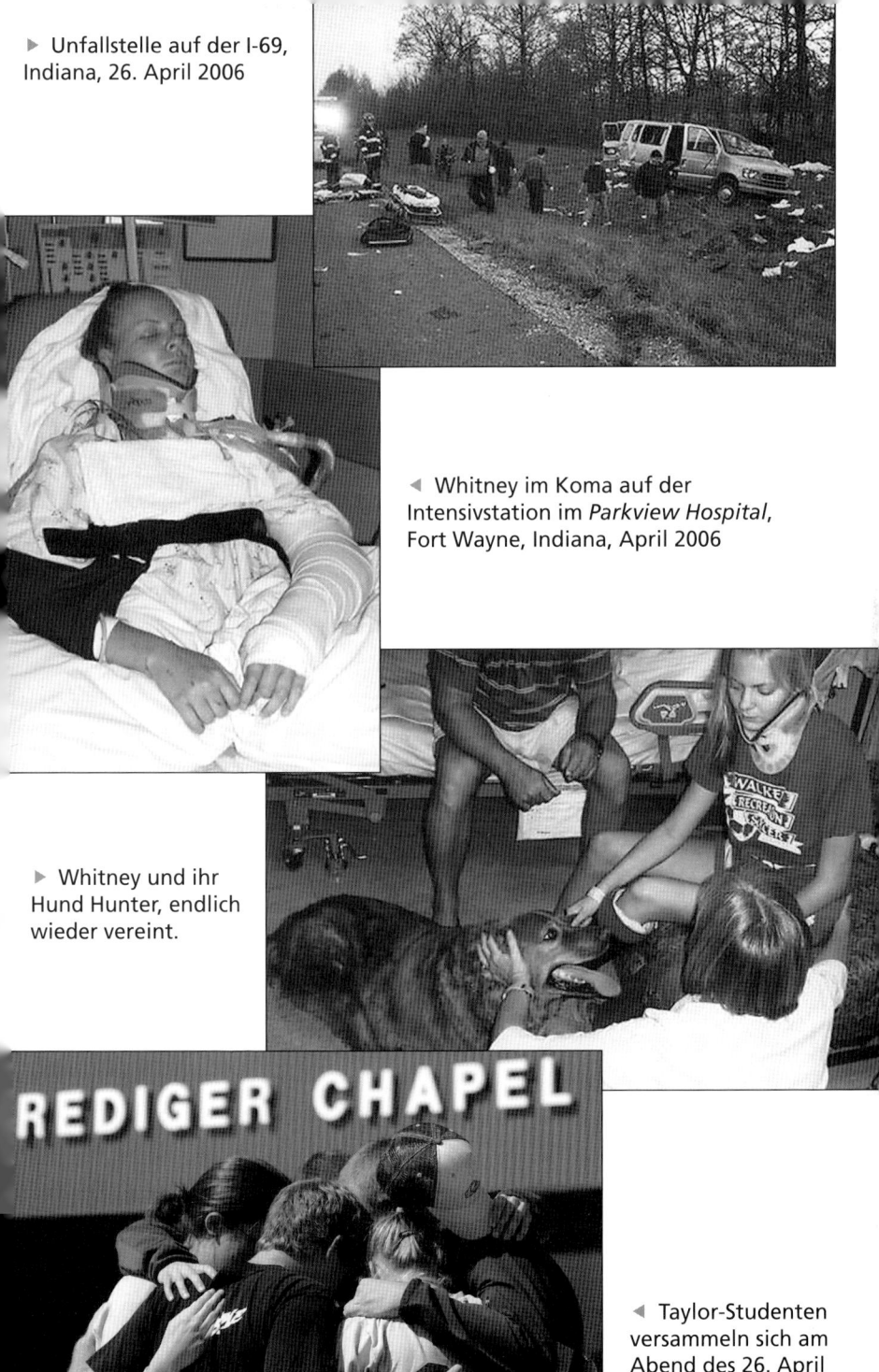

▶ Unfallstelle auf der I-69, Indiana, 26. April 2006

◀ Whitney im Koma auf der Intensivstation im *Parkview Hospital*, Fort Wayne, Indiana, April 2006

▶ Whitney und ihr Hund Hunter, endlich wieder vereint.

REDIGER CHAPEL

◀ Taylor-Studenten versammeln sich am Abend des 26. April 2006 zum Gebet

◄ Whitney mit Physiotherapeutinn
im *Spectrum CCC*, Grand Rapids,
Juni 2006

► Whitney mit ihren Ergo-
therapeutinnen Michelle
und Carrie im *Spectrum CCC*,
Grand Rapids, Juni 2006

▲ Lisa und Whitney mit der Therapeutin
Joelle im *Parkview Hospital*, April 2007

▲ Whitney mit ihrem Vat
Newell bei der Physiother
im *Spectrum CCC*

▲ Whitney mi ihrer Schwester Carly
im *Spectrum CCC*, Juni 2006

▲ Dr. Martin Waalkes, Neuropsychologe vom *Hope Network* bei einem Besuch im August 2007

▲ Whitney, Holly, Tia, Sandra und Heather im Herbst 2006

▼ Whitney und Carly Cerak, Weihnachten 2006

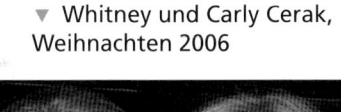

Whitney mit ihren Freundinnen olly und Emily, Grand Rapids, mmer 2006

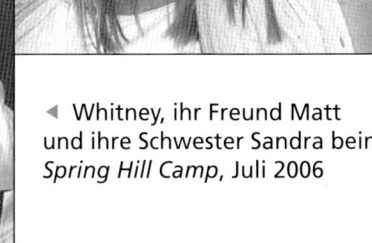

◄ Whitney, ihr Freund Matt und ihre Schwester Sandra beim *Spring Hill Camp*, Juli 2006

◀ Whitney mit ihrer Mutter
Colleen Cerak (rechts)
und Susie Van Ryn (links),
April 2007

▶ Whitney mit ihrem Vater
Newell Cerak (rechts)
und Don Van Ryn (links),
April 2007

◀ Schwestern am Thanks-
giving-Tag 2006:
Laisa und Sandra, Carly
und Whitney

▶ Freundinnen
von der *Taylor
University*,
Mai 2007:
Whitney, Emily,
Anne, Allie,
Amy, Jen

► Whitneys Vaterstagskarte für Newell, 2006

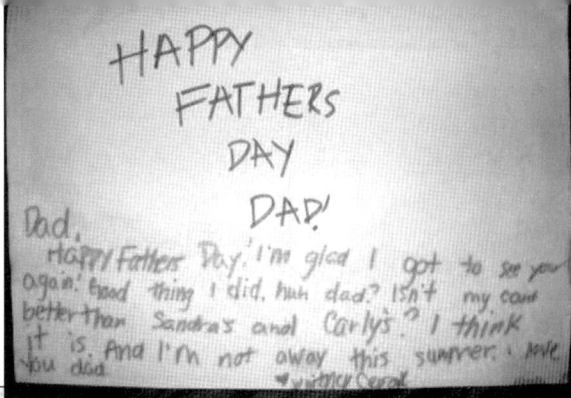

HAPPY
FATHERS
DAY
DAD!

Dad,
Happy Fathers Day. I'm glad I got to see you
again! Good thing I did, huh dad? Isn't my card
better than Sandra's and Carly's? I think
it is. And I'm not away this summer. I love
you dad
♥ Whitney Sarak

◄ Whitney mit einer Sprachtherapeutin vom *Spectrum* CCC,
Grand Rapids, 2007

► Whitney und Lisa verlassen
den Flur der Intensivstation,
April 2006

◄ Whitney mit
Cindy Barrus,
Verwaltungsleiterin
des *Spectrum* CCC,
Grand Rapids

◀ Fünf Kreuze auf der I-69, die für die fünf Menschen stehen, die hier am 26. April 2006 ums Leben kamen: Laurel Erb, Brad Larson, Monica Felver, Betsy Smith, Laura Van Ryn

▲ Don, Sue und Lisa Van Ryn sowie Whitney, Colleen und Newell Cerak bei einem Besuch im *Parkview Hospi* im April 2007

▶ Die Gedenkkapelle der *Taylor University*

◀ Die Familie Cerak Weihnachten 2006: Carly, Newell, Whitney Colleen und Sandra

uns mal sehen, wozu wir dich heute bewegen können", sagte sie.

Mit Lisas Hilfe hob Joelle Laura aus dem Bett, um sie in einen Rollstuhl zu setzen. Kurzzeitig mussten sie sie dafür auf ihrem gesunden Bein stehen lassen. „Nicht mehr lange, und sie wird noch viel mehr auf beiden Beinen machen, Sie werden schon sehen", sagte sie. Nachdem Laura sicher im Rollstuhl saß, sagte sie: „Wir können mit ihr einen kleinen Spaziergang machen, wenn Sie wollen."

„Wirklich?", fragte Lisa. „Dann also los, Laura."

In den letzten Tagen war Laura immer mehr aus der Bewusstlosigkeit aufgewacht. Sie hatte immer öfter die Augen geöffnet, doch ihr Blick blieb leer. Einige Tage zuvor hatte ein Arzt eines ihrer Augen geöffnet und sie dazu bringen wollen, einen Gegenstand zu fixieren. „Möglicherweise sieht sie noch doppelt", hatte er der Familie erklärt. Als Lisa und Joelle Laura nun den Flur hinunterrollten, öffnete Laura erst das eine, dann das andere Auge. Zwar hatte sie schon ab und zu beide Augen aufgeschlagen, doch meistens öffnete sie nur das linke.

„Heute ist ein schöner Tag", stellte Joelle fest. „Sollen wir nach draußen gehen?"

„Das wird ihr wohl gefallen", meinte Lisa. „Seit sie hier eingeliefert wurde, war sie noch nicht einmal draußen."

„Dann ist es höchste Zeit. Außerdem braucht sie verschiedene Sinnesreize, damit ihre Neuronen wieder anfangen, Signale zu senden. Wir sollten ihr aber unbedingt eine Sonnenbrille aufsetzen. Die Sonne scheint heute ziemlich stark."

Als sie den Flur hinuntergingen, bewegte Laura von Zeit zu Zeit ihren Fuß und ihr Bein, als wollte sie helfen, den Rollstuhl zu bewegen.

„Gut so", lobte Lisa, „das machst du wirklich gut." Als sie an der Tür angelangt waren, setzte Lisa ihrer Schwester eine Sonnenbrille auf und rückte die Decke auf ihren Beinen zurecht, dann rollten sie Laura zu einem kleinen Brunnen im Krankenhaushof.

„Wir wollen mal etwas versuchen", sagte Joelle. Sie steckte Lauras Zeh ins Wasser und fragte sie: „Wie gefällt dir das?"

„Kalt", sagte Laura mit rauer Flüsterstimme.

„Möchtest du deinen Fuß wieder rausnehmen?", fragte Lisa.

Laura nickte.

„Das ist toll", lachte Lisa.

Sie blieben noch ein Weilchen draußen. Die Sonne schien, es war ein perfekter Maitag. Bald begann Laura, an ihrer Bluse herumzuzupfen. „Was das wohl bedeutet?", wunderte sich Lisa und blickte fragend zu Joelle hinüber. Laura zupfte weiter an ihrer Bluse. Ihr war anzusehen, dass sie mit irgendetwas unzufrieden war. „Ist dir heiß?", fragte Lisa.

Laura nickte.

Lisa lächelte. „Möchtest du wieder reingehen?"

Wieder nickte Laura.

„Gut, gehen wir rein", entgegnete Lisa, immer noch lächelnd. Dieser kurze Wortwechsel kam einer Unterhaltung mit ihrer Schwester näher als alles andere, seit sie ins Krankenhaus eingeliefert worden war.

Sie und Joelle brachten Laura zurück auf ihr Zimmer und legten sie wieder in ihr Bett. Das Kopfteil war noch hochgestellt.

„Möchtest du lieber sitzen oder liegen?", fragte Lisa.

„Liegen", entgegnete Laura.

„Wie du willst." Lisa wandte sich an Joelle und sagte: „Das ist großartig. Sie hat einen richtig guten Tag heute."

„Es liegt noch ein langer Weg vor ihr, aber das war wirklich ein guter Tag."

*

Am nächsten Tag hatte Don Lust auf chinesisches Essen. Die Krankenschwestern empfahlen ihm ein nahe gelegenes Restaurant und er ging los und holte verschiedene Gerichte. Als er zurückkam, packte er die weißen Behälter aus der Tüte aus und stellte sie auf ein Regal neben dem zweiten Bett in Lauras Zimmer. Der Duft erfüllte das Zimmer. Als der Rest der Familie hereinkam, zogen sie den Vorhang zwischen den Betten zu und versuchten, leise zu essen.

Als sie halb aufgegessen hatten, hielt Don inne und fragte: „Habt ihr das gehört?"

„Was?", fragte Lisa.

„Hört mal", sagte Don. Wieder hörte er das Geräusch. „Ich glaube, Laura hat gerade etwas gesagt." Er schlüpfte hinter den Vorhang und sah nach Laura. Einen Augenblick später kam er lachend zurück.

„Was ist los?", fragte Susie.

„Sie sagt, es stinkt", entgegnete Don.

„Du willst mich wohl veräppeln", meinte Susie.

„Nein. Sie hat es ganz leise geflüstert, nur ein einziges Wort. ‚Stinkt', hat sie gesagt."

Die ganze Familie brach in Gelächter aus.

„Pst", machte Don, doch er musste selbst wieder lachen. „Ich vermute, die Ärzte hatten recht. Mir fällt gerade ein, dass sie sagten, dass Lauras Sinne im Moment hypersensibel sind. Ich vermute, das chinesische Essen in ihrem Zimmer war keine besonders gute Idee." Er lachte und nahm noch eine Gabel. „Zu spät", meinte er. „Jetzt können wir ebenso gut fertig essen."

Mittwoch, 17. Mai 2006

Laura hat heute Nacht sehr gut geschlafen und Dad hat ihr heute ein „Guten Morgen" entlockt. Heute Morgen wurde sie noch einmal untersucht. Dabei kamen die Ärzte zu dem Schluss, dass sie in eine Rehaklinik verlegt werden kann. Man hat ihr auch den Luftröhrenschlauch entfernt. Morgen früh um 9:00 Uhr soll sie mit dem Krankenwagen nach Grand Rapids gebracht werden, wo es ein ausgezeichnetes Rehabilitationszentrum gibt. Das Rehazentrum liegt nicht weit von uns [...]. Nach drei Wochen können wir also tatsächlich nach Hause zurückkehren. [...] Bitte betet besonders dafür, dass Laura die Fahrt gut übersteht. Uns ging es gut hier in Fort Wayne. Wir haben im Krankenhaus und in der Stadt viele Freunde gewonnen. Man hat sich in der ganzen Zeit gut um uns gekümmert, und dafür sind wir dankbar. Es ist schön, wieder nach Hause zu kommen, aber wir werden die Menschen hier vermissen. Danke

131

an alle in Fort Wayne, dass ihr für Laura und uns so gut gesorgt habt. Wir bleiben in Gottes guter Hand.

BLOGEINTRAG VON LISA VAN RYN

„Geht es dir gut, Suz? Ich glaube, du hast noch nicht einmal ausgeatmet, seit wir ins Auto gestiegen sind", sagte Don, als sie den Parkplatz des *Parkview Hospital* verließen und dem Krankenwagen folgten.

„Wenn wir erst einmal da sind, wird schon alles gut gehen", antwortete sie.

„Die Ärzte hätten nicht ihr Okay zur Verlegung gegeben, wenn sie nicht davon ausgehen würden, dass Laura die Reise gut überstehen wird", sagte Don.

„Ich weiß, ich weiß, aber was ist, wenn irgendetwas schiefläuft? Ich will wirklich nach Hause, aber der Gedanke, dass sie möglicherweise noch nicht bereit für eine Verlegung ist, macht mich unruhig. Und ich finde die Vorstellung fürchterlich, dass sie alleine dort vorne im Krankenwagen ist. Seit dem Unfall ist zum ersten Mal keiner von uns bei ihr." Sie seufzte. „Ich werde mich viel besser fühlen, wenn wir erst einmal da sind und sie in ihrem Rehazimmer untergebracht ist."

„Ihr wird es gut gehen. Du wirst schon sehen", sagte er.

„Das glaube ich ja", sagte sie. „Aber es könnte alles Mögliche passieren, und in dem Krankenwagen könnten sie überhaupt nichts unternehmen, so weit weg vom Krankenhaus." Sie blickte Don an. „Ich bin eine Mutter. Ich kann nicht anders, als mir Sorgen um mein Kind zu machen."

Don lächelte. „Ich weiß."

Der Krankenwagen kam um kurz nach zwölf Uhr mittags beim *Spectrum Health Continuing Care Center* an. Während Laura in ihr Zimmer gebracht wurde, füllten Don und Susie die Aufnahmepapiere aus. Als sie damit fertig waren, wartete Cindy Barrus, die Direktorin des Zentrums, bereits auf sie. „Schön, Sie wiederzusehen", begrüßte sie die Van Ryns. Cindy war vor der Verlegung nach Fort Wayne gefahren, um die Familie kennenzulernen und mit ihr die geplanten Rehabilitationsmaßnahmen für Laura in allen Einzelheiten zu besprechen. „Laura ist eine ganze Ecke jünger als die Patienten, die wir hier gewöhnlich haben", erklärte sie, als sie mit ihnen den Flur hinunterging. „Wir sind auf Patienten mit Gehirnverletzungen spezialisiert, und die häufigste Spielart einer Gehirnverletzung ist der Schlaganfall, der eben meistens ältere Leute trifft. Das bedeutet nicht, dass wir keine Erfahrung in der Arbeit mit Leuten in Lauras Alter haben. Wir haben gerade auch einen Jungen hier, der sogar noch ein bisschen jünger ist als Laura." Dann sagte sie: „Ich würde Sie gerne mit den Leuten bekannt machen, die mit Ihrer Tochter arbeiten werden."

Cindy nahm Don und Susie mit und stellte sie dem Team aus Ärzten und Therapeuten vor, das sich um Laura kümmern würde. „Wir haben viel Lesematerial über Gehirnverletzungen hier, das Ihnen vielleicht helfen wird, manches zu verstehen", erklärte Cindy. Damit gab sie Don die Bücher in die Hand.

Schließlich durfte die Familie zu Laura aufs Zimmer. Aryn hatte eigentlich auch vorgehabt, da zu sein, wenn Laura hier ankam, doch er hatte am Tag zuvor zum Arbeiten nach Detroit zurückfahren müssen. Seit Lauras Unfall hatte er jeweils drei Tage gearbeitet, war dann zum Krankenhaus gefahren, um drei Tage bei ihr zu sein, und war dann wieder nach Detroit zurückgefahren. Diesen Rhythmus hatte er mehrfach wiederholt.

Als die Van Ryns Lauras Zimmer betraten, bemerkten sie sofort, dass das Bett darin nicht das war, das man ihnen zuvor gezeigt hatte. Nachdem das Personal erfahren hatte, wie sehr Laura sich mittlerweile bewegte, hatte man entschieden, dass sie ein Bett brauchte, das ihr etwas mehr Schutz bot.

„Wow", gab Lisa von sich, „die wollen offensichtlich wirklich verhindern, dass Laura sich aus ihrem Bett herauskämpft."

Auf einer Seite des Bettes befand sich ein feinmaschiges Netz, das man mit einem Reißverschluss zuziehen konnte. Wenn der Reißverschluss geschlossen war, lief Laura nicht mehr Gefahr, aus dem Bett zu rollen, egal, wie heftig sie auch strampelte.

Als die Van Ryns sich um das Bett stellten, sahen sie, dass Laura ihr Gesicht vor Schmerzen verzerrte.

„Die Reise hat sie mitgenommen", stellte Don fest. „Wir sollten ihr wohl etwas Ruhe gönnen."

Die Van Ryns blieben noch eine Weile im Zentrum, ehe sie schließlich nach Hause fuhren. Susie gefiel der Gedanke, Laura zurückzulassen, überhaupt nicht, doch im Krankenhaus hatte man ihr versichert, dass immer jemand bei ihr sein würde. Nur deshalb hatte sie eingewilligt, nach Hause zu fahren, um zum ersten Mal seit dem Unfall vor drei Wochen wieder in ihrem eigenen Bett zu schlafen.

„Ich habe keine Ahnung, was uns zu Hause erwartet", sagte Don auf der Fahrt nach Hause. „Drei Wochen sind eine lange Zeit, wenn man weg ist. Der Garten ist wahrscheinlich völlig verwildert. Na ja, es ist nur Rasen. Ich werde mich irgendwann darum kümmern."

Als sie vorfuhren, stellten sie überrascht fest, dass jemand den Rasen gemäht und den Garten in Ordnung gebracht hatte. „Wow", staunte Don, „das sieht fantastisch aus. Sogar das Unkraut ist gezupft."

In diesem Moment fuhr ihr Nachbar in seine Auffahrt. Er stieg aus dem Auto und rief zu ihnen hinüber: „Schön, dass ihr wieder hier seid. Wie geht es Laura?"

„Mit jedem Tag besser", antwortete Don. „Hast du eine Ahnung, wer den Rasen gemäht hat? Ich möchte wissen, bei wem ich mich bedanken muss."

„So ziemlich alle hier in der Nachbarschaft. Wir haben uns abgewechselt. Wir dachten uns, dass du bestimmt keinen Nerv hast, übers Rasenmähen nachzudenken."

„Ich kann dir gar nicht sagen, wie dankbar ich euch dafür bin. So viele Leute haben in den letzten drei Wochen so viel für uns getan. Wir haben praktisch jeden Tag Briefe mit Gutscheinen für Benzin und Restaurantbesuche bekommen. Und jetzt das." Er strich sich über den Kopf. „Ich fühle mich so beschenkt. Vielen Dank. Ich danke dir."

„Du hättest dasselbe für mich getan", entgegnete der Nachbar. „Außerdem wollte ich nicht, dass ein wild wuchernder Rasen die ganze Nachbarschaft verunstaltet", scherzte er.

Als die Van Ryns ins Haus gingen, wurden sie erneut überrascht. Alles glänzte tipptopp, der Kühlschrank und die Küchenschränke waren mit Lebensmitteln aufgefüllt. Eine Schale mit frisch gebackenen Keksen stand auf dem Küchentresen. Don und Susie gingen erst einmal ins Wohnzimmer und ließen sich aufs Sofa fallen. Susie fing an zu weinen. „Ich merke jetzt erst, wie angespannt und ausgebrannt ich bin", sagte sie.

„Es ist gut, wieder zu Hause zu sein", stellte Don fest. „Es war dringend an der Zeit, nach Hause zu kommen."

Zwei Tage später kam Aryn aus Detroit zurück. Als er das Haus der Van Ryns betrat, atmete er tief ein und lächelte. „Hier riecht es nach Laura", sagte er. „Ich liebe diesen Geruch."

15. Mai 2006
Ein Burn-out kommt manchmal schneller, als man denkt ... besonders wenn man im Gesundheitswesen arbeitet ... Ich habe mich in letzter Zeit im Grunde nur auf meine eigenen begrenzten Ressourcen an Kraft und emotionaler Stabilität verlassen, um den täglichen Kampf am Arbeitsplatz zu bewältigen. Ich möchte, dass Ihr Van Ryns wisst, dass Gott mir durch die Arbeit mit Laura neue Leidenschaft geschenkt hat für das, was ich tue.

Ich zweifle nicht daran, dass Gott einen Plan für Lauras Leben hat ... und zu sehen, wie er sie nach und nach aus dem Koma aufwachen lässt, ist absolut phänomenal. Ich weiß, dass sie, wenn ihr Genesungsprozess fortschreitet und sie uns hier in Fort Wayne schließlich irgendwann verlassen wird, in guten Händen sein wird ... aber ein kleiner Teil von mir ist – auf selbstsüchtige Weise – traurig.

Eure Familie war für das Krankenhauspersonal ein echtes Vorbild im Glauben. Eure Liebe und Geduld haben bei uns, die

135

wir mit Euch zusammenarbeiten durften, wirklich einen großen Eindruck hinterlassen.

Vertraut weiter auf Gott. Sein Timing stimmt mit unserem nicht immer überein, wie wir wissen. Aber ich weiß und vertraue darauf, dass Laura weiterhin große Schritte vorwärts machen wird.

In Liebe

Joelle

IN DEM BLOG HINTERLASSENER KOMMENTAR

13

„Das Leben wird nie mehr sein wie vorher"

Gott ist immer noch ein guter Gott und seine Verheißungen sind wahr. Ich werde Whit wiedersehen, und das rede ich mir nicht nur ein, damit ich mit meinem Schmerz umgehen kann. Ich kenne den lebendigen Gott und weiß, eines Tages werde ich neben meiner Schwester stehen und ihn anbeten.

CARLY CERAK AM 7. MAI 2006 BEIM GEDENKGOTTESDIENST DER *TAYLOR UNIVERSITY* FÜR ALLE UNFALLOPFER

Der letzte Verwandte, der nicht in Gaylord lebte, war auf dem Weg zum Flughafen. Die einzigen Autos, die nun noch in der Auffahrt standen, gehörten Newell, Colleen, Carly und Sandra.

Nach der Beisetzung am Tag zuvor waren sie praktisch ununterbrochen beschäftigt gewesen. Die Familie hatte den größten Teil der Blumen, die am Tag von Whitneys Trauerfeier die Kirche gefüllt hatten, zur *Gaylord Intermediate School* gebracht, wo Colleen als Lehrerin arbeitete. Sie hatten vor jeder Klassenzimmertür einen Strauß aufgestellt, sodass das Gebäude, als die Schüler es am nächsten Tag betraten, von den Farben und Düften der Blumen erfüllt war.

Nun hatten sie zum ersten Mal, seit sie wieder in Gaylord waren, völlige Ruhe. Die Familie hatte nichts Wichtiges mehr zu erledigen. Ihre Freunde hatten sich zurückgezogen, um ihnen etwas Privatsphäre zu gönnen. Die Uhr schlug elf und im Erdgeschoss befanden sich keine singenden Studenten. Erschöpft von allem, was sie durchgemacht hatten, waren Carly und Sandra bereits schlafen gegangen.

Auch Newell und Colleen gingen langsam ins Bett, doch obwohl sie von den Anstrengungen der letzten Tage völlig ausgelaugt waren, schliefen sie nicht sofort ein. Sie legten die Arme umeinander und ließen sich von der Stille und der Dunkelheit einhüllen. Schließlich sagte Newell: „Sie ist wirklich weg. Whit ist weg und wird nie mehr zurückkommen." Sein Körper wurde von den Schluchzern geschüttelt, als er anfing zu weinen. Auch Colleen begann zu weinen. „So sieht es aus", sagte Newell. „So wird das Leben von nun an aussehen. Sie wird nie wieder lachend durch diese Tür kommen. In ihrem Zimmer werden sich nie wieder Klamotten vom Fußboden bis unter die Decke stapeln. Sie ist weg. Whitney ist wirklich weg."

„Wie ...?", setzte Colleen an. Sie hielt inne. Schließlich fragte sie: „Was machen wir jetzt nur? Wie können wir jemals zur Normalität zurückfinden? Nichts ist mehr normal." Sie wollte noch etwas sagen, brachte die Worte jedoch nicht heraus.

„Ich denke gerade daran, wie wir Carly zum ersten Mal am College abgesetzt haben. Damals war Whitney noch im elften Schuljahr", sagte Newell. „Als wir vom Parkplatz der *Taylor University* fuhren, hörte ich sie auf dem Rücksitz weinen. Ich fragte sie, ob alles in Ordnung sei, und sie sagte: ‚Dad, das Leben wird nie mehr so sein wie früher.' Ich höre diese Worte noch in meinem Ohr, als hätte sie sie gerade erst gesagt. Das Leben wird nie mehr so sein wie früher."

„Nein, sicher nicht", war alles, was Colleen sagen konnte.

*

Irgendwann am nächsten Vormittag betraten Colleen, Carly und Sandra Whitneys Zimmer. Carly und Sandra setzten sich auf das Bett, während Colleen durchs Zimmer ging. Sie zog eine Schublade auf und begann, Fußballtrikots und T-Shirts herauszuziehen. Dann ging sie zum Schrank und sah Whitneys Kleidung durch. Die Sachen rochen nach Whitney, sodass Colleen fast den Eindruck hatte, dass Whitney direkt neben ihr stünde – ein bittersüßes Gefühl.

„Was willst du mit den ganzen Sachen machen?", fragte Carly.

„Ich weiß noch nicht", antwortete Colleen. „Ich sehe keinen Sinn darin, alles zu behalten und so zu tun, als würden wir auf ihre Rückkehr warten. Aber ich möchte auch nicht alles wegwerfen."

„Ein paar Kleidungsstücke hätte ich gerne, ein paar von den Sachen, die mich an Whit erinnern", sagte Carly.

„Ich auch", meinte Sandra.

Colleen erklärte, sie sollten einfach alles durchgehen und sich das nehmen, was sie behalten wollten, woraufhin Carly entgegnete: „Ich frage mich, ob Whitneys Freundinnen vielleicht auch etwas haben möchten."

„Das ist eine gute Idee", fand Colleen. „Wenn ihr beiden euch alles ausgesucht habt, sollten wir Whitneys Freundinnen einladen, damit sie sich etwas mitnehmen, das die Erinnerung an sie lebendig hält."

„Aber ihre Bilder und die Sachen, die sie an der Wand hängen hatte, willst du doch nicht weggeben, oder?", fragte Carly.

„Nein, nein. Die Bilder nicht. Nur ihre Kleidung", antwortete Colleen. „Ich will, dass ihr Zimmer noch wie ihr Zimmer aussieht. Das will ich nicht verändern. Noch nicht. Vielleicht überhaupt nie."

Im Laufe der nächsten Stunden gingen die drei Whitneys T-Shirts, Jeans und die Kleidungsstücke durch, die bei ihr im Schrank hingen. Nachdem Carly und Sandra sich genommen hatten, was sie behalten wollten, legten sie alles andere aufs Bett und riefen Whitneys Freundinnen an.

Nach und nach trudelten die Mädchen ein. Immer wieder kam eins von ihnen zu Colleen und fragte: „Wäre es in Ordnung, wenn ich das hier mitnehme?" Dann folgte meist eine

Geschichte über ein gemeinsames Erlebnis, die in der Regel mit den Worten „Whitney hat das getragen, als wir beide ...“ begann. Die Erzählungen der Mädchen zeigten Colleen, dass sie die richtige Entscheidung getroffen hatte.

Am Ende des Tages hatten sämtliche Kleidungsstücke ihrer Tochter eine neue Besitzerin gefunden.

*

Als Newell am Nachmittag die Post durchsah, fand er zwischen den ganzen Briefen einen von einem Freund, der bei Whitneys Beerdigung gewesen war. Er öffnete den Umschlag in der Erwartung eines Briefes, wie sie in den letzten Tagen in Massen mit der Post kamen. In fast allen wurde der Familie Beileid für den großen Verlust ausgesprochen, und die Schreiber versprachen, in den kommenden Tagen und Wochen für die Familie zu beten. Newell setzte die Brille auf, zog den Brief aus dem Umschlag und begann zu lesen.

Lieber Newell,
ich möchte Dir mit diesem Brief für das danken, was Du mir heute bei Whitneys Trauergottesdienst in unserem Gespräch gesagt hast. Deine Worte zeugten aufrichtig von ihrem und von Deinem Glauben. Gott hat Dich wirklich gesegnet. Whitneys Leben (und ihr tragischer Tod) war nicht umsonst! Als Du heute so aus dem Leben Deiner Tochter erzählt hast, habe ich ein Ja zu Gott gefunden, von dem ich hoffe, dass es mich und meine Beziehung zu ihm verändern wird. Du und Deine Familie, Ihr lebt Euren Glauben aus, und Ihr habt mir ein greifbares Vorbild dafür geliefert, worum es sich beim Leben als Christ überhaupt dreht.
Als Vater weiß ich, wie schwer es für Dich gewesen sein muss, Deine Tochter gehen zu lassen, doch ich habe auch Deine Freude als Christ darüber gespürt, dass sie nun bei Gott ist, an einem vollkommenen Ort, den er für sie ausgesucht hat. Das war eindeutig Gottes Frieden, den Du da ausgestrahlt hast! Ich bete darum, dass wir irgendwann noch einmal Gelegenheit haben, uns über das Band, das uns im Glauben verbindet, unterhalten zu können. [...]
Dein Rich

Newell setzte die Brille ab und wischte sich über die Augen. Er weinte, doch seine Tränen waren eher Tränen der Dankbarkeit als Tränen der Trauer. Tränen der Dankbarkeit für Whitneys Leben und den Einfluss, den sie über ihren Tod hinaus ausübte. *Danke, Whit,* dachte er. *Du berührst immer noch Menschen, obwohl du nicht mehr unter uns bist.*

Eine Weile saß er schweigend im Sessel, weinte leise und dachte an seine Tochter. Als er über ihr Leben nachdachte, versuchte er, sich vorzustellen, welches Leben sie nun in der Gegenwart Gottes führte. *Ich frage mich, was Whit gerade macht. Ich frage mich, was sie gerade erlebt, wem sie begegnet ist, seit sie da ist, was ihr durch den Kopf geht, während sie sich an das Leben im Himmel gewöhnt. „Gewöhnt" – ich bezweifle, dass das der richtige Ausdruck ist, aber ein besserer fällt mir nicht ein.*

Er dachte an den Tag, als Colleen und er Whitney beim Umzug auf den *Taylor*-Campus geholfen hatten. Er erinnerte sich daran, wie ungern Whitney alle ihre Freunde zurückgelassen hatte. *Sie brauchte nicht lang, um sich an die* Taylor University *zu gewöhnen und sie lieben zu lernen. Ob es ihr in der letzten Woche ähnlich ging, als sie in den Himmel kam? Wie ihr neues Zuhause wohl aussieht? Ich wusste immer, wo Whitney gerade war, und wenn irgendetwas Besonderes in ihrem Leben geschah, kam sie übersprudelnd nach Hause und erzählte mir davon. Ich frage mich, was sie mir nun von all den wunderbaren Dingen erzählen würde, die sie seit ihrer Ankunft im Himmel erlebt hat.*

Je mehr Newell über Whitneys neues Zuhause nachdachte, desto dringender wünschte er sich Antworten auf seine Fragen. Bei der Aufbahrung am Samstag und bei der Trauerfeier am Sonntag hatte er immer wieder gesagt, dass er nicht daran zweifelte, dass Whitney nun im Himmel und bei Gott sei. Dieses Wissen allein reichte ihm nun nicht mehr. Er wollte wissen, wie es im Himmel aussah und was sein kleines Mädchen dort erlebte.

Er stand auf, ging zum Tisch und griff nach seiner Bibel. Er schlug den hinteren Teil auf, in dem sich eine Konkordanz, ein thematischer Index zu biblischen Schlüsselbegriffen, befand, und sah unter dem Wort „Himmel" nach. Er las, was

Jesus über den Himmel sagte, und er las die Schilderungen über den Himmel in der Offenbarung, dem letzten Buch der Bibel. Doch er wollte immer noch mehr wissen. Im Laufe der nächsten Wochen las er mehrere Bücher über den Himmel. Je mehr er las, desto realer wurde dieser Ort für ihn.

*

Nach der Beerdigung gab es noch einen letzten Trauergottesdienst. Die *Taylor University* hatte genau eine Woche nach Whitneys Trauerfeier einen Gedenkgottesdienst für die fünf Unfallopfer geplant. Newell und Colleen sahen der Fahrt nach Fort Wayne mit einem unguten Gefühl entgegen, nicht wegen des Gedenkgottesdienstes, sondern vielmehr weil Carly und Sandra danach nicht wieder mit ihnen nach Gaylord zurückkehren würden. Die beiden Mädchen waren in der Woche nach der Beisetzung zu Hause geblieben, um Colleen zu helfen und auch um zu trauern, doch das Semester lief noch zwei Wochen. Carly wäre zwar gerne noch länger zu Hause geblieben, doch ihr war klar, dass sie an die Universität zurückkehren musste. Und Sandra musste wieder an die *Grand Valley State* zurückkehren. Beide hatten zu viel Arbeit in das Frühjahrssemester investiert, um nicht an den Abschlussprüfungen teilzunehmen.

Die Ceraks fuhren also in zwei Autos nach Upland: Newell und Colleen in dem einen, Sandra und Carly im anderen. Als sie sich auf der I-69 dem Meilenstein 66 näherten, blickte Newell zu Colleen hinüber. „Bist du bereit?", fragte er.

„Nein. Du?"

„Nein."

Beim Meilenstein 67 drosselte er das Tempo und wechselte auf die rechte Spur. Dann sagte er: „Ich glaube, da vorne ist es." Er blinkte rechts und brachte den Wagen auf dem Standstreifen zum Stehen. Carly hielt hinter ihm.

Ein Lastwagen brauste vorbei und sein Windzug brachte den Wagen zum Schaukeln.

Newell und Colleen blickten sich an. Keiner sagte ein Wort, doch beide dachten dasselbe: *Wenn schon der Windzug eines Lasters den Wagen zum Schaukeln bringt, wie muss es dann erst gewesen sein, als* ... Newell blickte in den Rückspiegel und sagte: „Es ist frei. Wir können jetzt aussteigen." Carly und Sandra stiegen ebenfalls aus. Zu viert verließen sie den asphaltierten Standstreifen und betraten das hohe Gras daneben. Sie hakten sich unter und gingen langsam auf die fünf Kreuze zu, die jemand am Unfallort aufgestellt hatte. Die Grasnarbe war an einigen Stellen noch aufgerissen, und wenn der Wind in eine bestimmte Richtung drehte, konnte man sogar einen schwachen Dieselgeruch wahrnehmen. Sie blickten auf den Mittelstreifen. Die Spuren des Lkws waren nicht zu übersehen. Autos brausten vorbei. Die Sonne schien. Keiner sagte ein Wort. Minutenlang standen sie einfach nur dort, Arm in Arm, und weinten. Carly vergrub ihr Gesicht im Arm ihres Vaters. *Hier ist Whitney gestorben,* dachte Newell. Vor Jahren, als die Familie noch in Upland wohnte, hatte er als Rettungssanitäter gearbeitet, und er konnte sich vorstellen, wie der Unfallschauplatz ausgesehen haben musste. Er kämpfte gegen die Bilder in seinem Kopf an.

Schließlich schlug er vor, noch gemeinsam zu beten, bevor sie weiterfuhren. Er dankte Gott für Whitneys Leben und ihren Glauben und er betete für die Familien der anderen Unfallopfer. Doch vor allem bat er Gott um Gnade und Stärke. Beides brauchten sie nötiger als jemals zuvor.

Anschließend gingen sie zurück zu ihren Autos. Als Newell den Schlüssel umdrehte, begann die CD in der Autostereoanlage zu laufen. Auf dem Weg hatten er und Colleen immer und immer wieder das Lied „Come to Jesus" („Komm zu Jesus") gehört. Nun lief es wieder. Für sie beide wurde dieses Lied zu einem Gebet. Sie wussten: *Ohne ihn können wir nicht vorwärtsgehen.*

*

Gene Habecker, der Direktor der *Taylor University,* hatte die Familien der Unfallopfer vor dem Gedenkgottesdienst zu sich nach Hause zum Essen eingeladen. Zwar waren alle Familien eingeladen worden, doch nur die Angehörigen der Studenten waren gekommen. Als die Ceraks das Haus betraten, wurden sie von einer Universitätsangestellten begrüßt, die sie in einen großen Raum führte, wo die anderen Familien bereits warteten. Der Direktor sagte einige Worte, dankte den Familien, dass sie gekommen waren, und sprach ihnen im Namen der Universität sein Beileid aus. Dann stellte er die Familien einander vor. Während er das tat, beobachteten Newell und Colleen die anderen Elternpaare. *Ihnen geht es genau wie uns,* dachten sie dabei. *Sie verstehen, was wir durchmachen. Andere versuchen es nur; sie meinen es gut. Doch die Menschen in diesem Raum wissen wirklich, was wir durchmachen, weil sie das Gleiche erleben.* Alle in diesem Raum fühlten sich miteinander verbunden, als wären sie alle Mitglieder desselben Clubs, dem keiner freiwillig beigetreten war, und doch schöpften sie Kraft daraus, einfach zusammen zu sein. Die Familien machten sich miteinander bekannt und unterhielten sich. Doch niemand erwähnte den Unfall, es sei denn, um anderen sein Beileid auszusprechen und sich gegenseitig zu sagen, dass man füreinander bete. Darüber hinaus waren keine Worte notwendig.

Kurz vor Beginn des Essens kam Wynn Lembright auf Newell und Colleen zu. Er war seit vielen Jahren ein guter Freund der Familie. Es war eine Ironie des Zufalls, dass ausgerechnet er einer der drei Universitätsangehörigen gewesen war, die unmittelbar nach dem Unfall vom Krankenhaus gebeten worden waren, die Verstorbenen zu identifizieren. „Newell, Colleen, ich bin froh, dass ihr gekommen seid", sagte er.

„Wir wissen es zu schätzen, dass ihr das hier für uns veranstaltet. Vielen Dank auch für all eure Gebete", sagte Colleen.

Dann legte Newell Wynn die Hand auf die Schulter und sagte: „Ich kann mir ungefähr vorstellen, was du in den letzten Tagen durchgemacht hast. Ich habe Gott gebeten, dass er dir Frieden schenkt, wenn dich die Bilder dieser Nacht heimsuchen. Das muss schwer für dich gewesen sein."

„Danke", sagte Wynn. Er umarmte Newell und Colleen und ging zu den anderen Familien, um auch mit ihnen zu reden.

*

Die *Rediger Chapell* platzte fast aus allen Nähten. Als die Ceraks hineingingen, spürte Colleen, wie alle Augen auf sie gerichtet waren. Sie nahmen in einem abgetrennten Bereich Platz, der für die Familien der Opfer reserviert war. Als Colleen sich umsah und die anderen vier Familien entdeckte, wusste sie, dass alle das Gleiche empfanden. Sie versuchte, sich zu entspannen. „Das letzte Mal war ich hier beim Gebetsgottesdienst am Morgen nach dem Unfall", flüsterte Colleen ihrem Mann zu.

Newell griff nach ihrer Hand. „Das gehört zu den Dingen, die uns bis hierher getragen haben", sagte er, „dass diese Leute hier für uns beten."

Im Laufe des Gottesdienstes sollte ein Freund oder ein Angehöriger jedes Opfers aufstehen und ein paar Worte sagen. Newell und Colleen empfanden einen gewissen Stolz, als Carly eine kleine Ansprache hielt. „Einige von euch kannten Whitney nicht. Sie war noch im ersten Studienjahr", begann Carly. „Wenn ich nachdenke, wie ich sie beschreiben soll, dann fällt mir als Erstes ‚lustig' ein. Sie hatte einen einzigartigen Sinn für Humor ..."

Ein breites Lächeln stahl sich auf Colleens Gesicht. Das würde mir auch als Erstes einfallen, dachte sie.

Carly schloss ihre kurze Gedenkrede mit den Worten: „Wenn ich Gott nahe bin, fühle ich mich auch meiner Schwester nahe, weil ich weiß, dass sie jetzt bei ihm ist. Ich möchte mit den ermutigenden Worten aus 2. Korinther 4,17-18 schließen: ‚Die Leiden, die ich jetzt ertragen muss, wiegen nicht schwer und gehen vorüber. Sie werden mir eine Herrlichkeit bringen, die alle Vorstellungen übersteigt und kein Ende hat. Ich baue nicht auf das Sichtbare, sondern auf das, was jetzt noch niemand sehen kann. Denn was wir jetzt sehen, besteht nur eine gewisse Zeit. Das Unsichtbare aber bleibt ewig bestehen.'" *Ja*, dachte Colleen, *genau das ist die Hoffnung, die uns trägt.* Tränen rannen ihr über die Wangen.

Newell hatte nicht geplant, beim Gedenkgottesdienst etwas zu sagen. Bei Whitneys Beerdigung eine Rede zu halten war schwer genug gewesen. Doch als er nun in der Kapelle saß und den Liedern, die gesungen wurden, zuhörte, sprach ihn eines besonders an. Es handelte davon, was es bedeutet, Christus nachzufolgen, und wie wir unser ganzes Leben, unser Herz, unsere Seele und unsere Kraft einsetzen müssen, um ihm nachzufolgen und in dieser Welt etwas zu bewirken. *Das ist es. Das ist es, was ich diesen Menschen sagen will – dass meine Tochter und alle, die beim Unfall umgekommen sind, ihr Leben Christus kompromisslos zur Verfügung gestellt haben.* Ohne weiter darüber nachzudenken ging Newell nach vorne auf die Bühne und griff zum Mikrofon. „Ich möchte allen für ihre Gebete und ihre Unterstützung danken. Ich weiß, dass ich auch für die anderen Familien spreche, wenn ich sage, dass wir es ohne diese Gebete nicht durch diese schwere Zeit geschafft hätten. Als ich hier gesessen und zugehört habe, habe ich mich entschlossen, euch zu etwas aufzufordern. Wir haben es gerade gesungen: Christus nachzufolgen heißt, ihm sein ganzes Leben anzuvertrauen. Genau dazu möchte ich euch ermutigen."

Da die Ceraks einige Jahre in Upland gelebt hatten, bevor sie nach Gaylord umgezogen waren, hatten sie viele Freunde in der Gegend, und so scharten sich, als sie nach dem Gottesdienst die *Rediger Chapell* verlassen wollten, viele Menschen um sie. Während er sich durch die Menschenmenge bewegte, spürte Newell plötzlich eine Hand auf seiner Schulter. Er blickte auf und sah sich einem Mann gegenüber. Dieser gab ihm die Hand und sagte: „Hallo Newell, ich bin Don Van Ryn. Ich möchte Ihnen sagen, dass mir Ihre Worte und die Ihrer Tochter sehr viel bedeutet haben. Wir beten für Sie. Ich möchte, dass Sie das wissen."

Newell schüttelte Dons Hand. „Ich danke Ihnen, Don. Auch wir beten jeden Tag für Laura. Wir danken Gott dafür, dass sie den Unfall überlebt hat, und wir beten dafür, dass sie bald wieder gesund wird. Wie geht es ihr?"

„Sie erholt sich gut. Wir sehen jeden Tag Fortschritte", entgegnete Don.

Die beiden unterhielten sich noch ein wenig, ehe Don sich verabschiedete, um noch mit den anderen betroffenen Familien sprechen zu können. Sie alle reagierten wie Newell. Die Familien der Todesopfer erkundigten sich alle nach Laura.

Später trafen sich Newell, Colleen, Carly und Sandra in einem ihrer Hotelzimmer, sie saßen auf den Betten und redeten bis drei Uhr morgens miteinander.

Als sie von Whitneys Tod erfahren hatten, waren sie im ganzen Land verstreut gewesen – von Michigan bis Mississippi. In den darauffolgenden anderthalb Wochen waren sie kaum jemals getrennt gewesen. Als sie nun in dem Hotelzimmer saßen und über Whitney sprachen und darüber, was sie in den folgenden Wochen erwarten würde, wussten sie, dass dies für die nächste Zeit ihr letztes Zusammensein sein würde. Carly und Sandra mussten zurück an ihre Hochschulen gehen. Newell und Colleen mussten wieder arbeiten. Das Leben würde nicht für sie stillstehen, obwohl sich alle vier fragten, wie es einfach weiterlaufen konnte, als sei nichts geschehen ...

*

Am nächsten Morgen stand die Familie früh auf. Sie frühstückten in einem Restaurant, anschließend gingen sie in den Stadtpark von Upland, um noch einmal miteinander zu beten.

„Ich will hier nicht bleiben", sagte Carly irgendwann. „Wie soll ich ins Wohnheim zurückgehen in dem Wissen, dass Whitney eigentlich in dem gegenüberliegenden Flügel sein sollte, aber nicht da ist? Ich werde ganz bestimmt immer nach Whitney Ausschau halten, bis ich komplett begreife, dass sie nicht mehr da ist. Ich weiß nicht, ob ich das schaffe."

„Ich weiß, Carly, ich weiß", sagte Newell.

„Ich fürchte mich auch schon davor, das Haus zu betreten, wenn wir wieder zurück sind", sagte Colleen. „In den letzten Wochen waren so viele Menschen da, und es gab so viel zu tun, dass ich abgelenkt war. Aber jetzt ..."

„Wie sollen wir denn einfach so unser Leben weiterleben?", fragte Carly. „Wie können Sandra und ich zurück an die Uni gehen, dämliche Klausuren und Hausarbeiten schreiben und mit allem weitermachen, als ob nichts geschehen wäre? Das ist nicht fair."

„Nein, das ist nicht fair", bestätigte Newell. Er hielt inne und sagte dann: „Das Leben wird nie mehr sein wie vorher. Ich weiß nicht, wie wir uns jemals daran gewöhnen können, dass Whitney nicht mehr da ist. Ich kann nur beten, dass Gott uns da durchträgt."

Einige Stunden später, nachdem sie sich unter Tränen von Carly und Sandra verabschiedet hatten, betraten Newell und Colleen wieder ihr Haus.

„Jetzt ist es so weit", sagte Newell.

„Ja", entgegnete Colleen.

Ihre Blicke begegneten sich, als sie die Küche betraten. Beide brachen weinend zusammen.

14

Langsames Erwachen

Montag, 22. Mai 2006

Lauras feinmotorische Fortschritte ermutigen und erstaunen uns immer wieder. In der Physiotherapie heute Morgen hat sie sehr gut auf Anweisungen reagiert. Sie hat zum Beispiel die Augen geöffnet, als sie dazu aufgefordert wurde, sie hat sich selbstständig aufgesetzt, ist eine kurze Zeit sitzen geblieben, hat Arme und Beine bewegt usw.

Ich möchte eine Frage beantworten, die uns sehr oft gestellt wird: „Ist Laura also aus dem Koma erwacht?" Die Antwort darauf lautet: Ja. Aber ist sie auch so richtig wach, bei klarem Verstand und nimmt bewusst wahr, was um sie herum vorgeht? Nein. Wie bereits erklärt, muss ihr Gehirn neu lernen (oder daran erinnert werden), Informationen zu verarbeiten. Es liegt noch immer ein weiter Weg vor ihr. Das Aufwachen ist ein langer Prozess. Aber wir werden immer wieder daran erinnert, dass Gott ihr Leben erhalten hat [...], und wir glauben, dass er mit ihr noch etwas vorhat. Wir sind dankbar, zu ihrer Familie zu gehören und die Möglichkeit zu haben, sie in dieser Zeit zu begleiten.

BLOGEINTRAG VON LISA VAN RYN

Laura hob die Hand, griff nach der Halskrause, riss sie ab und warf sie auf den Boden.

„Das ist schon das zehnte Mal heute", sagte Don.

„Wie lange wollen sie ihr das Ding noch um den Hals binden? Sie hasst es", meinte Susie. Sie hob die Halskrause vom Fußboden auf, ging zu Lauras Rollstuhl hinüber und legte sie ihr wieder an.

„Der Arzt sagt, sie muss sie so lange tragen, bis sie ihm selbst sagen kann, dass sie keine Schmerzen im Genick hat. Auch wenn die Untersuchung im MRT nichts ergeben hat, soll sie sie vorsichtshalber tragen. Sie spricht zwar schon viel mehr, aber es kann doch noch eine Weile dauern", erinnerte Don seine Frau.

Laura griff sich wieder an den Hals und begann, an der Halskrause zu zerren. Sanft zog Susie ihre Hand weg. „Hilf mir", sagte Laura.

„Ich wünsche, das könnte ich. Wenn du wüsstest, wie sehr ich mir das wünsche", sagte Susie. Sie setzte sich hin und blickte Don an. „Das ist fast schlimmer als die Zeit, in der sie noch bewusstlos war."

„Es wird besser werden", tröstete er sie.

„Haus", sagte Laura ganz leise. „Ich will nach Haus."

Susie stieß einen langen Seufzer aus. „Ich weiß, sie ist wütend auf mich, weil ich sie zwinge hierzubleiben."

„Sie versteht nicht, was hier vor sich geht. Sie ist gerade wach genug, um sich unbehaglich und verwirrt zu fühlen, aber nicht wach genug, um zu verstehen, warum das alles hier passiert", sagte Don. „Wir müssen Geduld bewahren. Das ist einfach eine schwierige Zeit."

In dem Moment betrat Kenny das Zimmer. Susie wandte sich zu Laura um und fragte: „Laura, weißt du, wer das ist?"

„Kenny", sagte sie.

„Und weißt du, wer Kenny ist?", fragte Susie.

„Bruder", entgegnete Laura.

„Das stimmt. Sehr gut."

Auch Aryn betrat das Zimmer. „Und wer ist das?", fragte Susie.

„Aryn", sagte Laura. „Hallo."

Aryn lächelte. „Das ist viel besser als gestern", stellte er fest. „Als ich bei ihr saß, hat sie mich getreten, weggeschubst und mich fünfmal gegen den Hals geschlagen. Sie war ziemlich aktiv."

„Besser, es hat dich getroffen als mich", lachte Don.

„Ja, aber sie hat mir auch gesagt, dass sie mich liebt, und das waren mir die Schläge wert."

„Laura", sagte Don, „wer hat dir die *Tigers*-Kappe geschenkt?"

Sie deutete auf Aryn.

„Gut. Sehr gut. Mit jedem Tag nimmt sie ihre Umwelt bewusster wahr und erkennt uns ein bisschen besser. Jetzt wird es nicht mehr lange dauern", sagte Don.

Dienstag, 23. Mai 2006
Gestern Abend saß ich an Lauras Bett. Sie war sehr unruhig. Ich blickte sie an und dachte daran, wie sehr ich sie liebe und wie dankbar ich für sie bin. Ich gab mein Bestes, um ihre verletzten Arme und Beine zu schützen und es ihr so bequem wie möglich zu machen. Sie bewegte sich so heftig, dass ich hinterher richtig erschöpft war. Ich war müde, aber ich wollte so lange bei ihr bleiben, wie sie mich brauchte. Plötzlich fing sie an, mich zu schlagen. Und zu treten. Sie ballte die Faust und schlug in meine Richtung. Sie wollte, dass ich wegging, damit sie das tun konnte, was sie im Sinn hatte – unter anderem, sich die Halskrause so schnell wie möglich abzureißen. Und dann dachte ich: Wie oft habe ich dasselbe mit Gott gemacht?

BLOGEINTRAG VON LISA VAN RYN

„Kannst du mir sagen, wer diese Leute sind?", fragte Don, als er Laura ein Foto zeigte. Sie konnte die Augen mittlerweile schon relativ lang offen halten, doch wenn sie sie öffnete, dann öffnete sie sie ganz weit, als ob sie durch die Menschen hindurchstarrte, statt sie anzublicken. Einige Tage zuvor hatte Aryn gesagt, ihre Augen wirkten blauer als sonst, doch sie hatten immer noch diesen Grünstich, den er so liebte. Der Funken aber, der sonst in ihren Augen tanzte, war noch nicht wieder zurückgekehrt.

„Laurie, kannst du mir sagen, was du auf dem Bild siehst? Wer steht hier?", fragte Don, als er sich zu ihr hinüberbeugte und auf das erste Mädchen auf dem Foto zeigte.

„Courtney", sagte Laura. Sie hatte das Foto von ihren vier Mitbewohnerinnen in ihrem dritten Studienjahr aufgenommen.

„Und wer ist das?"

„Sara."

„Gut. Sehr gut. Und wer ist das?", fragte Don und deutete auf das dritte Mädchen.

„Brittany."

„Toll. Wirklich toll. Und wer ist die Letzte?"

„Ahhh, Teeny", sagte Laura und nannte damit ihre Freundin Christine bei ihrem Spitznamen.

„Sehr gut. Du hast alle richtig erkannt", sagte Don. „Ausgezeichnet."

Susie ging zu Laura hinüber und küsste sie sanft auf die Stirn. „Ich liebe dich, Laura", sagte sie.

„Liebe dich", entgegnete Laura.

Sie wirkte müde. Den ganzen Tag über hatte sie verschiedene Therapien gehabt, die sie ausgelaugt hatten. Als eine Krankenschwester Laura aus ihrem Stuhl ins Bett hinüberhob, riss sie sich erneut die Halskrause ab. Susie hob sie auf und legte sie ihr wieder an. Laura wirkte sichtlich verärgert. „Ich will zu meinem Dad", sagte sie.

Als Don zu ihr hinüberging und sich neben sie setzte, beruhigte sie sich allmählich wieder.

„Kann ich einen Kuss haben?", fragte Susie.

Laura spitzte die Lippen, und Susie beugte sich vor, um den Kuss entgegenzunehmen. „Ich glaube doch nicht, dass sie uns etwas nachträgt", sagte sie dann.

Eines Abends betraten Don, Susie, Lisa und Kenny die Cafeteria des *Spectrum*-Rehazentrums, um dort ihr Abendessen einzunehmen, das ihnen jemand aus der Gemeinde vorbeigebracht hatte. Als sie hereinkamen, sahen sie Mark an einem Tisch sitzen. Er hatte ein Halstuch zerschnitten und flocht nun die Streifen zusammen.

„Was machst du da?", fragte Lisa.

„So eine Art Halsband", erwiderte er.

„Wozu?", wollte Lisa wissen.

„Ich hab schon eins und wollte noch welche in anderen Farben haben."

„Kann ich mir auch eins machen?", fragte sie.

„Klar, bedien dich", erwiderte Mark.

„Ich finde, wir sollten uns alle eins machen und es tragen, bis Laura wieder gehen kann", schlug Lisa vor. Den anderen gefiel diese Idee. Dass sie wieder würde gehen können, war nur eins der Ziele, die sie sich für Laura gesetzt hatten. Sie beteten sogar dafür, dass sie im Spätsommer wieder mit ihr ins Bibelcamp auf der *Upper Peninsula* würden fahren können. Schon seit mehreren Generationen fuhren die Van Ryns auf dieses Camp und mit den Jahren war es für sie zu einem ganz besonderen Ort geworden. „Das Camp findet Mitte August statt", sagte Don. „Sie wird mitfahren können. Ihr werdet schon sehen."

Mittwoch, 24. Mai 2006

Johannes 1,16: „Aus seinem Reichtum hat er uns beschenkt, uns alle mit grenzenloser Güte überschüttet."

Heute Morgen hat sie in der Therapie wirklich etwas geleistet, zum Beispiel im Sitzen mit ihrem rechten Bein einen Gummiball weggetreten. Die Therapeutin hat den Ball in ihre Richtung gerollt, und sie hat genau zur richtigen Zeit das Bein geschwungen, um ihn zurückzutreten. Außerdem hat sie mit den Händen einen Luftballon zurückgestoßen, nachdem er in ihre Richtung geworfen wurde. Heute Morgen hat sie außerdem ohne fremde Hilfe etwas Apfelmus gelöffelt. Sie hat es gut geschluckt und mit etwas Orangensaft hinuntergespült. Ich kann nicht behaupten, dass es heute Nachmittag mit dem Kartoffelmus genauso gut geklappt hat, aber ich habe mich zur rechten Zeit geduckt, und Wand und T-Shirt-Ärmel sind schon wieder sauber. :-)

BLOGEINTRAG VON LISA VAN RYN

153

„Laura, ich möchte, dass du meine Sätze vervollständigst", erklärte Lauras Sprachtherapeutin Stephanie. „Es fehlt immer nur ein einziges Wort. Bist du bereit?"

Laura nickte.

„Okay. Der Himmel ist ..."

„Blau."

„Äpfel sind ..."

„Grün."

Stephanie lächelte Lisa an, die bei den meisten Therapiesitzungen dabei war. „Sie scheint Granny Smiths zu mögen", sagte Stephanie leise. „Laura, Äpfel können auch noch eine andere Farbe haben."

„Rot."

„Großartig. Jetzt verändern wir das Spiel ein wenig. Ich sage ein Wort und dann sagst du mir das Gegenteil. Zum Beispiel sage ich: ‚schwarz', und du sagst: ‚weiß'. Bist du bereit?"

„Ja."

„Schwarz."

„Weiß."

„Innen."

„Außen."

„Norden."

„Süden."

„Gut, sehr gut. Laura, wir haben vorhin darüber gesprochen, welchen Wochentag wir heute haben. Kannst du dich noch an den Tag erinnern?", fragte Stephanie.

„Donnerstag."

„Ausgezeichnet", sagte Stephanie. Sie wandte sich an Don und Lisa und erklärte: „Sie macht gute Fortschritte. Ich habe in der einen Woche, die sie jetzt hier ist, schon eine deutliche Veränderung festgestellt."

„Das haben die Physiotherapeuten auch gesagt", erwiderte Lisa. „Laura hat ohne fremde Hilfe zwei Minuten gesessen und sie hat einen Wasserball geworfen. Heute hat sie sogar eine Tasse zum Mund geführt und einen Schluck getrunken."

„Das überrascht mich nicht. Sie macht wirklich gute Fortschritte", bemerkte Stephanie.

Don brachte Laura zurück in ihr Zimmer, während Lisa zurückblieb, um noch ein wenig mit Stephanie zu reden. „Ich glaube, sie ist ein bisschen frustriert", sagte Lisa. „Sie versucht immer mehr zu sprechen, aber es ist nicht immer ganz leicht, sie zu verstehen. Ihre Stimme ist noch so leise, und es fällt ihr schwer, all die Wörter auszusprechen, die sie benutzen möchte. Und sie sagt auch so einiges, was keinen rechten Sinn ergibt. Sie hat mir schon alle möglichen Namen gegeben: Sie hat mich schon Stephanie, April und Carly genannt, aber immerhin auch Lisa."

„Für eine Patientin mit einer traumatischen Gehirnverletzung ist das nicht ungewöhnlich", erwiderte Stephanie. „Wenn die Neuronen in ihrem Gehirn Signale abfeuern, suchen diese sich sozusagen einen Landeplatz. Man kann sich ihr Gehirn momentan am besten wie einen Aktenschrank vorstellen, den jemand umgekippt hat. Alle Ordner sind herausgefallen und liegen verstreut auf dem Fußboden. Lauras Gehirn versucht nun langsam, aber sicher, die Papiere wieder in die Ordner einzuheften und diese dann an den richtigen Platz zu stellen. Das wird einige Zeit dauern. Ich weiß, dass Sie das schon einige Male gehört haben, aber bei einer Hirnverletzung wie der von Laura dauert es für gewöhnlich zwei Jahre, bis sie vollständig ausgeheilt ist."

„Gelangen die Aktenordner denn immer alle wieder an die richtige Stelle?", wollte Lisa wissen.

„Nein", antwortete Stephanie. „Deshalb sind Lauras Fortschritte so ermutigend. Nur die Zeit wird zeigen, ob sie ganz wiederhergestellt wird. Laura scheint eine richtige Kämpfernatur zu sein; sie ist anscheinend entschlossen, wieder gesund zu werden."

„So ist meine Schwester", sagte Lisa.

Freitag, 26. Mai 2006
Laura hat heute Morgen fünf Stunden geschlafen, von zwei bis sieben – Gott sei Dank! Auch heute lief die Therapie ziemlich gut … heute Nachmittag hat sie ihre Kekse gegessen und ihren Apfel-

saft getrunken. Heute Morgen hat sie mit unserem Vater Frisbee gespielt – sie saß auf der Bettkante und warf ihm die Scheibe zu. Die Ergotherapeuten haben in den letzten Tagen versucht, sie zum Schreiben und Zeichnen zu bewegen, und sie hat sogar einige Formen gezeichnet, die man gut erkennen konnte – heute Morgen zum Beispiel einen beeindruckenden Stern. Sie öffnet die Augen nun ziemlich häufig, aber man kann nicht genau sagen, was sie sieht.

BLOGEINTRAG VON LISA VAN RYN

„Kannst du mir sagen, was auf dem Schild steht?", fragte Aryn, als er Laura im Rollstuhl den Flur hinunterschob. Er liebte es, sie spazieren zu fahren.

Laura blickte auf das große Schild mit der Aufschrift: WARNUNG – ALARM WIRD AUSGELÖST. Ihre Augen waren weit geöffnet und glasig, so wie immer, seit sie sie nach dem Unfall zum ersten Mal aufgeschlagen hatte. „Warnung ... Alarm", sagte sie.

„Richtig, Laura. Sehr gut", lobte Aryn. Er blieb stehen und ging vor dem Rollstuhl in die Hocke, damit sich ihre Blicke begegnen konnten. „Ich liebe dich, Laura."

„Ich liebe dich auch."

„Darf ich dich küssen?"

Laura spitzte die Lippen und er küsste sie sanft. Aryn lächelte. „Ich bete viel für dich. Ich vermisse dich so sehr. Ich wünschte, wir könnten einfach von hier weggehen und in unserem Lieblingscafé sitzen und wie früher reden."

„Sag ihnen, es geht mir gut, dann lassen sie mich nach Hause."

Aryn wusste nicht, was er sagen sollte. „Ich wünschte, wir könnten dich mit nach Hause nehmen. Wir würden das sofort machen, wenn es möglich wäre."

Laura drehte sich um und schmollte. Später am Abend schubste sie Aryn sogar einmal weg, als er ihr näher kam. „Ist irgendetwas nicht in Ordnung, Laurie? Habe ich etwas falsch gemacht?"

156

„Geärgert", sagte Laura.

„Was? Ich habe dich geärgert?"

„Ja", sagte Laura. Dann wedelte sie mit der Hand, als versuchte sie, eine Fliege zu vertreiben.

Am nächsten Tag schien sie das Ganze jedoch vergessen zu haben, was auch immer es gewesen sein mochte, womit er sie verärgert hatte. Als Aryn das Zimmer betrat, breitete Laura die Arme aus, damit er sie umarmte. „Küss mich", sagte sie. Aryn kam dieser Aufforderung nur allzu gern nach. „Ich liebe dich, Hunter", sagte sie.

„Hunter?" Aryn wandte sich um und sah Don, Susie und Lisa an. „Hat sie mich gerade ‚Hunter' genannt?"

„Leg dich zu mir, Hunter. Leg dich hin wie ein echter Mensch." Als Aryn sich neben Laura hinlegte, zog sie ihn dicht an sich heran. „Frag sie, ob du bleiben darfst", sagte sie.

„Hunter?", fragte Aryn noch einmal an die Van Ryns gerichtet.

„Mach dir keine Sorgen", versuchte Don, ihn zu beruhigen. „Sie hat in den letzten Tagen immer wieder so verrückte Sachen gesagt. Lisa hat sie mit vier verschiedenen Namen angesprochen. Aber wenn Susie sie fragt, wer Lisa ist, sagt sie ‚Schwester'. Gestern hat Stephanie uns sogar gesagt, dass sie sich selbst Whitney genannt hat. Stephanie meint, dass so etwas bei Hirnverletzungen öfters passiert und dass es sogar ein gutes Zeichen ist, wenn Laura so verrückte Sachen sagt. Sie wird wohl noch so einiges durcheinanderbringen, bis sie wieder gesund ist. Wenn wir sie nur davon abhalten könnten, sich dauernd die Kleider vom Leib zu reißen."

„Das macht sie auch?", fragte Aryn.

„Ja", erwiderte Don. „Aber auch das ist bei einer Hirnverletzung wohl normal, sagen die Ärzte."

Sonntag, 28. Mai 2006

Letzte Nacht hat Laura wieder gut geschlafen, von halb neun abends bis elf am Morgen. Ein paar Mal war sie unruhig. Die Kran-

157

kenschwester sagt, dass es zum Genesungsprozess dazugehört, dass sie so viel schläft, und wir sind froh, dass sie endlich etwas Ruhe bekommt. In den letzten Nächten scheint sie auch tiefer geschlafen zu haben als davor. Wir haben außerdem den Eindruck, dass Laura in den letzten Tagen immer mehr um sich herum wahrnimmt. Als sie gestern aufwachte, schien sie sich über ihre Umgebung zu wundern und sich zu fragen, wo sie war. Sie spricht hin und wieder vollständige Sätze und kann uns besser zu verstehen geben, was sie will. Wir hoffen, dass ihr Frustrationspegel sinkt, wenn sich ihre Kommunikationsfähigkeit verbessert.

BLOGEINTRAG VON LISA VAN RYN

Sonntag, 28. Mai 2006
Psalm 63,1-9. Heute Nacht hast Du wieder gut geschlafen. Es gibt so viel, wofür ich Gott loben kann – selbst in den dunkelsten Augenblicken der Nacht ist er da. „Ich halte mich ganz eng an dich, und du stützt mich mit deiner mächtigen Hand." Du machst Deine Sache gut, Laurie! Du beginnst schon, kurze Sätze zu formulieren – Gott ist so gut zu uns! Heute konntest Du duschen und Deine Haare mit dem „Blond-Shampoo" (deine Wahl!) waschen. Ich habe versucht, Dir einen französischen Zopf zu flechten, musste dann aber aufgeben, sodass ich Dir stattdessen zwei normale Zöpfe geflochten habe. Du hast gesagt, es ist so in Ordnung.
Eintrag in Susies Gebetstagebuch

Ich denke gerade daran, wie viel Glück ich gehabt habe, dass ich in den letzten drei Jahren mit Dir befreundet sein und Dich so gut kennenlernen durfte. Jeden Tag scheinst Du ein Stück Gesundheit zurückzugewinnen, und das freut mich unendlich. Ich denke nur ungern daran, Dich morgen Abend wieder allein lassen zu müssen. Ich frage mich, ob Du heute wieder von DV und mir verlangst, Dich den ganzen Tag herumzufahren. Gestern haben wir dich über das gesamte Gelände gefahren. Meine Füße taten abends weh, aber das war es wert. Ich möchte erleben, dass Du wieder gesund wirst, und ich bin bereit, dafür alles Erforderliche zu tun. Ich weiß jetzt wirklich, was Liebe ist. Tut mir leid, dass es so lange gedauert hat, das herauszufinden. Du weißt, dass ich dieses Wort nicht leichtfertig gebrauche, Laura, aber ich habe keine Angst, es jetzt laut zu sagen, weil ich es wirklich so meine.

Brief von Aryn an Laura, Sonntag, 28. Mai 2006

15

Falsche Identität

Montag, 29. Mai 2006
Epheser 2,8-10: „Eure Rettung ist wirklich reine Gnade, und ihr empfangt sie allein durch den Glauben. Ihr selbst habt nichts dazu getan, sie ist Gottes Geschenk. Ihr habt sie nicht durch irgendein Tun verdient; denn niemand soll sich mit irgendetwas rühmen können. Wir sind ganz und gar Gottes Werk. Durch Jesus Christus hat er uns so geschaffen, dass wir nun Gutes tun können. Er hat sogar unsere guten Taten im Voraus geschaffen, damit sie nun in unserem Leben Wirklichkeit werden."

Laura hat heute Nacht wieder durchgeschlafen, und darüber sind wir froh. Ihr Verstand gewinnt an Klarheit. Heute hat sie mit dem Therapeuten eine Partie „Vier gewinnt" gespielt und sich recht gut dabei geschlagen. Manche Fähigkeiten gewinnt sie wieder zurück, doch hin und wieder sagt sie Dinge, die nicht viel Sinn ergeben. Heute hat DV ihr eine Kappe mit der Aufschrift „Das Leben ist schön" gekauft.

BLOGEINTRAG VON LISA VAN RYN

G ut, Laura, ich möchte, dass du mir deinen Namen aufschreibst", sagte die Ergotherapeutin. Obwohl es *Memorial Day*, also ein Feiertag war, wurden Lauras Therapiesitzungen ganz normal durchgeführt. An diesem Tag hatte sie bereits ein Spiel mit einem ihrer Therapeuten gespielt und gute Fortschritte gezeigt.

161

*Es sieht so aus, als sei sie fast vollständig aus dem Koma aufge-
wacht.* Don lächelte bei diesem Gedanken. *Sie kehrt wirklich in
unsere Welt zurück!* An diesem Tag begleitete er Laura zu all ihren Therapiesitzungen. Lisa hatte sich den Tag freigenommen,
um eine Cousine in ihrer Ferienhütte am Meer zu besuchen.
Seit dem Unfall war sie noch nie so lange von ihrer Schwester
getrennt gewesen.

Laura saß an einem Tisch im Therapiezimmer und Don
stand schräg hinter ihr. Einige Tage zuvor hatte er am selben
Fleck gestanden und sie gefilmt, um ihre Fortschritte aufzunehmen. Er glaubte nicht, dass sie ihn überhaupt bemerkte,
doch ein Geräusch veranlasste sie dazu, den Kopf zu wenden, und da hatte sie ihn entdeckt. Mit einem abwehrenden
Winken hatte sie deutlich gemacht, dass sie nicht gefilmt
werden wollte. Don hatte daraufhin die Kamera sofort ausgemacht und sie danach nie wieder mit ins Rehazentrum
gebracht.

Nun stand er ein Stück von ihr entfernt und beobachtete,
wie Laura mit großen kreisenden Bewegungen ein Wort auf
das Papier kritzelte. Sie hielt den Bleistift mit der ganzen Faust
fest, was Don an ihre Vorschulzeit erinnerte. Beim Schreiben
bewegte sie den ganzen Arm, als ob sie die gesamte ihr zur
Verfügung stehende Kraft und praktisch ihre ganze Körperko-
ordination aufbringen musste, um den Bleistift wunschgemäß
zu bewegen. Im Laufe dieser Sitzung hatte sie bereits versucht,
ein Quadrat und ein Dreieck zu zeichnen.

Die Therapeutin drehte das Papier zu sich, damit sie lesen
konnte, was Laura geschrieben hatte. „Bist du sicher, dass das
dein Name ist?", fragte sie.

Laura nickte.

„Sehr gut. Und jetzt möchte ich, dass du mir einen Kreis
zeichnest."

Nachdem die Therapeutin Laura aufgefordert hatte, noch
weitere Formen zu zeichnen, sagte sie: „Das hast du wirklich
gut gemacht. Ich bin stolz auf dich und darauf, wie hart du
arbeitest. Morgen schreiben wir weiter, in Ordnung?"

Laura nickte wieder.

Als Don auf die Therapeutin zuging, gab sie ihm das Papier, auf das Laura ihren Namen geschrieben hatte. „Schauen Sie sich das einmal an", sagte sie. Über die ganze Seite gekritzelt standen die Buchstaben: W-H-I-T-N-E-Y. „Was um alles in der Welt hat das zu bedeuten?", fragte Don wie vom Schlag getroffen. „Wie erklären Sie sich das? Stephanie hat uns erzählt, dass Laura in der Sprachtherapie schon einige Mal behauptet hat, sie heiße Whitney. Wie erklären Sie sich das?"

„Das kann verschiedene Gründe haben. Hirnverletzungen können seltsame Auswirkungen haben. Hat sie eine Freundin, die Whitney heißt?"

„Ein Mädchen mit diesem Namen saß auch mit im Unfallwagen."

„Es könnte einfach so gewesen sein, dass Laura neben ihr saß, als der Unfall geschah. Vielleicht haben sie an diesem Abend auch einige Zeit miteinander verbracht und Lauras Gehirn hat sich auf diesen Namen fixiert."

„Wahrscheinlich ist es das", meinte Don. „Aber es ist schon komisch. Andererseits hat sie in den letzten Tagen ein paar ziemlich verrückte Sachen gesagt. Ihren Freund nennt sie immer wieder ‚Hunter'. Ich glaube nicht, dass sie überhaupt einen Hunter kennt."

„Sehen Sie", erwiderte die Therapeutin, „ihre Neuronen geben Signale ab, aber diese landen an der falschen Stelle."

Als Don Laura wenig später zu ihrem Zimmer zurückbrachte, sagte sie etwas. Er verstand sie nicht, deshalb fragte er: „Was hast du gesagt, Laurie?" Sie wiederholte es, doch er verstand sie noch immer nicht. Er hielt den Rollstuhl an und beugte sich so weit zu ihr hinunter, dass sein Ohr dicht an ihrem Mund war. „Kannst du das noch einmal sagen?"

Die Lippen kaum geöffnet, fast im Flüsterton, sagte sie: „Falsche Eltern."

Don runzelte die Stirn, als er die Wörter schließlich verstand. *Falsche Eltern? Du hast in den letzten Tagen viele verrückte Sachen gesagt, aber das schießt den Vogel ab,* dachte er. Er lächelte über die Ironie dieser Aussage. *Falsche Eltern! 22 Jahre haben wir für dich gesorgt, haben das ganze Geld fürs College aufgebracht, waren 24 Stunden am Tag und sieben Tage in der Woche an deiner Seite, während du im Krankenhaus lagst … Falsche Eltern, das könnte dir so passen!* Er schüttelte den Kopf und lachte. „Gut, Laurie, dein falscher Vater bringt dich jetzt in dein Zimmer." Obwohl er die Bemerkung über die „falschen Eltern" nur für die Folge einer Fehlleitung der von den Neuronen abgefeuerten Signale hielt, entschloss er sich, den anderen zunächst einmal nichts davon zu sagen, ebenso wenig, wie er erzählen wollte, dass Laura „Whitney" als ihren Namen aufgeschrieben hatte. *Es hat keinen Zweck, sich wegen einer Kleinigkeit solche Sorgen zu machen. Ich werde es Susie so bald wie möglich sagen. Aber nicht sofort. Nicht, wenn so viele Leute dabei sind. Ich mache das später, wenn wir allein sind.*

Als Don die Tür zur Lauras Zimmer öffnete, wurden sie dort bereits von seinen Söhnen und von Aryn erwartet. Aryn schien darauf bedacht zu sein, so viel Zeit wie möglich mit Laura zu verbringen, ehe er am Abend wieder nach Detroit zurückfahren musste. Drei Tage würde er weg sein. „Hast du Lust, noch einen Spaziergang zu machen?", fragte er.

„Okay", antwortete Laura.

Kaum hatte Aryn Don am Rollstuhl abgelöst, klingelte Dons Handy. Lisa war am Apparat und wollte auf den neuesten Stand gebracht werden. Don verließ das Zimmer und trat auf den Flur, wo er ungestört mit ihr reden konnte.

„Wie lief die Therapie heute?", fragte Lisa.

„Ziemlich gut. Der Therapeut hat eine Partie ‚Vier gewinnt‘ mit ihr gespielt und sie hätte fast gewonnen. Das wäre was gewesen, oder? Es war schön zu sehen, dass sie wirklich Spaß an dem Spiel hatte", sagte Don. Dann machte er eine Pause.

„Was ist los?", fragte Lisa.

„Also, da ist noch etwas, aber ich hatte bisher noch nicht die Gelegenheit, mit deiner Mutter oder deinen Brüdern darüber zu reden. Wie du weißt, sollte sie in der Therapie in den letzten Tagen alle möglichen Figuren zeichnen. Heute hat sich die Therapeutin entschlossen, sie etwas schreiben zu lassen. Ihren Namen." Wieder hielt er inne, um tief Luft zu holen. „Sie hat ‚Whitney' geschrieben. Die Therapeutin hat sie gefragt, ob sie ganz sicher sei, dass sie so heiße, und sie hat genickt. Stephanie gegenüber hat sie sich auch schon ein paarmal so genannt. Aber dass sie es nun auch noch zu Papier bringt ..." Seine Stimme wurde immer leiser.

„Das ist wirklich eigenartig", sagte Lisa. „Wie erklärst du dir das?"

„Ich habe keine Ahnung. Ihre Therapeutin meinte, dass das für eine Patientin mit einer Gehirnverletzung kein ungewöhnliches Verhalten ist, dass so etwas einfach aus heiterem Himmel so passieren kann oder dass Whitney vielleicht auch einfach die Letzte war, mit der sie vor dem Unfall geredet hat. Eins der Mädchen, die in den Unfall verwickelt waren, hieß doch Whitney, oder?"

„Ja", sagte Lisa. „Das ergibt für mich Sinn, besonders nach allem, was wir über Gehirnverletzungen gehört haben."

„Ich finde, wir sollten das erst einmal nicht an die große Glocke hängen. Was meinst du?"

„Wahrscheinlich wäre das besser. Übrigens habe ich vor, auf dem Heimweg noch beim Rehazentrum vorbeizufahren, um Laura kurz zu besuchen", sagte Lisa.

Nachdem Don aufgelegt hatte, ging er in die Cafeteria, wo er mit seiner Frau und Jim und Mikki, Freunden von ihnen, zum Essen verabredet war.

Während sie dort saßen, kam Aryn mit Laura im Rollstuhl vorbei. „Aryn", rief Don, „könntest du Laura mal hierherbringen? Ich möchte, dass sie jemandem Hallo sagt."

Als Aryn sie zu ihnen schob, sagte Don: „Laura, guck mal, wer hier ist! Kannst du Jim und Mikki Hallo sagen?"

„Hi."

„Hi, Laura", sagte Jim. Dann warf er Mikki einen seltsamen Blick zu.

„Hi Laura, schön, dich zu sehen", sagte Mikki.

Von diesem Moment an waren die beiden sehr schweigsam.

*

Don und Susie waren noch im Rehazentrum, als Lisa ankam, doch sie waren gerade im Begriff, nach Hause zu fahren. Aryn war bereits einige Stunden zuvor gefahren. „Wie ging es ihm, als er fahren musste?", fragte Lisa ihre Eltern.

„Es fiel ihm schwer, wie immer", antwortete Susie. „Er liebt sie so sehr, dass es ihm fast körperliche Schmerzen bereitet, sie zurücklassen zu müssen."

„Ich habe deiner Mutter von dieser Sache mit dem Namen erzählt", sagte Don.

„Hat Laura heute noch andere merkwürdige Dinge gesagt?", fragte Lisa.

„Dasselbe wie sonst auch. Sie nennt Aryn immer ‚Hunter', aus welchem Grund auch immer. Das ist genauso verwirrend wie die Tatsache, dass sie sich selbst Whitney nennt", meinte Don.

„Mir gefällt dieses Stadium, in dem sie sich gerade befindet, nicht", sagte Susie. „In gewisser Hinsicht war es für mich leichter, als sie im Koma war, als jetzt mit ansehen zu müssen, wie sie kämpfen muss, um ihre Gedanken zusammenzusammeln."

Nachdem ihre Eltern gegangen waren, um die Nacht zu Hause zu verbringen, zog Lisa sich einen Stuhl ans Bett und betrachtete ihre Schwester. Das Netz um das Bett war bereits mit dem Reißverschluss zugezogen und Laura versuchte zu schlafen. Zum ersten Mal seit dem Unfall hatte Lisa das Gefühl, dass irgendetwas nicht stimmte. *Ich weiß nicht, was es ist,* dachte sie, *aber irgendetwas an ihr wirkt anders.* Dieser Gedanke verunsicherte sie.

Nachdem sie eine Weile am Bett gesessen hatte, öffnete sie den Reißverschluss, beugte sich zu Laura hinunter und gab ihr einen Gute-Nacht-Kuss auf die Stirn und zog anschließend den Reißverschluss wieder zu.

Auf der Heimfahrt war sie seltsam nervös und unruhig. Zu Hause angekommen, stellte sie fest, dass nirgendwo im Haus mehr Licht brannte. Die anderen waren wohl schon alle zu Bett gegangen. Auch sie hatte die Absicht, gleich schlafen zu gehen; es war schon spät, und sie wollte am nächsten Morgen rechtzeitig im Rehazentrum sein, damit sie bei Lauras erster Therapiesitzung dabei sein konnte. *Wenn es wirklich Laura ist.* Der Gedanke schoss ihr so schnell durch den Kopf, dass er ihr fast Angst machte. *Wenn das wirklich meine Schwester ist.* Als ihr der Gedanke immer wieder im Kopf herumspukte, merkte sie, dass er schon seit dem Telefongespräch mit ihrem Vater in ihr gereift war. Sie schaltete das Licht an und ging durch die Küche. *Ist das Mädchen in dem Krankenhausbett wirklich Laura? Was, wenn es in Wirklichkeit Whitney ist?* Sie sah sich in der Küche um. *Whitney, Whitney. Ich weiß, dass wir hier eine CD-ROM mit Fotos von Whitney haben, die uns jemand zu ihrem Gedenken geschickt hat.* Lisa begann, in der Küche zu suchen. Sie öffnete einige Schubladen und suchte die Regalfächer ab. Schließlich fand sie die CD-ROM auf einer Ablage. Sie sah sich das Bild von Whitney Cerak auf der CD-Hülle genau an. *Das sind ihre Augen! Diese großen Augen. Ich glaube, ich habe in den letzten fünf Wochen in Whitneys Augen geblickt.* Sie drehte die Hülle um und sah ein Foto, auf dem Whitney lächelte. *Das sind ihre Zähne!* Lisas Puls raste, als eine Welle der Furcht sie überwältigte.

In diesem Augenblick kam Don in die Küche. „Hey, Lis", sagte er, „machst du bitte überall das Licht aus, wenn du schlafen gehst?"

„Woher wissen wir eigentlich, dass es wirklich Laura ist, die im Krankenhaus liegt, Dad?"

„Bitte?"

„Woher wissen wir, dass es sich wirklich um Laura handelt? Ich weiß, man hat uns angerufen und uns mitgeteilt, dass Laura im Krankenhaus liegt. Aber wer hat sie identifiziert? Wie hat man festgestellt, dass es sich wirklich um sie handelt?"

„Lisa, lass dich nicht davon durcheinanderbringen, dass sie einen falschen Namen aufgeschrieben hat. Deine Mutter ist deswegen schon völlig aufgelöst. Sie weiß nicht, wie sie das einordnen soll, und es macht ihr Angst. Denk dran, die Leute im Krankenhaus haben uns doch erklärt, dass so etwas bei Patienten mit Gehirnverletzungen vorkommen kann. Meinst du nicht, dass wir es längst gemerkt hätten, wenn es nicht Laura wäre?", fragte Don. „Wir waren fünf Wochen lang ständig bei ihr!"

„Du hast wahrscheinlich recht", sagte Lisa und umarmte ihren Vater. „Danke." Damit ging sie die Treppe hinauf, um sich schlafen zu legen.

Memorial Day 2006
Oh Gott, höre mich! Bitte nimm mir Laura nicht, Herr. Mein Herz ist schwer. Bitte lass das nicht geschehen. Ich schreie verzweifelt zu dir. Allein auf Dich kann ich mich stützen, damit Du mir Kraft schenkst, denn das wäre mehr, als ich aus eigener Kraft ertragen kann. Ich weiß, dass Du kein grausamer Gott bist – welchen Sinn hätte das? Könnte mein Herz mich täuschen? Sollte ich meine eigene Tochter nicht wiedererkennen können? Oh Gott, hilf mir. Du bist alles, was ich habe. Bitte gib mir Laura zurück.
Aus Susies Gebetstagebuch

Am nächsten Morgen fuhren Don und Lisa gemeinsam zum *Spectrum*-Rehabilitationszentrum, doch keiner von ihnen erwähnte während der Fahrt noch einmal ihr Gespräch vom Abend zuvor. Lisa gab ihr Bestes, um sich einzureden, dass es keinen Grund gebe, Lauras Identität anzuzweifeln.

Kurz nach ihrer Ankunft rief Paul Johnson an und fragte, ob er und Jim vorbeikommen und mit Don reden könnten. Don schlug vor, dass sie gegen zehn Uhr kämen. Als sie eintrafen, begrüßte er sie auf dem Parkplatz. Kurze Zeit später kehrte er allein zu Lisa zurück, die in einiger Entfernung auf ihn gewartet hatte.

„Worum ging es?", fragte Lisa.

„Gestern waren Jim und Mikki hier. Irgendwann schob Aryn Laura herein, und die beiden waren wohl verwirrt, weil sie fanden, dass sie überhaupt nicht wie Laura aussah.

Jim muss die halbe Nacht deswegen wach gelegen haben. Jedenfalls hat er mit Paul darüber gesprochen, und sie haben sich entschlossen, heute Morgen vorbeizukommen, um auch mit mir darüber zu reden. Jim hat mich immer wieder gefragt, ob ich mir sicher sei, dass es Laura ist, denn er glaubt es nicht."

„Was hast du ihnen gesagt?" Lisa versuchte, gefasst zu klingen, doch innerlich wurde sie von Panik erfasst. Sie fühlte sich, als hätte ihr gerade jemand einen Schlag in die Magengrube versetzt.

„Ich habe gesagt: ‚Meint ihr etwa, ich könnte meine eigene Tochter nicht wiedererkennen? Natürlich ist sie das.' Aber Jim hat nicht lockergelassen, deshalb habe ich ihnen versprochen, dass ich alles Nötige veranlassen würde, um Laura eindeutig zu identifizieren." Das Gespräch mit seinen Freunden auf dem Parkplatz und die Erinnerung an die Unterhaltung mit Lisa am Abend zuvor lösten in Don ein Gefühl aus, das er kaum beschreiben konnte, eine Art innere Lähmung.

„Ich finde auch, wir müssen etwas unternehmen, um ganz sicher zu sein. Hast du schon mit Mom darüber gesprochen?"

„Nein, aber ich glaube, das sollte ich umgehend tun."

Noch während Don und Lisa miteinander sprachen, traf Susie am Rehazentrum ein. Als sie auf die beiden zuging, stand ihr die Angst ins Gesicht geschrieben. „Ihr redet darüber, ob es wirklich Laura ist, nicht wahr?", sagte sie.

„Jim und Paul waren hier. Jim meinte, er glaube nicht, dass das Mädchen, das er gestern gesehen hat, wirklich Laura ist. Lisa und ich haben gerade darüber geredet, dass wir uns einfach Sicherheit verschaffen müssen", sagte Don in einem Ton, der Zuversicht vermitteln sollte.

Susie spürte, wie ihre Knie weich wurden. „Was hast du vor?"

„Weißt du, wer sie am Unfallort identifiziert hat?", fragte Lisa. „Du könntest die entsprechenden Personen anrufen und sie fragen, wie das Ganze vonstattenging."

„Das ist eine gute Idee. Deine Mutter und ich gehen jetzt am besten nach Hause, machen ein paar Anrufe und versuchen, die ganze Sache aufzuklären. Ich denke, du solltest hierbleiben. Laura hat gleich wieder eine Therapiestunde, und es wäre gut, wenn einer von uns bei ihr wäre." Lisa war einverstanden. „Ruft mich aber sofort an, wenn ihr irgendetwas herausgefunden habt", bat sie ihre Eltern. Als sie zusah, wie ihre Mutter und ihr Vater ins Auto stiegen, erfasste sie eine neue Panikwelle. „Und bitte beeilt euch", rief sie ihnen nach.

Lisa blieb lange auf demselben Fleck stehen. Sie war sich nicht sicher, was sie tun sollte. *Zu viele Fragen spuken in meinem Kopf herum, zu viele Fragen, über die ich nicht nachdenken möchte. Ich weiß, dass ich hineingehen sollte, um während der nächsten Therapiesitzung bei ihr zu sein. Ich möchte bei ihr sein, wer auch immer sie ist.* Selbst wenn dieses Mädchen nicht Laura sein sollte, Lisa hatte sie lieb gewonnen. *Ich will nicht, dass sie denkt, wir hätten sie einfach fallen lassen.* Lisa ging zitternd quer über den Parkplatz. *Aber wer ist sie? Wenn sie nicht meine Schwester ist, dann haben wir ihr womöglich unbeabsichtigt emotionale Schmerzen zugefügt, indem wir sie beim falschen Namen genannt und uns für ihre Familie ausgegeben haben. Ihre Familie. Wenn das wirklich Whitney ist, muss sie sich wundern, warum ihre Familie nicht hier ist. Ich weiß nicht, was ich tun soll.*

Obwohl sie ihren Eltern versprochen hatte, dass sie mit niemandem darüber sprechen würde, rief Lisa eine Freundin an, die Seelsorgerin war. „Deb", sagte sie, „ich muss dir etwas erzählen. Es klingt unglaublich, aber ich weiß einfach nicht, was ich tun soll." Lisa erzählte die Kurzfassung der Geschichte. Als sie schließlich sagte, dass sie glaubte, dass das Mädchen nicht Laura sei, hörte sie, wie ihre Freundin nach Luft schnappte. Doch Deb gewann schnell ihre Fassung zurück, und sie bemühte sich, Lisa zu beruhigen. Sie meinte auch, dass sie bei „Laura" bleiben müsse, bis alle Fragen geklärt waren. Lisa dankte ihrer Freundin, versuchte, die Fassung wiederzugewinnen, und ging wieder hinein. Auf dem Weg rief sie ihre Eltern an, doch niemand nahm ab. *Warum dauert das nur so lange?,* fragte sie sich. Schließlich ging sie jedoch zu Laura.

Auf Lauras Stundenplan stand heute zunächst Physiotherapie. Die Therapeutin nahm einen Wasserball, gab ihn Laura in
die Hand und forderte sie auf: „Wirf den Ball deiner Schwester
zu."

Innerlich zuckte Lisa zusammen. *Vielleicht bin ich gar nicht
ihre Schwester. Und wenn nicht, was geht dann gerade in ihr vor? Wie
verwirrend muss das für sie sein!* Lisa zwang sich jedoch zu einem
Lächeln und breitete die Arme aus. „Wirf ihn mir zu", sagte sie.
Während der gesamten Sitzung nannte Lisa das Mädchen
im Rollstuhl nicht einmal beim Namen. Sie brachte es nicht
über sich, sie mit Laura anzusprechen, doch Whitney konnte
sie sie auch nicht nennen.

Als Don und Susie wieder im Rehazentrum eintrafen, verließ Lisa den Therapieraum, um mit ihnen zu reden. „Und?",
fragte sie.

„Ich habe mit jemandem geredet, der dabei geholfen hat,
die Leichen am Unfallort zu identifizieren", erklärte Don leise.
„Und?"

Don stieß einen langen Seufzer aus. „Es gibt Gründe, an
ihrer Identität zu zweifeln."

Lisa hatte das Gefühl, sie müsse sich erbrechen. „Und was
sollen wir jetzt tun?"

„Ich weiß nicht genau. Vielleicht sollten wir die Leute hier
im Rehazentrum fragen, wie man sie eindeutig identifizieren
kann", schlug Don vor. Susie schwieg.

Lisa schwirrte der Kopf, als sie zu dem Mädchen im Rollstuhl zurückging. Die Therapiesitzung neigte sich ihrem Ende
zu. Sie dankte der Therapeutin und schob das Mädchen durch
die Tür, um es dann ins Zimmer zurückzubringen. Als sie den
Korridor heruntergingen, machte Lisa einen Umweg und hielt
in einer Ecke an, in der nicht so viel Betrieb herrschte. Sie
ging um den Rollstuhl herum, damit sie dem Mädchen in die
Augen blicken konnte. Dann hockte sie sich hin und sagte:
„Das hast du heute wirklich gut gemacht. Ich bin sehr stolz
auf dich. Du arbeitest wirklich hart daran, wieder gesund zu
werden, und das macht mich glücklich."

„Danke."

„Kann ich dich etwas fragen?"

Das Mädchen nickte.

„Kannst du mir sagen, wie du heißt?"

„Whitney."

„Ja, das stimmt. Das machst du wirklich gut. Und kannst du mir sagen, wie deine Eltern heißen?"

„Cerak."

Lisa hatte einen Kloß im Hals. „Ist das dein Nachname?"

„Ja", flüsterte das Mädchen.

„Kannst du mir auch die Vornamen deiner Eltern sagen?" Lisas Stimme zitterte etwas, doch sie kämpfte erfolgreich gegen die Tränen an.

„Newell und Colleen."

„Toll. Du machst das wirklich gut. Ich bin stolz auf dich", sagte Lisa. In diesem Augenblick bestätigten sich für sie alle Zweifel, die sie seit dem Abend zuvor gehegt hatte. Das Mädchen, um das sie sich fünf Wochen lang gekümmert hatten, war nicht ihre Schwester. Ihre Reaktion auf diese an und für sich schreckliche Entdeckung überraschte sie selbst. Es fühlte sich nicht an, als hätte man ihr ein Messer ins Herz gestoßen. Stattdessen begriff sie, wie kostbar dieses kurze Gespräch war. Irgendwie fühlte sie sich mit diesem Mädchen verbunden. All die scheinbar eigenartigen Äußerungen, die Whitney in den letzten Tagen gemacht hatte, ergaben nun einen Sinn. Lisa schob sie in ihrem Rollstuhl in ihr Zimmer. Als einige Minuten später eine Krankenschwester kam, um sie zu ihrem nächsten Therapietermin zu bringen, machte Lisa sich auf den Weg, um ihre Eltern zu suchen.

„Sie hat mir gesagt, ihr Name sei Whitney Cerak", berichtete Lisa, als sie sie gefunden hatte. Dann fügte sie hinzu: „Und sie hat gesagt, ihre Eltern hießen Newell und Colleen."

Don fühlte, wie alles in ihm taub wurde. „Damit ist es ziemlich klar, oder?", sagte er. „Laura könnte das unmöglich wissen."

Susie griff nach seinem Arm und begann zu weinen.

„Das habe ich auch gedacht. Was sollen wir jetzt tun?", fragte Lisa.

„Wir müssen mit Cindy Barrus reden, Whitneys Identität zweifelsfrei bestätigen und dann die richtigen Eltern so schnell wie möglich hierherholen", sagte Don.

„Ich kann nicht glauben, dass das alles wahr ist", sagte Susie. „Ich kann es einfach nicht glauben."

Don und Susie machten sich sofort auf den Weg zu Cindys Büro, das direkt neben einem der Therapieräume lag. Als Don und Susie auf Cindys Tür zugingen, kamen sie daher direkt an „Laura" vorbei, die gerade mit einem Therapeuten am Reck arbeitete. „Laura", sagte der Therapeut, „das war großartig! Zeig deinen Eltern mal, was du gerade gemacht hast."

Don und Susie hörten, wie „Laura" sagte: „Das sind nicht meine."

Sie hat recht, dachte Don, *ich glaube, sie hat völlig recht.*

Sie klopften an die Tür und betraten Cindys Büro. Cindy erhob sich und ging um ihren Schreibtisch herum, um die beiden zu begrüßen. „Don, Susie, schön, Sie zu sehen. Was kann ich für Sie tun?"

„Cindy", begann Don, „wir haben Grund zur Annahme, dass dieses Mädchen nicht Laura ist."

Cindy holte tief Luft, setzte sich wieder hin und legte die Hand auf die Brust.

„Es gibt einige Indizien, die dafür sprechen, dass sie es nicht ist. Ich glaube, wir müssen irgendetwas unternehmen, um dieses Mädchen eindeutig zu identifizieren. Wir denken da an Fingerabdrücke oder so etwas", sagte Don.

Jegliche Farbe wich aus Cindys Gesicht. „Ja, das können wir versuchen."

„Wir haben zu Hause Lauras Geburtsurkunde gefunden, aber da sind nur ihre Fußabdrücke drauf", meinte Don.

„Dann haben wir ein Problem", stammelte Cindy. Sie konnte noch immer nicht verarbeiten, was sie gerade gehört hatte.

„Wie sieht es mit zahnmedizinischen Unterlagen aus? Würde das funktionieren?", fragte Don.

„Auf jeden Fall", sagte Cindy. „Ich kenne einen Zahnarzt, der in der Forensik tätig ist und das sicherlich für Sie überprüfen würde."

Alle drei warfen einen Blick auf die Uhr. „Es ist fast fünf", sagte Don. „Wenn wir das versuchen wollen, sollten wir es sofort angehen. Haben Sie ein Telefonbuch? Ich kenne die Nummer unseres Familienzahnarztes nicht auswendig." „Ja, natürlich." Cindy reichte Don das Telefonbuch über den Schreibtisch. Er rief seinen Zahnarzt an, der ihm versprach, sich um alles zu kümmern. Einige Minuten später verließen Don und Susie Cindys Büro, um nach Hause zu gehen. Cindy hatte versprochen, sie sofort anzurufen, sobald der Zahnarzt seinen Bericht geschickt hatte. „Sollen wir noch in ihrem Zimmer vorbeischauen?", fragte Don seine Frau. Noch bevor er den Satz beendet hatte, kannten sie beide die Antwort. Sowohl Don als auch Susie waren überzeugt, dass die zahnmedizinischen Unterlagen das bestätigen würden, was sie ahnten. Jede einzelne seltsame Verhaltensweise, all die Veränderungen, die sie in den vergangenen Wochen bei „Laura" wahrgenommen, aber einfach auf den Unfall zurückgeführt hatten, kamen ihnen noch einmal in den Sinn. Als sie durch den Flur auf den Haupteingang zugingen, fasste Susie Don fest an der Hand. „Als ich sie vorhin gesehen habe, dort im Therapiezimmer ..." Ihre Stimme brach. Sie schluckte, Tränen liefen ihr über das Gesicht. „Als ich sie da sah, sah sie für mich immer noch wie Laura aus."

„Für mich auch, Suz", sagte Don. „Für mich auch."

Ist das ein Test, Herr? Gib mir Kraft und lass ihn mich bestehen. Hilf mir, mich Tag und Nacht auf Deinen Willen zu konzentrieren und in dem Wissen Ruhe zu finden, dass Du die Fäden in der Hand hältst. Du hörst meine Gebete, Du kennst meine Wünsche, Herr. Erfüll mich mit Deinem Frieden, damit ich Ruhe finde, wie die Dinge sich auch entwickeln mögen. Herr, ich weiß, dass Du kein grausamer Gott bist. Ich kämpfe gegen diese negativen Gefühle an. Du bist immer bei mir. Wie viel kann ich ertragen? Du allein weißt es. Herr, schenk mir heute Kraft.

„Ihr Völker, werft euch nieder vor unserem Gott, preist ihn mit lauter Stimme! Er erhält uns am Leben und bewahrt uns vor dem Untergang. Gott, du hast uns auf die Probe gestellt. So wie man

Silber ausschmelzt, hast du uns gereinigt. Du hast uns in die Falle laufen lassen, uns schwere Lasten aufgebürdet. Unseren Feinden hast du erlaubt, uns in den Staub zu treten. Durch Feuer und Wasser mussten wir gehen; doch du hast uns herausgeholt, sodass wir wieder frei atmen konnten" (Psalm 66,8-12).

Heute, Herr, will ich Ruhe finden in Dir.

Aus Susies Gebetstagebuch, Dienstag, 30. Mai 2006

16

Die Familie
erfährt die Nachricht

„Gepriesen sei der Gott und Vater unseres Herrn Jesus Christus! In seinem großen Erbarmen hat er uns neu geboren und mit einer lebendigen Hoffnung erfüllt. Diese Hoffnung gründet sich darauf, dass Jesus Christus vom Tod auferstanden ist. Sie richtet sich auf das neue Leben, das Gott schon jetzt im Himmel für euch bereithält als einen Besitz, der niemals vergeht oder verdirbt oder aufgezehrt wird. Wenn ihr Gott fest vertraut, wird er euch durch seine Macht bewahren, sodass ihr die volle Rettung erlangt, die am Ende der Zeit offenbar wird. Deshalb seid ihr voll Freude, auch wenn ihr jetzt – wenn Gott es so will – für kurze Zeit leiden müsst und auf die verschiedensten Proben gestellt werdet. Das geschieht nur, damit euer Glaube sich bewähren kann, als festes Vertrauen auf das, was Gott euch geschenkt und noch versprochen hat. Wie das vergängliche Gold im Feuer auf seine Echtheit geprüft wird, so wird euer Glaube, der viel kostbarer ist als Gold, im Feuer des Leidens geprüft. Wenn er sich als echt erweist, wird Gott euch mit Ehre und Herrlichkeit belohnen an dem Tag, an dem Jesus Christus sich in seiner Herrlichkeit offenbart. *Ihn liebt ihr, obwohl ihr ihn nie gesehen habt. Auf ihn setzt ihr euer Vertrauen, obwohl ihr ihn jetzt noch nicht sehen könnt. Und darum jubelt ihr mit unaussprechlicher und herrlicher Freude.* Denn ihr wisst, dass euer Vertrauen, euer Glaube, euch die endgültige Rettung bringen wird" (1. Petrus 1,3-9).

DER HIER KURSIV GESETZTE VERS 8 WAR LAURAS LIEBLINGSVERS AUS DER BIBEL.

Seit sie aus Fort Wayne zurückgekehrt waren, hatten die Van Ryns immer in der Cafeteria der *Spectrum*-Rehaklinik Abendbrot gegessen. Meistens hatte ihnen jemand aus ihrer Gemeinde oder andere Freunde etwas zu essen gebracht, was sie dann dort gemeinsam zu sich nahmen.

An diesem Abend war es anders.

Don rief seine Söhne an und teilte ihnen mit, dass sie alle zu Hause essen würden. Weder Kenny noch Mark fragte nach dem Grund und Don war erleichtert darüber. Er wollte ihnen nicht den Eindruck vermitteln, dass irgendetwas nicht stimmte, und ganz gewiss wollte er ihnen die Nachricht nicht per Telefon übermitteln.

Kurz nachdem er, Susie und Lisa zu Hause angekommen waren, fragte Susie: „Solltest du nicht Mike anrufen und ihn bitten, das Essen hierherzubringen statt in die Klinik?" Mike DeVries und seine Familie hatten ihnen an diesem Abend Essen in das Rehazentrum bringen wollen. Sie waren schon lange mit den Van Ryns befreundet und hatten sich darauf gefreut, zum ersten Mal seit der Rückkehr der Familie nach Grand Rapids wieder Zeit mit Laura zu verbringen.

„Stimmt, das hätte ich fast vergessen", meinte Don. Er rief Mike an und bat ihn, das Essen nicht in die Klinik, sondern zu ihnen nach Hause zu bringen. Als Mike nach dem Grund fragte, brachte Don die Erklärung zuerst nicht über die Lippen. „Da ist etwas passiert." Er hielt einen Augenblick inne, um seine Gedanken zu sammeln. „Wir sind ziemlich sicher, dass ... äh ... dass es nicht Laura war, um die wir uns in den letzten Wochen gekümmert haben."

Don merkte, wie schockiert sein Freund war. Als Mike fragte, ob er irgendetwas für sie tun könne, bat Don: „Könntest du das Essen heute hierherbringen – wenn möglich allein – und uns eine Weile Gesellschaft leisten? Ich fände es schön, wenn du jetzt bei uns sein könntest. Natürlich nur, wenn es dir nichts ausmacht."

Mike sagte sofort zu.

Nachdem Don aufgelegt hatte, blickte er auf die Uhr. Er saß in einem Sessel im Wohnzimmer. Susie hatte auf dem Sofa

Platz genommen und Lisa saß auf einem Schaukelstuhl in der anderen Ecke des Zimmers. „Wie wollen wir es ihnen sagen?", fragte Lisa. Alle drei hatten mit ihren Gefühlen zu kämpfen.

Die letzten beiden Tage waren sehr intensiv gewesen, als sie das Rätsel um die Identität des Mädchens im Krankenhaus gelöst hatten, ein Rätsel, von dem sie zuvor nicht gewusst hatten, dass sie es lösen mussten. Das Mädchen, von dem sie geglaubt hatten, es sei Laura, war in Wirklichkeit Whitney Cerak. Und das bedeutete … Niemand wollte die schreckliche Schlussfolgerung laut aussprechen, zumindest nicht, solange nicht die gesamte Familie beisammen war.

Susie sagte leise, fast flüsternd: „Ich glaube nicht, dass irgendjemand von uns es wirklich tun *will*." Sie seufzte. „Ich wünschte, wir müssten es nicht tun." Mit Don und Lisa hier im Wohnzimmer zu sitzen und darauf zu warten, dass sie ihren Söhnen diese entsetzliche Nachricht mitteilen konnten, erinnerte sie an einen Tag vor fünf Jahren. An jenem Tag hatten sie Mark und Kenny mitteilen müssen, dass Matt Van Ryn, ihr 20-jähriger Cousin, und ein Mädchen namens Mylissa, mit dem sie befreundet waren, bei einem ähnlichen Verkehrsunfall ums Leben gekommen waren. Ihr Wagen war von einem Lastwagen nicht weit vom Bibelcamp auf der *Upper Peninsula* gerammt worden. Susie wollte nicht noch einmal mit ansehen, wie ihre Söhne solches Leid durchmachen mussten.

„Ich weiß nicht, ob wir uns im Voraus überhaupt überlegen können, wie wir es ihnen schonend sagen, oder ob wir es ihnen nicht einfach geradeheraus erzählen sollten, wie es ist", sagte Don. Seine Augen waren rot und geschwollen. Er hielt inne, versuchte, die Fassung wiederzugewinnen, und betete still: *Gott, hilf mir. Gib mir die richtigen Worte, wenn ich meinen Jungen erzähle, was los ist.*

Wenig später traf Mike mit dem Essen ein. Er umarmte Don und sprach ihm sein Beileid aus. Anschließend nahm er auch Susie und Lisa tröstend in die Arme. Alle weinten.

Kurze Zeit später kamen Kenny und Mark herein.

„Hallo, Jungs", begrüßte Don sie, „wir müssen etwas besprechen."

Kenny und Mark blickten sich verwirrt um. Sie sahen Susie und Lisa an und spürten, dass etwas nicht stimmte.

„Was ist los?", fragte Kenny. „Ist irgendetwas mit Laura?"

„Setzt euch hin. Genau darüber müssen wir reden", antwortete Don.

„Was ist denn los?", wollte Mark wissen.

Don suchte nach den richtigen Worten. „Wir haben heute herausgefunden, dass das Mädchen im Krankenhaus nicht Laura ist. Laura ist bei dem Unfall zusammen mit Brad und den anderen umgekommen."

Kaum hatte er diesen Satz ausgesprochen, traf die Bedeutung seiner Worte die gesamte Familie mit voller Wucht. Tränen flossen und jemand rief: „Nein, das kann nicht sein!"

Don atmete tief durch, kämpfte darum, die Fassung zu behalten, und fuhr dann fort: „Ihr wisst, dass wir euch das nicht erzählen würden, wenn wir nicht sicher wären, dass es stimmt. Im Moment werden noch die zahnmedizinischen Unterlagen überprüft, um diesen Verdacht zu bestätigen. Man wird uns anrufen, sobald die Ergebnisse da sind, aber wir wissen schon, wie die Antwort lautet." So gut er konnte, erklärte er, was in den vergangenen zwei Tagen geschehen war.

„Nein, nein, nein! Ich weiß, dass es Laura ist. Ich weiß, dass sie es ist. Ich kenne doch meine eigene Schwester! Wie konnte das passieren?", meinte Mark.

„Es tut mir so leid." Dons Stimme brach, als er sagte: „Laura hat den Unfall nicht überlebt."

Sie umarmten einander. Susie litt nicht nur unter dem Verlust ihrer Tochter; es tat ihr auch weh, ihre Söhne um sie trauern zu sehen. Die aufgestauten Emotionen der letzten fünf Wochen brachen nun aus ihnen allen heraus, als ihre schlimmsten Befürchtungen wahr wurden. Zusammen mit Brad Larson, Betsy Smith, Laurel Erb und Monica Felver war am 26. April auch Laura Van Ryn und nicht Whitney Cerak umgekommen.

Von seinen Gefühlen überwältigt, fiel Don schluchzend auf die Knie. „Ich brauche jeden Einzelnen von euch, um das jetzt durchzustehen", sagte er weinend. „Wir alle brauchen einander." Wieder umarmten sie sich und ließen ihren Tränen freien Lauf.

„Wie konnte das geschehen, Dad?", fragten Kenny und Mark. „Besteht nicht vielleicht noch die Chance, dass die zahnmedizinischen Unterlagen beweisen, dass du falschliegst und es doch Laura ist?"

„Nein. Ich denke nicht."

„Ich glaube das erst, wenn wir es vom Zahnarzt hören. Ich kann nicht glauben, dass es nicht Laura sein soll", sagte Mark.

„Ich weiß, mein Sohn. Ich weiß", entgegnete Don.

Kenny und Mark bombardierten Don, Susie und Lisa noch mit weiteren Fragen. Es dauerte eine Weile, bis sich die Situation beruhigte.

„Möchte irgendjemand etwas von dem Essen haben, das ich mitgebracht habe?", fragte Mike schließlich.

Don konnte seinem Tonfall entnehmen, wie unangenehm es ihm war, diese Frage zu stellen. Keinem stand der Sinn danach, etwas zu essen.

„Danke, dass du gekommen bist, Mike", sagte Don. Nach einigen weiteren tränenreichen Umarmungen sprach Mike noch ein Gebet für die Familie und verabschiedete sich.

Den Van Ryns blieb nichts anderes übrig, als weiter auf den Anruf der Klinik mit der Nachricht über den zahnmedizinischen Befund zu warten. „Ich kann nicht nur hier herumsitzen und warten", sagte Lisa. „Gehen wir raus und werfen ein paar Körbe." Die anderen fanden die Idee gut, und so spielten sie, Kenny und Mark Basketball, während Don und Susie auf der Hollywoodschaukel unter dem Vordach saßen und ihnen zuschauten. Anschließend gingen sie noch gemeinsam auf ihrer langen Einfahrt, die zu ihrem Haus führte, durch die frische Luft. Während sie so gingen, sagte Don: „Ich könnte jetzt ein Eis gebrauchen."

Auch dieser Vorschlag wurde dankend angenommen, also stiegen sie ins Auto und fuhren zum nächsten Eiscafé. Als sie dort am Tisch saßen und ihr Eis aßen, dachte Lisa: *Genau das habe ich jetzt gebraucht. Ich musste irgendetwas Normales*

tun, irgendetwas, das wir immer als Familie zusammen machen.
Ich musste ein paar Körbe werfen. Ich musste hierherkommen.
Sie seufzte lange. Fünf lange Wochen lagen hinter ihr.
„Hey, Mark", sagte sie zu ihrem Bruder, „kannst du dich noch daran erinnern, wie Laura, als wir noch klein waren, beim Essengehen immer genau dasselbe bestellt hat wie du, nur um dich zu ärgern?"
Sie lachten.
„Das war wahrscheinlich die einzige Gemeinheit, die sie in ihrem ganzen Leben begangen hat", meinte Susie. „Das Mädchen konnte gar nicht gemein sein. Laura war immer so fröhlich, so glücklich."
„Oh ja, sie konnte mich immer zum Lachen bringen", bestätigte Lisa.
„Und sie hat niemals etwas Schlechtes über jemand anderen gesagt. Niemals", sagte Don. „Ich werde sie so sehr vermissen."
Je mehr sie über Laura redeten, desto mehr hatten sie das Gefühl, dass sie mitten unter ihnen saß. Es war ein gutes Gefühl.
Als sie wieder nach Hause kamen, ging Don mit seinem Handy in den Vorgarten und rief bei Aryn in Detroit an. Aryns Vater Jim nahm ab. Er war gerade bei seinem Sohn, um einige Malerarbeiten zu erledigen. Wie am Abend des Unfalls war Aryn selbst nicht zu Hause. „Ich muss dir etwas sagen, aber bevor ich das tue, solltest du besser von der Leiter heruntersteigen", erklärte Don. Er machte eine Pause und fuhr dann fort: „Es hat eine Verwechslung gegeben. Das Mädchen im Krankenhaus ist nicht Laura. Laura ist beim Unfall ums Leben gekommen."
Jim konnte kaum glauben, was er da hörte. Er begann zu weinen und fragte, wie das denn überhaupt sein könne. Jim und seine Frau Trixie waren in den vorangegangenen fünf Wochen häufig im Krankenhaus gewesen. Sie standen Laura sehr nahe und hatten sie bereits als Schwiegertochter betrachtet. Immer noch fassungslos, versprach Jim, dass er versuchen würde, Aryn so schnell wie möglich zu finden.
Aryn rief Don innerhalb einer Stunde zurück. Er hatte seine Stimme kaum unter Kontrolle und brachte die Worte

kaum heraus. „Nein, nein, nein", sagte er, „es ist Laura. Ich weiß, dass es Laura ist. Wenn jemand sie erkennen würde, dann ich."

„Es tut mir leid", sagte Don und versuchte, seine Tränen zurückzuhalten. „Wir können es selbst kaum glauben, aber es ist wahr. Wir warten noch auf den Bericht des Forensikers, aber wir wissen eigentlich schon, dass es nicht Laura ist."

„Nein, nein, nein. Das kann einfach nicht wahr sein. Es kann einfach nicht sein, dass das nicht Laura ist."

„Aryn, es tut mir so leid. Ich wünschte, es wäre nicht wahr. Ich kann dir nicht sagen, wie sehr ich mir das wünsche." Die beiden redeten noch einige Zeit miteinander, wobei sie beide weinten. Es war das schwerste Telefonat, das Don je in seinem Leben geführt hatte.

Nachdem er das Gespräch beendet hatte, ging Don zu den anderen ins Haus. Einige Minuten später klingelte das Telefon wieder. Es war Cindy von der Rehaklinik. „Don", sagte sie. „Es tut mir so leid. Lauras zahnmedizinische Unterlagen stimmen nicht mit denen des Mädchen überein. Sie ist es nicht."

„Danke, Cindy. Wir wussten schon, wie der Befund ausfallen würde. Das bedeutet, dass das Mädchen in der Klinik Whitney Cerak sein muss", sagte er.

„Wahrscheinlich schon. Wir werden das überprüfen ..." Sie hielt kurz inne und suchte nach den passenden Worten. Dann sagte sie: „Es tut mir so unendlich leid, dass ich Ihnen diese Nachricht mitteilen musste."

„Das ist in Ordnung. Danke noch einmal, dass Sie sich um alles gekümmert haben." Er legte auf und wandte sich seiner Familie zu. Mit leiser Stimme sagte er: „Wie mir Cindy gerade mitteilte, hat der Zahnarzt bestätigt, dass es nicht Laura ist."

Zwar hatten sie mit genau diesem Ergebnis gerechnet, und doch wurden sie erneut von ihren Gefühlen überwältigt.

＊

Als Lisa später ins Bett ging, fragte sie sich, wie es wohl Whitney ging. Fünf Wochen lang hatten sie und ihre Familie sich um dieses Mädchen gekümmert. Dass sie nun entdeckt hatten, dass Whitney nicht diejenige war, für die sie sie gehalten hatten, änderte nichts an der Tatsache, dass sie ihr wünschten, dass sie das Bett bald würde verlassen und vollständig genesen können. Als Lisa über Whitney nachdachte, betete sie für sie, wie sie es an jedem einzelnen Tag in den vergangenen fünf Wochen getan hatte. Der einzige Unterschied bestand in dem Namen, den sie für das Mädchen benutzte, das sie für ihre Schwester gehalten hatte.

Mittwoch, 31. Mai 2006, 13:00 Uhr
„Jesus Christus ist derselbe gestern und heute und in alle Ewigkeit!" Was uns vielleicht schockiert, schockiert den, der uns geschaffen hat, nicht. Heute müssen wir Euch etwas mitteilen, auch wenn es uns nicht leichtfällt. Es hat uns sehr wehgetan, erfahren zu müssen, dass die junge Frau, um die wir uns in den letzten fünf Wochen gekümmert haben, nicht unsere Laura ist, sondern eine ihrer Kommilitoninnen von der Taylor University, Whitney Cerak. Unmittelbar nach dem Unfall wurden die beiden falsch identifiziert, da die beiden sich unglaublich ähnlich sehen. Ihr Körperbau war ähnlich, ihre Haarfarbe und -struktur, ihre Gesichtszüge usw. ähnelten sich. Als Whitney in den letzten Tagen ihre Umgebung mehr und mehr wahrnahm, hat sie Dinge gesagt und getan, die uns ins Fragen brachten, ob es sich wirklich um Laura handelte. Gestern sprachen wir mit einer Mitarbeiterin der Rehaklinik und leiteten eine eindeutige Identifizierung in die Wege. Wir wissen jetzt mit Sicherheit, dass es sich um Whitney handelt.

Die Ceraks sind heute von Gaylord hierhergefahren und wir konnten uns heute Morgen mit ihnen treffen. Wir haben darüber geredet, welche Schritte in den nächsten Tagen veranlasst werden müssen, konnten ihnen darüber hinaus aber auch erzählen, welche großartigen Fortschritte wir bei Whitney im Laufe des letzten Monats gesehen haben. Die Wendung, die die Sache genommen hat, bereitet uns Kummer, aber auch Freude. Wir trauern über Lauras Heimgang, wir werden ihr mitfühlendes Herz und ihre liebenswürdige Art vermissen, auch wenn wir wissen, dass sie nun für immer bei ihrem König lebt. Wir freuen uns aber mit den Ceraks, dass ihnen mehr Zeit mit ihrer geliebten Tochter und Schwester auf dieser Erde verbleibt. Wir möchten Euch auch dafür danken, dass Ihr in den letzten Wochen für unsere und auch für die anderen Familien gebetet habt. Eure liebevolle Unterstützung ist beispielhaft. Wir hoffen, dass die Ceraks diesen Blog für Whitney fortführen, damit wir weiter für Whitney und ihre Genesung beten können. Bitte ruft diese Seite immer wieder auf; wir werden Euch dann dort informieren, ob dies möglich ist. Wir werden auf dieser Seite auch unsere Pläne im Hinblick auf einen Gedenkgottesdienst für Laura bekannt geben. Wir hoffen, dass dieser Gottesdienst am nächsten Sonntag stattfinden kann. Vielen Dank noch einmal für alle Unterstützung. Hört bitte nicht auf zu beten. Unser Gott ist gut, er hilft uns, er führt uns, er tröstet uns.

Wir lieben Euch.

BLOGEINTRAG VON LISA VAN RYN

Mittwoch, 31. Mai 2006, 15:15 Uhr
Der Gedenkgottesdienst für Laura wird am Sonntag, dem 4. Juni, um 15:00 Uhr in der *Kentwood Community Church* stattfinden. Danach laden wir zu einem Empfang.

BLOGEINTRAG VON LISA VAN RYN

Laura Jean Van Ryn,
dies ist der letzte Brief, den ich Dir schreibe. In den letzten 35 Tagen habe ich mehr durchgemacht, als ein Mensch jemals durchmachen sollte. Es tut mir leid, Laura, dass ich nicht gemerkt habe, dass Du es gar nicht warst. Ich habe das Gefühl, ich sei derjenige, der es hätte merken müssen. Laura, ich habe so viel um Dich geweint und getrauert. Du warst eine wunderbare Frau, die mein Herz so gewonnen hat, wie es vorher noch niemand geschafft hat. Ich habe mich wirklich darauf gefreut, wieder mit Dir zusammen zu sein. Es fällt mir schwer zu sagen, welcher Tag nun wirklich das Ende unserer Beziehung war: der 26. April, der schlimmste Tag meines Lebens, oder der 30. Mai, der Tag, an dem die Beziehung für mich

185

zu Ende ging. Ich werde Dich immer lieben. Mir blieb auf dieser Erde nicht genug Zeit mit Dir. Wie soll es jetzt ohne Dich weitergehen? [...]

Auszug aus Aryns letztem Brief an Laura. In den fünf Wochen, in denen „Laura" im Koma lag, schrieb er ihr mindestens einen Brief pro Tag.

17

Von den Toten
auferstanden

Donnerstag, 1. Juni 2006

„In solchem Vertrauen brachte Abraham, als Gott ihn auf die Probe stellte, seinen Sohn Isaak zum Opfer. Er war bereit, Gott seinen einzigen Sohn zu geben, obwohl ihm Gott doch die Zusage gemacht und gesagt hatte: ‚Durch Isaak wirst du Nachkommen haben.' Denn Abraham rechnete fest damit, dass Gott auch Tote zum Leben erwecken kann. Darum bekam er auch seinen Sohn lebendig zurück – als bildhaften Hinweis auf die künftige Auferweckung" (Hebräer 11,17-19).

Mir gingen diese Verse auf der Fahrt nach Grand Rapids nicht mehr aus dem Kopf. Ich glaubte nicht, dass es wirklich meine Schwester war, die dort im Krankenhaus lag; ich war mir sicher, dass jemandem ein Fehler unterlaufen war. Als ich das Krankenhauszimmer betrat, wurde ich dann von Freude überwältigt.

Nachdem wir Whitney begrüßt hatten, trafen wir uns mit den Van Ryns, und unsere Freude wich dem Schmerz, den wir um ihretwillen empfanden. Es ist schwer zu verstehen, dass unsere Freude gleichzeitig ihr Leid bedeutet. Die Van Ryns haben sich wunderbar um Whitney gekümmert, und dafür sind wir dankbar. Wir kennen den Schmerz, den sie jetzt empfinden, allzu gut und fühlen mit ihnen. Unsere Familien sind nun eng miteinander verbunden, und wir schauen gemeinsam auf Gott, während wir diese schwere Zeit durchmachen.

[Whitney] hat nun damit begonnen, Leute aufzuzählen, die sie gerne sehen möchte, vor allem ihren Vater (der sich in diesem Moment auf dem Rückweg von New York befindet). Sie hat uns immer wieder gebeten, ihn anzurufen, und als sie mit ihm am Telefon sprach, sagte sie ihm, dass sie ihn lieb habe und er kommen solle.

BLOGEINTRAG VON CARLY CERAK

Newell legte fassungslos und ein wenig ungläubig auf. Colleen hatte gerade aus Whitneys Krankenhauszimmer angerufen und bestätigt, dass ihre Tochter, die er für tot gehalten hatte, doch noch lebte. Er setzte sich hin, fuhr sich mit der Hand durchs Haar und sagte: „Ich muss nach Hause. Ich muss zu Whitney fahren. *Sofort!* Und ich muss jemandem davon erzählen!"

Er war mit einigen Schülern, die kurz vor dem Abschluss standen, auf eine Freizeit in eine Gemeinde in New Jersey gefahren, 60 Kilometer von Manhattan entfernt. Der Mann seiner Schwester Joan war Pastor dieser Gemeinde. Joan und ihre Familie waren bereits wach, als Newell um kurz vor sieben gegen ihre Tür hämmerte. Joan öffnete und war überrascht, Newell vor sich zu sehen.

„Ich muss mit dir reden", sagte er und winkte sie nach draußen.

„Stimmt etwas nicht?", fragte sie. „Du siehst aus, als wärst du einem Gespenst begegnet."

„Ich weiß nicht, wie ich es dir sagen soll ... Ich habe gerade mit Colleen telefoniert. Joan, Whitney lebt." Die Miene seiner Schwester verriet ihm, dass sie nun wirklich glaubte, dass er ein Gespenst gesehen hatte. Es war nur zu deutlich, dass sie nicht verstand, was er sagen wollte. „Die Leute, die die Opfer am Unfallort identifiziert haben, haben einen Fehler gemacht. Das Mädchen, das wir begraben haben, war nicht Whitney. Sie lebt und befindet sich in diesem Moment in einem Krankenhaus in Grand Rapids", sagte er.

Joan stieß einen spitzen Schrei aus und sank in die Knie. „Das kann ich nicht glauben!"

Newell kniete sich neben sie und nahm sie in den Arm. So saßen sie eine ganze Weile einfach nur da. Schließlich kam Jo-

188

ans Mann Andrew aus der Wohnung und fragte: „Was ist denn los?" Als Newell ihm die Nachricht mitteilte, war seine Reaktion ähnlich wie die von Joan. Als es Newell schließlich gelungen war, seinen Schwager davon zu überzeugen, dass Whitney tatsächlich noch lebte, sagte er: „Ich hoffe, ihr nehmt es mir nicht übel, wenn wir nun früher zurückfahren." Ursprünglich hatten sie noch einen Tag länger bleiben wollen.

„Bist du verrückt?!", rief Joan. „Natürlich musst du sofort nach Hause fahren. Los jetzt!" Sie war nicht imstande, ihre Freude im Zaum zu halten, und rief: „Whitney lebt. Gott sei Dank, sie lebt!" Ehe Newell ging, bat er sie, die Verwandtschaft anzurufen, um allen Bescheid zu geben. Natürlich übernahm sie diese Aufgabe nur zu gern.

Newell ging zurück zu der Unterkunft, in der seine Schüler übernachteten. Als er auf die Uhr blickte, stellte er fest, dass es gerade einmal halb acht war. Am Abend zuvor waren sie erst nach Mitternacht in ihr Quartier zurückgekehrt, und keiner von ihnen war vor ein Uhr zu Bett gegangen. *Sie können auch im Bus schlafen,* dachte er, als er zum Mädchenflügel rannte und rief: „Alle aufstehen! Wir treffen uns am großen Tisch auf dem Hauptplatz. Ich muss etwas mit euch besprechen." Dann lief er durch den Flügel, in dem die Jungen schliefen, und weckte auch dort alle auf.

Es entstand ein Tumult, als die Jugendlichen aus ihren Zimmern stürmten. „Ist etwas nicht in Ordnung?", fragten sie. „Was haben wir angestellt? Gibt's Ärger?" Nachdem sie sich schließlich alle um den Tisch versammelt hatten, erklärte Newell ihnen: „Ich habe gerade die Nachricht erhalten, dass an dem Abend, als meine Tochter verunglückte, ein Fehler bei der Identifizierung der Opfer unterlaufen ist. Sie ist nicht gestorben. Sie lebt."

Mit einem Mal herrschte absolute Stille. Schließlich rief jemand: „Können Sie das wiederholen?"

„Ich habe gesagt, dass an dem Abend von Whitneys Unfall bei der Identifizierung der Todesopfer ein Fehler gemacht wurde. Sie ist nicht umgekommen. Sie lebt. Sie befindet sich jetzt in einem Krankenhaus in Grand Rapids und fragt nach mir."

„Lasst uns fahren!", rief jemand. Einige Jugendliche weinten leise. Andere hatten ein breites Lächeln auf den Lippen. Bald lagen sich die Jugendlichen vor Freude weinend in den Armen.

„Wenn es für euch in Ordnung ist, werde ich unsere Zeit hier um einen Tag verkürzen", erklärte Newell mit einem breiten Lächeln. Natürlich waren alle einverstanden. Die Jugendlichen liefen zurück zu ihren Blockhütten, um ihre Sachen zu packen. Innerhalb einer halben Stunde war das Gepäck im Bus verstaut und alle hatten Platz genommen. Newell setzte sich hinters Steuer und fuhr mit durchgetretenem Gaspedal in Richtung Heimat. Ihm konnte es gar nicht schnell genug gehen.

Etwa zum gleichen Zeitpunkt in Grand Rapids machten sich die Van Ryns auf den Weg zur *Spectrum*-Rehaklinik. Cindy Barrus hatte für acht Uhr morgens ein Treffen mit den Ceraks angesetzt. „Lasst uns alle in meinem Auto fahren", schlug Don vor. Er und Susie stiegen vorne ein, während Lisa, Mark und Kenny auf dem Rücksitz Platz nahmen. Lisa blickte sich um. *Jetzt passen wir alle in ein Auto,* dachte sie. *Jetzt sind wir nur noch fünf und wir können alle zusammen in einem Auto fahren.* Sie schüttelte, erschrocken über den Gedanken, den Kopf.

Cindy begrüßte die Van Ryns an der Tür und führte sie zu einem Konferenzraum. „Sind sie schon hier?", fragte Susie.

„Ja, sie sind vor wenigen Minuten hier eingetroffen. Sie sind gerade bei Whitney", antwortete Cindy. Susie sah, dass die Frau Tränen in den Augen hatte.

Die Van Ryns betraten den Konferenzraum und begrüßten den Assistenten des Rechtsmediziners und den Vertreter des Sheriffs von Grant County, Indiana, die dort bereits auf sie warteten. Don bat die beiden, mit ihm hinaus auf den Flur zu kommen, wo er sie fragte: „Wie konnte so ein Fehler passieren?" Die Frage war nicht als Vorwurf gemeint, er wollte lediglich wissen, wie man die Unfallopfer identifiziert hatte und wieso man Whitney für Laura gehalten hatte.

„Nun, Mr Van Ryn, bei einem Unfall mit so vielen Beteiligten ...", begann einer von ihnen zu erklären.

Die beiden Männer schienen nette Kerle zu sein, aber Don hatte das Gefühl, dass sie einer direkten Antwort auswichen. Alles, was er wollte, war eine Erklärung. „Ich bin nicht hier, um irgendjemandem die Schuld für die ganze Sache zu geben. Ich versuche nur zu verstehen, was passiert ist."

Die beiden erzählten ihm dann, wie die Rettungskräfte in dem Chaos am Unfallschauplatz Lauras Handtasche neben einem blonden Mädchen gefunden hatten, das dem Bild auf dem Führerschein aus ebendieser Handtasche genügend ähnelte, um sie annehmen zu lassen, es handele sich um Laura. Später bestätigten drei Angehörige der *Taylor University* die Identität aller Opfer. „Wurden irgendwelche Familienangehörigen gebeten, die Opfer zu identifizieren?", fragte Don. Diese Frage konnten die Männer nicht beantworten.

Nachdem sie noch einige Augenblicke weiter miteinander geredet hatten, dankte Don ihnen für die Informationen und ging dann wieder zurück zu seiner Familie in den Konferenzraum. Er setzte sich neben Susie, die sichtlich erschüttert war. „Geht es dir gut?", fragte er sie.

„Ich hoffe, sie nehmen uns nicht übel, dass wir so lange nicht erkannt haben, dass es Whitney ist. Ich mag mir nicht vorstellen, was ihnen jetzt durch den Kopf geht. Sie müssen glauben, dass wir uns aus einer fehlgeleiteten Hoffnung heraus an sie geklammert haben. Ich habe Sorge, sie könnten glauben, dass wir ihnen ihre Tochter vorenthalten wollten", sagte sie.

Bevor Don etwas darauf erwidern konnte, betraten Colleen, Carly und Sandra das Zimmer. Hinter ihnen trat Jim Mathis ein. Susie ging auf Colleen zu und schloss sie in die Arme. Sofort waren alle ihre Ängste verflogen. Sie flüsterte Colleen ins Ohr: „Ich freue mich so für Sie."

Colleen rannen die Tränen über die Wangen und sie drückte Susie fest an sich.

„Wir wissen, wie Sie sich fühlen, und wir freuen uns mit Ihnen, dass Sie Ihre Tochter zurückhaben", sagte Susie.

Colleen trat einen Schritt zurück und blickte Susie in die Augen. „Ich möchte Ihnen sagen, wie sehr wir mit Ihnen fühlen."

Susie wusste, dass Colleen haargenau wusste, was sie in diesem Augenblick durchmachte.

Nun ging Lisa auf Carly und Sandra zu und umarmte sie nacheinander. Ehe die Ceraks das Zimmer betreten hatten, hatte sie sich in einem Wechselbad der Gefühle befunden. Sie war hin- und hergerissen zwischen Angst und freudiger Erregung. Wie ihre Mutter hatte sie sich Sorgen darüber gemacht, in welchem Licht die Ceraks sie sehen würden. Doch sie konnte es kaum erwarten, ihnen zu erzählen, welche Fortschritte Whitney in den letzten fünf Wochen gemacht hatte.

Nachdem alle einander begrüßt hatten, setzten sich die beiden Familien gemeinsam an den Tisch. Don ergriff als Erster das Wort. „Ich weiß, dass Sie uns für die größten Dummköpfe der Welt halten müssen, weil wir nicht erkannt haben, dass das nicht unsere Tochter war, die da vor uns im Bett lag. Es ist eine wirklich lange Geschichte, und vermutlich werde ich irgendwann einmal die Möglichkeit haben, sie Ihnen von Anfang bis Ende zu erzählen, aber im Augenblick möchte ich Ihnen einfach nur sagen, dass man uns erzählt hat, Whitney sei Laura, und wir hatten nie Grund, daran zu zweifeln. Aber nachdem wir einmal herausgefunden hatten, was Sache ist, war unser erster Gedanke der, dass wir Sie herholen mussten. Es tut mir leid, dass es so lange gedauert hat."

„Bitte, bitte, Sie müssen sich nicht entschuldigen. Wir sind Ihnen so dankbar für alles, was Sie in diesen fünf Wochen für Whitney getan haben", erwiderte Colleen.

„Sie hat große Fortschritte gemacht. Wir sind einfach glücklich, dass sie jetzt wieder mit ihrer richtigen Familie vereint ist. Wir wollten sie auf keinen Fall verwirren oder ihre Genesung verhindern. Wir hoffen, dass wir sie nicht allzu sehr durcheinandergebracht haben. Vor allem aber freuen wir uns, dass Sie Ihre Tochter wiederhaben", erklärte Don.

Colleen war zutiefst gerührt darüber, dass sich die Van Ryns für sie freuen konnten, obwohl sie selbst um ihre Tochter trauerten. Sie schluckte und sagte: „Danke. Und danke, dass Sie unsere Tochter in diesen fünf Wochen wie Ihre eigene geliebt haben. Ich möchte Ihnen auch sagen, wie leid uns Ihr Verlust tut. Wir kennen die Schmerzen, die Sie jetzt empfinden. Es tut mir so leid, dass Sie all dies durchmachen müssen."

Don dankte ihnen. Tief in seinem Innern hatte er bereits akzeptiert, dass Laura am 26. April gestorben war. Er war auch nicht zornig auf Gott, weil er sie ihnen genommen hatte. *Jeden Tag müssen Eltern ihre Kinder begraben. Warum sollte ich annehmen, dass Gott verpflichtet sei, uns diese Erfahrung zu ersparen?* Dieser Gedanke war ihm in den letzten 24 Stunden immer und immer wieder durch den Kopf gegangen. Und als er den Ceraks gesagt hatte, dass er sich für sie freue, hatte er es auch so gemeint. Er wusste, wie sich Eltern fühlen, wenn ihr Kind einen Autounfall überlebt, bei dem es hätte umkommen können. Er verstand die Freude, die sie nun empfanden, und er und der Rest seiner Familie teilten sie aufrichtig.

„Wir haben wahrscheinlich keine Zeit, um Sie auf den neuesten Stand zu bringen, was die medizinische Seite betrifft, aber ich vermute, das werden die Ärzte ohnehin tun. Ich kann Ihnen aber sagen, dass sie ihre Halskrause hasst. Einmal hat sie sie sich an einem einzigen Tag 15-mal abgerissen", sagte Don.

Alle im Raum lachten.

Im weiteren Verlauf der Unterhaltung betrat eine Krankenschwester das Zimmer und fasste Colleen am Arm. „Sie fragt nach Ihnen."

Colleen lächelte, stand auf und sagte: „Tut mir leid, ich muss jetzt gehen." Carly und Sandra folgten ihr.

Auf diesen Moment habe ich fünf Wochen gewartet, dachte Susie. *Auf den Moment, in dem sie mich endlich wiedererkennen würde.* Sie griff nach Dons Hand. Eine Träne rollte ihr über die Wange, als sie zu ihm sagte: „Es ist in Ordnung, so wie es ist. So sollte es sein. Ich bin so dankbar, dass ihre Mutter nun, wo sie endlich nach ihr fragen kann, da ist."

SPECTRUM-REHABILITATIONSKLINIK
Ansprechpartner: Bruce Rossman

Diese Pressemitteilung wird gemeinsam von den Familien von Laura Van Ryn und Whitney Cerak herausgegeben.

Die Entdeckung, dass es sich bei der jungen Frau, die im *Spectrum*-Rehabilitationszentrum behandelt wird, nicht um Laura Van Ryn, sondern um Whitney Cerak handelt, sorgte für ein Wechselbad der Gefühle. Die beiden jungen Frauen wiesen auffallende Ähnlichkeit auf, was Körpergröße, Haar, Gesichtszüge und Körperbau betraf.

Als der Genesungsprozess immer weiter voranschritt und sie ihre Umgebung immer deutlicher wahrnahm, ließen ihre Äußerungen die Van Ryns daran zweifeln, dass es sich um ihre Tochter Laura handelte. Die Van Ryns teilten ihre Vermutung dem Krankenhauspersonal mit, das daraufhin einen Vergleich der Zähne mit den zahnmedizinischen Unterlagen veranlasste. Am späten Dienstagabend stand fest, dass Lauras Unterlagen nicht zum Gebiss der Patientin in der Rehabilitationsklinik passten. Am frühen Mittwochmorgen wurde Whitneys Identität anhand ihrer zahnmedizinischen Unterlagen bestimmt.

Abgesehen von ihrer äußerlichen Ähnlichkeit haben Laura und Whitney sowie wir als ihre Angehörigen noch etwas gemeinsam, nämlich den festen Glauben an Jesus Christus, und wir sind in seiner Liebe verbunden. Unsere Familien unterstützen einander im Gebet, und wir danken unseren Angehörigen, Freunden und Gemeinden für ihre Gebete. Wir machen im Moment eine schwere Zeit durch und bitten, unser Bedürfnis nach Privatsphäre zu respektieren.

PRESSEMITTEILUNG DER BEIDEN FAMILIEN ÜBER DIE SPECTRUM-KLINIK
VOM 1. JUNI 2006

Der Gemeindebus hatte in den Hügeln von Pennsylvania mit den Steigungen auf der Schnellstraße I-80 zu kämpfen, doch Newell trat das Gaspedal weiter durch. Die Zeit, die er bei den Steigungen einbüßte, machte er bei jedem Gefälle wieder wett. Der Motor heulte auf und das Motorthermometer stieg unaufhaltsam. Newell ignorierte die Anzeige und er drosselte auch nicht die Geschwindigkeit. Nach einer schlaflosen Nacht und einigen Stunden hinterm Steuer ließ er jemand anderes fahren und setzte sich hinten in den Bus, um etwas zu schlafen. Vorher schaltete er jedoch noch sein Handy ein, das sofort klingelte. „Dad", hörte er die Stimme am anderen Ende sagen.

„Hallo, Carly, wie geht's euch?"

„Ziemlich gut. Hier ist jemand, der dir etwas sagen will." Carly reichte das Telefon weiter und eine leise Stimme sagte: „Hallo, Dad. Ich vermisse dich. Beeil dich."

Es war Whitney.

Es fiel Newell schwer, die Fassung zu bewahren, als er antwortete: „Ich bin schon auf dem Weg, Whit, ich bin schon auf dem Weg."

Er legte auf und schloss die Augen. Wieder klingelte das Handy. Colleens Bruder war am Apparat. Dann rief Newells Mutter an. Dann weitere Angehörige. Schließlich kam ein Anruf mit unbekannter Rufnummer. Newell nahm das Gespräch an.

„Hallo, Mr Cerak", grüßte eine Frauenstimme. „Hier spricht Diane Sawyers, Produzentin von den ABC News." Das war der erste von vielen, vielen Anrufen, die er von den Medien bekam. Den Produzenten der *Today-Show* fragte er schließlich, woher er seine Nummer habe, und bekam zur Antwort: „Mr Frank, der, soweit ich weiß, Ihr Schwiegervater ist, hat sie mir gegeben." Newell rief sofort Colleen an. Die beiden reimten sich das Ganze so zusammen, dass die Nachrichtenleute den Namen ihrer Eltern aus der Todesanzeige in der Zeitung herausgefunden haben mussten. Als sie anriefen, freute sich Colleens Vater so sehr darüber, dass Whitney am Leben war, dass er mit jedem darüber reden wollte, der ihn darauf ansprach. Er gab Newells Handynummer heraus, ohne sich Gedanken darüber zu machen, wer ihn danach gefragt hatte. Newells Handy hörte auf der Fahrt nach Hause nicht mehr auf zu klingeln, und er war nicht in der Lage, etwas Schlaf zu finden.

Nicht lange nachdem Newell das Steuer einem anderen Fahrer übergeben hatte, musste der Bus vor einer Baustelle das

Tempo drosseln. Die Fahrbahn wurde von zwei Spuren auf eine verengt, weil der Verkehr in westlicher Richtung auf die Gegenfahrbahn umgeleitet wurde. Es entstand ein Stau und der Bus kam schließlich ganz zum Stehen. Einige Augenblicke später stotterte der Motor und ging dann aus. Er hatte sich überhitzt. Die Autos hinter ihnen fingen an zu hupen, weil der Bus die Fahrbahn blockierte.

Newell ging nach vorne, um herauszufinden, was das Problem war. „Was ist los?", fragte er.

„Keine Ahnung", antwortete Dave, der Fahrer. „Wir haben noch jede Menge Benzin. Ich weiß nicht, was da nicht stimmt."

„Ich sehe mal nach", sagte Newell. Unglücklicherweise machten es die Betonbegrenzungen auf beiden Seiten des Busses unmöglich, auszusteigen und um den Bus herumzugehen. Also ging Newell wieder ans Ende des Busses, öffnete ein Fenster und kletterte auf die Begrenzung. Er öffnete die Motorhaube hinten, hatte aber keine Ahnung, was zu tun war. „Ich wünschte, ich wäre ein Automechaniker", sagte er. Dann zog er an einigen Kabeln und überprüfte die Riemen und Schläuche. „Versuch's jetzt noch einmal", rief er nach vorne.

Der Motor ließ sich sofort starten; offenbar hatte er sich ausreichend abgekühlt. Newell schlug die Motorhaube zu, sprang auf die Begrenzung und kletterte wieder in den Bus. Und weiter ging es in Richtung Michigan.

*

Colleen, Carly und Sandra wichen nicht von Whitneys Seite. Sie begleiteten sie zu ihren Therapiesitzungen und lernten Stephanie und alle anderen kennen, die in den vergangenen zwei Wochen mit Whitney gearbeitet hatten. „Wir wollen irgendwie versuchen, die verlorene Zeit wieder wettzumachen", erklärte Colleen Stephanie. „Wir haben schon so viel verpasst und wir wollen nicht noch mehr verpassen."

Whitney hatten die aufregenden Ereignisse dieses Tages erschöpft, weshalb die Sitzungen kürzer waren als sonst.

Schließlich brachte man sie auf ihr Zimmer zurück, damit sie sich ausruhen konnte. Sandra setzte sich neben Whitney und bürstete ihr das Haar. Als sie einschlief, kuschelte Carly sich an sie an und döste ebenfalls ein. Colleen saß nur in einem Stuhl und genoss es, sie einfach nur anzusehen. *Ich kann das alles noch nicht glauben. Ich kann nicht glauben, dass ich meine Tochter wiederhabe.* Immer wieder fing sie an zu weinen, während sie einfach nur dasaß und Whitney anblickte. Ihre Tochter lebte!

Sie ging an das Bett und betrachtete die schlafende Whitney. Um ihr Bein trug sie einen Gips, der zwar viel kleiner war als der, den sie auf der Intensivstation in Fort Wayne bekommen hatte, auf Colleen aber immer noch gewaltig wirkte. Whitneys linker Arm lag in einer Schlinge. Colleen neigte den Kopf, um den linken Ellenbogen ihrer Tochter genauer zu betrachten. Sie fuhr mit den Fingern über die Stelle, an der Whitneys Schlüsselbein gebrochen, mittlerweile aber wieder zusammengewachsen war, und strich ihr dann über das blonde Haar. „Da hast du dir ja einen einzigartigen Look zugelegt", flüsterte sie, als sie die Stelle an Whitneys Stirn berührte, die kahl rasiert worden war, um die Sonde einzuführen. Das Haar begann inzwischen schon wieder zu wachsen. Colleen sah sich die Narbe genau an, wo der Sauerstoffschlauch in die Luftröhre eingeführt worden war, und blickte dann auf den Verband an der Stelle am Bauch, an der die Sonde für die künstliche Ernährung gelegen hatte. „Du hast so viel durchgemacht, Whit. Es tut mir leid, dass ich nicht bei dir war", sagte sie leise. Als sie ihren Blick über den Körper ihrer Tochter gleiten ließ, fiel ihr auf, wie dünn sie geworden war, besonders an Armen und Beinen. Whitney hatte immer einen athletischen Körperbau gehabt. Die fünf Wochen im Krankenhaus hatten das geändert.

Ein Gedanke drängte sich ihr immer wieder auf, während sie über ihre Tochter gebeugt dastand: *Was wäre geschehen, wenn wir uns den Leichnam damals angesehen hätten? Hätte ich da schon gemerkt, dass ein Fehler geschehen war? Hätten wir das alles vermeiden können, wenn ich darauf bestanden hätte, sie*

197

zu sehen, als ich am Morgen danach im Krankenhaus war? Sie seufzte und versuchte, diese Fragen zu verdrängen, doch sie ließen sich nicht vertreiben. *Was, wenn Carly sich den Leichnam angesehen hätte? Hätte sie gemerkt, dass ein Fehler passiert war? Oder Newell? Wäre alles anders gekommen, wenn Newell darum gebeten hätte, Whitney sehen zu dürfen, als er mit dem Flugzeug aus Mississippi gekommen war?* Sie erinnerte sich an eine Unterhaltung, die sie einige Wochen zuvor mit Carly geführt hatte, als sie an die *Taylor University* zurückgegangen war, um das Semester zu beenden. Carly hatte Laura im *Parkview Hospital* besuchen wollen, doch ihre gemeinsame Freundin Sara hatte sie zurückgehalten und ihr gesagt, dass nur die engsten Angehörigen Zutritt zu Lauras Zimmer hätten. Colleen begann sich nun zu fragen, warum Sara Carly so hartnäckig davon abgehalten hatte, ins Krankenhaus zu fahren, vor allem, da Sara selbst oft da war, obwohl sie nicht zum engsten Familienkreis gehörte. *Was, wenn Sara sie ins Krankenhaus hätte gehen lassen? Hätte Carly Whitney erkannt? Ich frage mich, ob Sara den Fehler bemerkt hatte, aber Angst hatte, etwas zu sagen.*

Eine Krankenschwester öffnete die Tür und holte Colleen ins Hier und Jetzt zurück. Whitney wachte auf, setzte sich in ihrem Bett auf und breitete die Arme aus, die Augen weit aufgerissen. Colleen fiel auf, dass das Funkeln noch nicht zurückgekehrt war. „Tut mir leid, meine Kleine, ich bin es nur", sagte die Krankenschwester. Whitney legte sich wieder hin. Den Rest des Tages bis in den Abend hinein setzte sie sich jedes Mal auf, wenn die Tür aufging, in der Erwartung, dass ihr Vater hereinkommen würde. Am frühen Abend sagte sie ihrer Mutter und ihrer Schwester, dass sie sich für die Ankunft ihres Vaters fertig machen wollte. Also ließen sie sie duschen, bürsteten ihr Haar und halfen ihr, Make-up aufzulegen.

Während Colleen, Carly und Sandra sich um Whitney kümmerten, tätigte Jim Mathis noch ein paar wichtige Anrufe. Statt alle in Gaylord anzurufen, die die Ceraks kannten, um sie über die neuesten Entwicklungen zu informieren, nahm er Kontakt mit dem Lokalsender auf und bat den Redakteur darum, die Nachricht über das Radio zu verbreiten.

Colleen rief schließlich auch noch ihre Schule an, um mit dem Direktor zu sprechen. Dieser berief sofort eine Lehrerkonferenz ein, um die gute Nachricht weiterzugeben. Am nächsten Tag war die Nachricht, dass Mrs Ceraks Tochter am Leben war, *das* Tagesgespräch auf den Fluren und in den Klassenzimmern.

Mark Vaporis, der Freund und Mitarbeiter, der Newell zum Flughafen gebracht hatte, nachdem dieser den Anruf bekommen hatte, dass Whitney ums Leben gekommen sei, erwartete Newell in Lansing, wo der Bus ihn absetzen würde. Als der Bus dort eintraf, verabschiedete Newell sich von den Schülern und sprang in Marks Wagen. Sofort machten die beiden sich auf den Weg in Richtung Grand Rapids.

Gegen zehn Uhr abends fuhren sie auf das Krankenhausgelände. Newell sah sich um und staunte. „Meine Güte, warum stehen hier so viele Lastwagen? Das ist verrückt." Die Krankenhausleitung hatte ihm gesagt, er könne bis zur Krankenwageneinfahrt vorfahren, dort würde er Ruhe vor den Medien haben. Kaum war er ausgestiegen, lief er ins Gebäude, wo Colleen, Jim Mathis und einige Krankenhausmitarbeiter bereits auf ihn warteten. „Wo ist sie?", fragte er.

„Hier entlang, Mr Cerak. Wir haben schon auf Sie gewartet."

Newell eilte den Flur hinunter, gefolgt von Colleen und Jim. Als er Whitneys Zimmer erreichte – das Namensschild draußen trug bereits ihren Namen –, öffnete er die Tür. Whitney setzte sich auf und breitete die Arme aus. Newell stürzte sofort zu ihr hinüber, schloss sie in die Arme und weinte. Colleen, Carly und Sandra stellten sich zu ihnen und legten ebenfalls ihre Arme um die beiden. Newell gab Whitney einen Kuss auf die Stirn und sagte ihr, wie sehr er sie liebe. Während die fünf einander fest umarmten, stieß Whitney einen langen Seufzer aus, ließ die Schultern entspannt sinken und sagte ganz leise zu ihrem Vater: „Lass uns nach Hause fahren."

18

Hoffnung im Leid

Denjenigen, die fragen: „Wie konnte das überhaupt passieren?" und die mir raten: „Du solltest diejenigen, die das zu verantworten haben, verklagen", entgegne ich, dass ich meinen Nächsten liebe und ihm vergebe, so wie Gott es von mir möchte. Jesus hat uns aufgefordert, diejenigen, die uns Schaden zufügen, zu lieben und für sie zu beten. Jesus ist unser Vorbild. Er selbst litt zu Unrecht und übte Vergebung. Er fordert uns auf, es ihm nachzutun. Wir sind heute hier, um Lauras Leben zu feiern.

Ich lade Sie ein, auf die Worte Jesu aus dem Matthäusevangelium zu hören: „Ihr seid das Licht für die Welt. Eine Stadt, die auf einem Berg liegt, kann nicht verborgen bleiben. Auch zündet niemand eine Lampe an, um sie dann unter einen Topf zu stellen. Im Gegenteil, man stellt sie auf den Lampenständer, damit sie allen im Haus Licht gibt. Genauso muss auch euer Licht vor den Menschen leuchten: Sie sollen eure guten Taten sehen und euren Vater im Himmel preisen."*

Es ist üblich, in einem Augenblick wie diesem über den Verstorbenen nur das Allerbeste zu sagen. Aber es ist auch wahr, wenn ich sage: So hat Laura wirklich gelebt. Sie ließ ihr Licht scheinen, und es scheint weiterhin, und zwar in einer Weise, die uns alle zur Ehre Gottes verändert. Auf dem Blog hat jemand geschrieben: „Ich fühle mich, als sei ich die ersten 21 Jahre meines Lebens blind gewesen. Euer Glaube, eure Hingabe haben mir jetzt das Licht ge-

* Matthäus 5,14–16

201

zeigt." Unsere Hoffnung für heute ist, dass wir alle Jesus, das einzig
wahre Licht, sehen.

DON VAN RYNS EINLEITENDE WORTE BEIM GEDENKGOTTESDIENST FÜR LAURA
AM 4. JUNI 2006

Don lehnte die Leiter gegen das Haus und kletterte auf das
Dach. Die letzten Tage hatten ihn emotional sehr mitgenommen. Er musste irgendetwas tun und die Klimaanlage im
ersten Stock zu installieren war da genau das Richtige. Da
konnte er handwerklich arbeiten, und niemand würde ihn
stören, während er auf dem Dach war. Gerade als er anfangen
wollte, bemerkte er, dass eine Frau die lange private Auffahrt
heraufkam. Er bemühte sich um Höflichkeit, als er vom Dach
herunterrief: „Kann ich Ihnen helfen?"

„Mr Van Ryn?"

„Ja", entgegnete Don mit fragendem Ton in der Stimme.
Sie stellte sich als Reporterin eines örtlichen Fernsehsenders vor. „Mr Van Ryn, ich möchte Ihnen sagen, wie leid es mir
tut, dass Sie Ihre Tochter verloren haben. Wäre es möglich,
Ihnen einige Fragen über ihren Tod und die Verwechslung mit
dem anderen Mädchen zu stellen?"

Jetzt geht es los, dachte Don. „Wir haben eine Pressemitteilung herausgegeben, und das ist alles, was wir im Augenblick
zu sagen haben", erwiderte er und drehte sich um, um weiterzuarbeiten. Er wollte mit niemandem reden, schon gar nicht
mit jemandem von einem Fernsehsender.

„Gibt es wirklich nichts, was Sie noch sagen möchten? So
viele Menschen haben diese Story verfolgt und sie haben viele,
viele Fragen."

„Nein. Und jetzt möchte ich Sie bitten, dieses Grundstück
zu verlassen", sagte Don.

Die Reporterin klappte ihr Notizbuch zu, drehte sich um
und ging.

Als sie weg war, kletterte Don vom Dach herunter und ging
ins Haus.

„Wer war das?", wollte Susie wissen.

„Eine Reporterin."

„Und sie ist bis hier hoch zum Haus gekommen?"

„Ja. Und ich glaube nicht, dass sie die Letzte ist. Vergiss nicht, man hat uns gewarnt, dass die Medien an dieser Geschichte sehr interessiert sein würden. Ich vermute, es hat schon angefangen. Die Reporterin meinte, die Leute hätten viele Fragen zu den Geschehnissen. Ich bin mir sicher, dass das stimmt, aber ich fühle mich wirklich nicht verpflichtet, sie zu beantworten", meinte Don.

„Wenn sie uns gefunden hat, bin ich sicher, dass uns auch alle anderen Reporter finden", sagte Susie.

„Wir werden Bodyguards brauchen", scherzte Don. Dann wurde er wieder ernst. „Weißt du, das ist gar keine schlechte Idee", sagte er. Am nächsten Tag heuerte er einen seiner Neffen, und zwar einen sehr kräftig gebauten, für diesen Job an. Don postierte ihn an der Auffahrt und wies ihn an, jeden Reporter aufzuhalten, der versuchte, bis zum Haus zu gelangen. „Sei nicht unhöflich", sagte Don, „aber weise sie darauf hin, dass wir bereits eine Pressemitteilung veröffentlicht haben, und belass es dabei." Am Ende des Tages hatte der „Bodyguard" fast ein Dutzend Reporter abgewiesen.

Produzenten verschiedener Sender wie ABC, NBC, CBS und CNN wie auch Vertreter verschiedener Talkshows wie Oprah und Dr. Phil riefen an. Nachrichtenmagazine und Zeitungen nahmen Kontakt mit der Familie auf, ebenso ausländische Medien. Nach dem zweiten oder dritten Anruf ließen die Van Ryns einfach den Anrufbeantworter laufen und löschten die Nachrichten anschließend umgehend. Viele Leute schickten Blumen und einige der größten Sträuße kamen von den Medien. An allen waren Karten befestigt, die im Wesentlichen dasselbe sagten: „Wir möchten Ihnen unser Beileid aussprechen. Wenn Sie sich entschließen, mit den Medien zu sprechen, würden wir uns freuen, wenn Sie in Erwägung ziehen würden, uns ein Exklusivinterview zu geben." In der darauffolgenden Woche kreiste einmal ein Hubschrauber über ihrem Grundstück. Die Van Ryns blieben jedoch im Haus und versuchten, ihn so gut wie möglich zu ignorieren. „Irgendwann ist eine andere Geschichte brandheiß; dann rennen alle dahin und wir sind vergessen", sagte Don nur dazu.

*

„Das müssen die Ceraks sein", vermutete Susie, als am Freitagmorgen ein ihnen unbekanntes Auto die Auffahrt heraufkam. Auf dem Rasenstück, das sie in einen Parkplatz umgewandelt hatten, um den Autos ihrer Verwandtschaft einen Abstellplatz zu bieten, kam es zum Stehen. Im früheren Verlauf des Tages hatte Newell angerufen und gefragt, ob er vorbeikommen könne. Susie erkannte sofort das blonde Mädchen, das auf der Beifahrerseite ausstieg. „Ja, sie sind es!", rief sie.

Newell und Carly gingen durch den Garten, und Don kam ihnen entgegen, um sie zu begrüßen. Colleen war bei Whitney im Rehazentrum geblieben. „Vielen Dank, dass wir vorbeikommen durften", sagte Newell. „Ich weiß, wie knapp die Zeit wird, wenn all die Freunde und Verwandten Sie besuchen möchten. Es ist furchtbar nett von Ihnen, dass Sie sich trotzdem für uns Zeit nehmen."

„Wir freuen uns, dass Sie gekommen sind", entgegnete Don. „Ich kann mir vorstellen, dass Sie sie am liebsten gar nicht allein lassen würden, oder?"

„Nein. Nicht gern." Newell fühlte sich schuldig, als er diese Frage beantwortete. „Den größten Teil der letzten Nacht habe ich damit verbracht, an ihrem Bett zu sitzen und sie anzusehen, während sie schlief. Und ich muss sagen, dass ich jedes Mal, wenn ich Whitney ansehe, an Laura und Sie denke. Ich nehme an, das wird mir für den Rest meines Lebens so gehen."

Don antwortete nicht gleich. Susie wischte sich die Tränen aus den Augen, genau wie Carly. „Das ist ..." Don hielt kurz inne, seufzte und sagte dann: „Danke."

Don, Susie und Lisa gingen mit den Ceraks ins Haus, um sich mit ihnen zu unterhalten.

„Carly hat mir einiges über Laura erzählt. Sie hatten auf der Universität eine Menge gemeinsame Freunde", sagte Newell. „Ich wollte nur ..." Er hielt inne und versuchte, die

Fassung wiederzugewinnen. „Ich wollte nur vorbeikommen, um Ihnen zu sagen, wie leid mir Ihr Verlust tut. Den Erzählungen zufolge muss Laura ein großartiges Mädchen gewesen sein."

Don und Susie blickten einander an und lächelten, obwohl sie beide mit den Tränen zu kämpfen hatten. „Das war sie", sagte Susie. „Sie war ein Mensch, der das Leben in vollen Zügen genoss, und das färbte auf alle ab, die mit ihr zusammen waren. Gestern Abend sagte einer unserer Söhne, dass Laura einfach nur Freude ausstrahlte. Das beschreibt sie eigentlich perfekt."

Lisa lachte. „Dem kann ich nur zustimmen. Laura liebte das Leben. Sie tanzte immer herum und sang dabei. Sie versuchte immer, mich auch zum Tanzen zu überreden, aber sie hatte als Einzige in unserer Familie den Rhythmus im Blut. Ich nicht. Ich machte mich zum Clown, wenn ich versuchte mitzumachen. Das brachte sie zum Lachen und ich musste automatisch mitlachen. Und wir haben zusammen gesungen, sehr viel sogar. Ich habe meine Gitarre öfters mit in die Klinik genommen und ihr vorgesungen. Sagen Sie mir Bescheid, wenn Whitney auf einmal eine Vorliebe für die *Dixie Chicks* entwickelt. Laura und ich haben ständig ihre Lieder gesungen."

Sie lachten alle.

„Beim Gedenkgottesdienst hat Brad Larsons Vater gesagt, dass sein Sohn ihm ein großes Vorbild gewesen sei", sagte Don. „Mir geht es mit Laura genauso. Ja, sie war Christin. Aber mehr als nur dem Namen nach. Sie hatte diesen starken persönlichen Glauben. Gott schien ihr immer nahe zu sein, und für sie war es ganz natürlich, ihm völlig zu vertrauen." Er blickte zu Newell hinüber. „Es tut mir leid, wenn wir Sie langweilen. Wahrscheinlich sind Sie nicht hierhergekommen, um sich unsere Geschichten anzuhören."

„Nein, nein. Erzählen Sie weiter. Ich weiß, dass es uns viel bedeutet hat, über Whitney zu reden, als wir glaubten, dass sie ... also, vor Dienstag."

„Nun, wenn Sie wirklich mehr über Laura hören wollen ...", sagte Lisa. „Ich kann mich daran erinnern, dass Laura und ich eines Abends auf der Hollywoodschaukel auf der Veranda saßen und miteinander in der Bibel lasen. Wir waren irgendwo in den Evangelien; wo genau, weiß ich nicht mehr. Wir lasen einen Abschnitt über Jesus und seine zwölf Jünger. Ich kann mich erinnern, wie Laura auf einmal anfing, darüber nachzudenken, wie es wohl gewesen wäre, mit ihnen zusammen zu sein. So wie sie darüber geredet hat, erweckte sie die Figuren regelrecht zum Leben; sie waren nicht mehr bloß Leute aus der Bibel. So real war auch Gott für sie. Sie hielt nicht einfach nur bestimmte Glaubenssätze für wahr. Sie hatte diesen Glauben, der alles in der Bibel lebendig werden ließ."

„Laura hatte so ein großes Herz", erzählte Susie. „Als sie zum College gegangen ist, bin ich ein paar Sachen durchgegangen, die sie hiergelassen hatte, dabei bin ich auf ein paar Notizen von ihr gestoßen. Ich glaube, sie waren aus dem achten oder neunten Schuljahr. Das waren zum einen Gebete, wie man sie in diesem Alter schreibt, zum Beispiel: ‚Gott, hilf mir bei der Klassenarbeit', aber als ich weiterlas, stieß ich auch auf den Namen eines Mädchens, den ich nicht kannte. Laura schrieb, dass dieses Mädchen einsam sei und sie irgendein Problem haben müsse und dass sie für sie beten wolle. Als ich das las, fragte ich mich, wie oft Menschen um mich herum einsam sind und mit Problemen zu kämpfen haben, ohne dass ich es merke. Aber Laura hat so etwas gemerkt. Sie hat Gott immer und immer wieder darum gebeten, sie mit Liebe und Freundlichkeit zu erfüllen."

„Ich weiß, das muss so klingen, als ob wir sie als vollkommen hinstellen wollten, aber ich vermute, in so einer Situation macht man das." Dons Stimme brach.

„Ich verstehe Sie vollkommen", sagte Newell. „Und das, was Sie erzählen, passt zu dem, was Carly mir auf der Herfahrt über Laura berichtet hat. Ich finde es schön, dass Sie davon erzählen."

„Es ist nicht leicht. Die Erinnerungen ..." Susie hielt einen Augenblick inne – „können so wehtun und doch schenken sie uns so viel Freude. Gestern bin ich in ihr Zimmer gegangen und habe ihren Kleiderschrank aufgemacht, und da lagen all ihre Flip-Flops. Sie hatte so viele davon, dass sie ein paar Monate lang jeden Tag ein anderes Paar hätte tragen können. Sie trug sie sogar im Winter. Als ich dastand und ihre Flip-Flops anguckte, habe ich gleichzeitig gelacht und geweint." Tränen liefen ihr über das Gesicht.

„Ich habe meine kleine Schwester wirklich bewundert", warf Lisa ein, „weil sie immer völlig gelassen war, egal, in welcher Situation sie steckte. Sie konnte ein richtiges Mädchen sein. Aber dann konnte sie auch in den Garten gehen und mit unseren Brüdern herumtoben. Ich kann mich daran erinnern, dass sie mich manchmal zurückhielt, wenn ich aus dem Haus gehen wollte, und mich fragte: ‚So willst du doch nicht wirklich rausgehen, oder?' Dann ist sie mit mir nach oben gegangen und hat mir etwas anderes herausgesucht und sie lag mit ihrer Wahl immer richtig." Ein Lächeln schlich sich auf Lisas Gesicht.

„Ich kenne Leute, die in der Trauerphase nicht über den Verstorbenen reden möchten", sagte Don. „Bei uns ist das anders. Wir wollen über Laura reden. Wir wollen die Erinnerungen lebendig erhalten. Viele Leute kommen hier vorbei und wollen uns aufmuntern. Sie sagen dann immer, dass Laura im Himmel ist oder etwas Ähnliches, und ich weiß, dass das stimmt. Aber die Menschen, die uns am meisten helfen, sind die, die uns von ihren Erinnerungen an Laura erzählen. Wir hören diese Geschichten wirklich gerne."

„Ich weiß genau, wovon Sie reden", sagte Newell.

Don fuhr fort: „Manche von denen, die uns damit Mut machen wollen, dass sie jetzt im Himmel ist, sagen so etwas wie: ‚Dort geht es ihr viel besser. Ihr könnt ihr doch nicht wirklich missgönnen, dass sie jetzt dort ist, und euch stattdessen wünschen, dass ihr sie wieder bei euch habt.' Ich weiß, dass das stimmt, aber wollen Sie wissen, wie ich empfinde? Ich *will* sie zurückhaben! Ich wünsche mir so sehr, dass sie wieder bei uns ist. Ist das selbstsüchtig? Ich glaube, alle Eltern, die ein Kind verloren haben, empfinden so."

Newell sagte nichts. Er blickte Don einfach an und nickte. Tränen standen ihm in den Augen.

„Aber es ist gut zu wissen, wo sie jetzt ist, und dass wir sie wiedersehen werden", sagte Don.

„Das stimmt", bestätigte Newell.

„Laura war unsere Jüngste. Whitney ist auch Ihre Jüngste, nicht wahr?", fragte Susie.

„Mmh, ja." Newell räusperte sich.

„Laura füllte das Haus mit Leben. Sie konnte Stimmen imitieren; damit brachte sie uns immer zum Lachen", erinnerte sich Susie. „Und sie liebte die Farbe Lila. Wir haben ihr Zimmer lila gestrichen und sie hatte diesen großen, flauschigen lilafarbenen Bademantel."

„Und Laura war eine großartige Sportlerin", sagte Don. „Ich vermute, Whitney auch?"

„Ja, Whitney hat auf der Highschool drei Sportarten ausgeübt, aber auf der *Taylor University* nimmt sie nur an internen Sportveranstaltungen teil", sagte Newell.

„Laura gehörte zur Lacrosse-Mannschaft der *Taylor University*", sagte Don. „In der Highschool spielte sie Fußball – so gut, dass sie von *Taylor* rekrutiert wurde, um dort zu spielen. Letztendlich landete sie dort dann eben in der Lacrosse-Mannschaft. Allein schon Whitneys Kraft – vor allem in den Beinen – war Grund genug zu glauben, dass sie Laura sei. Manchmal fing sie mitten in der Nacht an, herumzustrampeln und um sich zu treten. Es tat richtig weh, wenn man ihr zu nahe kam. Einmal hat sie mich mit den Beinen regelrecht in den Klammergriff genommen. Ich befürchtete schon, ich könnte mich nie mehr befreien", berichtete er mit einem Lächeln.

Auch Newell lächelte. „Ja, Whitney ist ziemlich stark."

„Wie geht es ihr?", fragte Susie.

„Sie macht jeden Tag Fortschritte", antwortete Carly. „Ich weiß, dass viele Menschen auf der ganzen Welt für sie beten – dank Ihres Blogs."

„Wir haben nicht aufgehört, für sie zu beten", sagte Lisa. „Als wir so viel für Laura gebetet haben, wusste Gott schon, wer wirklich in diesem Bett lag."

Zum Abschluss ihres gemeinsamen Treffens beteten die fünf noch miteinander. Newell wusste genau, um was er Gott für Don und Susie bitten konnte, weil er den Schmerz kannte, den sie gerade erlitten. Und Don und Susie wussten, wie sie für die Ceraks beten konnten. Sie kannten die Freude, die Eltern erfüllt, wenn ihr Kind einen schrecklichen Unfall überlebt, aber auch die Belastung, die man empfindet, wenn man nicht weiß, ob das Kind wieder vollständig genesen wird. Es flossen reichlich Tränen, aber die beiden Familien fühlten sich eng miteinander verbunden.

*

Zwei Tage später nahmen rund 2000 Menschen am Gedenkgottesdienst für Laura teil, darunter auch viele Journalisten und Reporter. Für die Van Ryns, die eigentlich eher zurückgezogen lebten, war diese große Öffentlichkeit sehr ungewohnt. Sicherheitspersonal und Polizei sorgten allerdings dafür, dass die Reporter und Kameras nur Zugang zu einem abgegrenzten Teil des Parkplatzes hatten, weitab von Familie und Freunden, als diese das Gebäude betraten und verließen. Auf Rat der Pressestelle der *Spectrum*-Klinik gestatteten Don und Susie jedoch eine einzige Fernsehkamera in der Kirche.

Als die Menschen in den großen Hauptsaal strömten, begrüßten die Van Ryns ihre Verwandten – etwa 70 Personen, Aryn und seine Familie mitgerechnet – in einem abseits liegenden Raum, wo sie ungestört waren. Als sie vor dem Gottesdienst noch miteinander beteten, spürten Don und Susie Gottes Frieden in sich, und sie dachten daran, dass nicht nur die Gebete der 70 Personen in diesem Raum, sondern auch die der vielen Besucher hinter der Tür und vieler Menschen auf der ganzen Welt dazu beitrugen. Gott hatte die Fürbitte, die man für sie einlegte, erhört, seit sie von dem Unfall erfahren hatten, und seine Kraft würde sie weiterhin tragen.

Susie wurde es warm ums Herz, als sie beim Betreten des großen Saals die sanften Klänge von Klavier und Geige hörte. Ihre Schwester Bonnie und Lauras Cousine Bekah spielten gerade die letzten Noten eines wunderbaren Präludiums.

Als Don seinen Platz hinter dem Podium einnahm, um diesen Gottesdienst zu eröffnen, in dem Lauras Leben gefeiert werden sollte, glitt sein Blick über die versammelte Menge. Wo er auch hinschaute, sah er Menschen, die sie treu im Krankenhaus besucht, ihnen Essen gebracht, Karten geschickt, Aufträge erledigt, Tränen vergossen und für sie gebetet hatten. Diese Menschen, mit denen sie im Glauben verbunden waren, hatten sich um sie gekümmert, nun war er bereit, ihnen auch etwas mitzugeben. Er lud sie alle ein, Lauras Beispiel zu folgen und Jesus, das wahre Licht, aufzunehmen und weiterzugeben.

Lauras Freunde, ihre Mitbewohnerinnen, ihre Tante und ihre Cousine standen auf der Bühne, um nacheinander jeweils ein paar Worte zu sagen, ebenso Aryn, Lisa und Kenny, und schließlich der langjährige Freund der Van Ryns, Mike de Vries, der bei der Familie gewesen war, als Don und Susie ihren Söhnen mitgeteilt hatten, dass Laura tot war. Susie lächelte unter Tränen, als sie bemerkte, dass Lauras Freundinnen hinter dem Podium alle Flip-Flops, Lauras bevorzugte Fußbekleidung für alle Gelegenheiten, trugen. Sie wusste, dass Laura das gefallen hätte. Nur Bruchstücke der einzelnen Reden drangen bis in ihr Bewusstsein vor. *„Lauras Lachen und ihre Fröhlichkeit ... lustige Geschichten und alberne Spitznamen ... half und unterstützte ... Mentorin, Vorbild, geistliche Begleiterin ... Vorbild im Glauben, eine Inspiration ... andere fühlten sich in ihrer Gegenwart wohl ... gute Zuhörerin ... lächelte immer, ansteckender Glaube."* Zwischen den einzelnen Beiträgen, in denen Lauras Charakter und ihr Weg im Glauben gewürdigt wurden, sangen sie dem Gott, den Laura geliebt hatte, dem Gott, dessen Gegenwart sie jetzt spürten, Lieder.

Die Geschichte war an diesem Abend das Hauptthema der Nachrichtensendungen im ganzen Land. Einige Tage später wurde Lauras Leichnam vom Friedhof in Gaylord nach Caledonia überführt, wo bei der Grablegung noch ein privater Gottesdienst abgehalten wurde. Gegen Ende des Monats rückte ein anderes Thema ins Interesse der Medien – genau wie Don es vorhergesagt hatte – und die Van Ryns standen nicht mehr im Rampenlicht.

Durch den Sommer 2006 hindurch verfolgten sie über den Blog, den Lisa eingerichtet hatte und der nun von Carly weitergeführt wurde, welche Fortschritte Whitney machte, und Don und Lisa informierten sich zusätzlich durch persönliche Besuche. Die Van Ryns entschlossen sich, weiterhin ihre selbst gemachten Halsbänder aus Tuchstreifen zu tragen, bis Whitney ihre ersten Schritte machen würde.

Mittwoch, 7. Juni 2006
Dies ist unser letzter Blogeintrag. Wir möchten Euch für Eure Gebete und die Unterstützung danken, mit denen Ihr uns durch die vergangenen Wochen geholfen habt. Immer noch verlassen wir uns auf Gott, dass er uns Kraft gibt, und wir brauchen Eure Gebete auch in den kommenden Tagen, Wochen und Monaten. Wir wissen und vertrauen darauf, dass Gott für uns sorgen wird – er ist treu und wird uns treu bleiben, wie die Bibel es uns sagt. Wir haben eine letzte Bitte an Euch alle: Hängt euch nicht allzu sehr an die Dinge dieser Welt. Das Leben hier ist zeitlich begrenzt; vor uns liegt die Ewigkeit. Denkt daran, wozu Gott uns aufruft: „Sammelt keine Schätze hier auf der Erde! Denn ihr müsst damit rechnen, dass Motten und Rost sie zerfressen oder Einbrecher sie stehlen. Sammelt lieber Schätze bei Gott. Dort werden sie nicht von Motten und Rost zerfressen und können auch nicht von Einbrechern gestohlen werden. Denn euer Herz wird immer dort sein, wo ihr eure Schätze habt."*

Lasst uns nicht den Blick für die Menschen verlieren, die unsere Gebete, Liebe und Ermutigung brauchen. Wenn Ihr an die Van Ryns und die Ceraks denkt, dann nehmt das bitte zum Anlass, auch an die Leute in Euerm direkten Umfeld zu denken, denen es nicht gut geht. Gott hat uns zur Liebe berufen. Innerhalb der nächsten 24 Stunden werden wir diesen Blog beenden. Die Ceraks werden noch entscheiden, ob sie an dieser Stelle über Whitneys Fortschritte berichten wollen. Vielen Dank für alles.

LETZTER BLOGEINTRAG DER FAMILIE VAN RYN

* Matthäus 6,19–21

Sowohl Don als auch Susie würden erst gegen Ende des Sommers wieder anfangen zu arbeiten. Sie verbrachten so viel Zeit wie möglich an dem Ort, der ihnen schon in der Vergangenheit immer Zuflucht geboten hatte: im Bibelcamp auf der *Upper Peninsula*. Dort konnten sie um ihre Tochter trauern und die Erinnerungen an sie lebendig halten. Kenny und Mark kehrten an ihren Arbeitsplatz bzw. zur Uni zurück. Die beiden brauchten die Freiheit, für sich alleine zu trauern. Lisa, auf die die Arbeit der Therapeuten in den Kliniken *Parkview* und *Spectrum* einen nachhaltigen Eindruck gemacht hatte, entschloss sich, eine weitere Ausbildung als Physiotherapeutin zu machen. Sie dachte viel an Laura, und so entschloss sie sich, ihr einen Brief zu schreiben, so wie sie es getan hatte, als Laura auf der Universität gewesen war.

Liebe Laura,

es ist kaum zu glauben, wie lange es schon her ist, dass ich Dir das letzte Mal geschrieben habe. Weißt Du noch, wie Du auf der Uni warst und ich versucht habe, Dir jede Woche zu schreiben oder etwas zu schicken? Ich kann mich noch daran erinnern, dass Du mir am 26. April [2006] eine Nachricht auf meinem Handy hinterlassen hast. Du hast mir von Deinen Fortschritten bei Deiner Examensarbeit erzählt, und Du hast gesagt, dass Dich meine Briefe immer ermutigt haben.

Seitdem ist viel Zeit vergangen, deshalb will ich dich auf den neuesten Stand bringen. Zunächst einmal hatten wir als Familie in diesem Frühjahr die schwere, aber lohnende Aufgabe, alles stehen und liegen zu lassen und uns um ein Mädchen zu kümmern, das bei einem Unfall verletzt wurde. Wir sorgten für sie, als gehörte sie zu unserer Familie, und es ist erstaunlich, vielleicht sogar ein Wunder, wie gut sie sich erholt hat! Und als unsere Zeit mit ihr sich dem Ende zuneigte, da war es so, als hätte Gott sich entschieden, die ganze Welt wissen zu lassen, was in den Wochen zuvor geschehen war. Auf überraschende Art und Weise ließ er uns und eine andere Familie zu einem Zeugnis für ihn werden. Es war wirklich eine unglaubliche Geschichte, aber im Augenblick erspare ich Dir die Details. Du sollst aber wissen, dass wir uns gewünscht haben, Du wärst bei uns gewesen, und dass uns Dein Vorbild die ganze Zeit über außerordentlich inspiriert hat.

Im letzten Frühjahr hatte ich außerdem die Ehre, Dein Diplom für Dich entgegenzunehmen. Herzlichen Glückwunsch zum Abschluss! Ich habe mich zwar für Dich gefreut, aber es war gleichzeitig ein seltsames Gefühl. Es hat mich an das Prinzip Gnade erinnert: Man nimmt etwas an, für das jemand anders die ganze Arbeit geleistet hat, so wie das Geschenk, das Gott uns anbietet. Und noch etwas will ich Dir erzählen: Ich habe mich entschieden, Physiotherapeutin zu werden. Ich weiß, ich weiß ... Krankenhäuser und ähnliche Einrichtungen konnte ich nie ausstehen. Aber es hat sich was bei mir geändert. Als wir so viel im Krankenhaus waren, habe ich es wirklich genossen, bei den Therapiesitzungen mitzuhelfen. Und ein Punkt, in dem Du mir immer ein Vorbild warst, war Dein Mitgefühl. Wenn ich mit Menschen arbeite, die eine Verletzung erlitten haben oder von Geburt an mit einer Körperbehinderung leben müssen, habe ich die Möglichkeit, mein Mitgefühl zu zeigen. Wenn ich also alles zusammen betrachte – dass ich stellvertretend für Dich Dein Diplom entgegennehmen durfte, dass ich entdecken durfte, dass ich eine Gabe in der Arbeit mit kranken Menschen habe, und meinen Wunsch, mir Deine Gabe des Mitgefühls anzueignen und einzusetzen –, dann habe ich das Gefühl, ich bin auf einem guten Weg. Ich hoffe, Du hast nichts dagegen, aber ich benutze Deinen Rucksack jeden Tag für die Schule. Und ich habe auch das eine oder andere Kleidungsstück von Dir übernommen. Oh – und bevor ich es vergesse, grüß Brad von mir, und richte ihm von mir aus, dass ich mich auf die Revanche im Tischtennis freue.

Ich habe in diesem Jahr mehr übers Sterben und den Himmel nachgedacht als jemals zuvor, und ich habe mich gefragt, wie man den Übergang von dieser Welt in die Ewigkeit erlebt. Immer dann, wenn ich Dich ganz besonders vermisse, versuche ich, mir vorzustellen, was Du gerade tust – vielleicht tanzt Du oder Du singst, vielleicht lächelst Du auch nur. Und manchmal tut es so weh, dass ich nicht weiß, was ich tun soll oder was ich empfinden soll. Aber eine gute Freundin hat mich neulich an etwas erinnert. Sie sagte, *dass der Tod eine Folge der Sünde von uns Menschen ist. Dass wir von unseren Geschwistern im Glauben eine Zeit lang getrennt sind, ist also nicht das, was Gott ursprünglich im Sinn hatte. Daraus ergeben sich für mich zwei Dinge. Erstens sagt mir das, dass es völlig in Ordnung ist, wenn ich traurig oder sogar zornig darüber bin, dass Du nicht mehr hier bist, und zweitens schöpfe ich daraus Hoffnung, weil Gott eines Tages alles zurechtrücken wird. Er wird Himmel und Erde wieder in ihren ursprünglichen, heilen Zustand zurückversetzen. Er wird im Mittelpunkt stehen, und wir, die wir an ihn glauben, werden uns dann wiedersehen.*

Ich kann mir nur vage vorstellen, was Du im Augenblick erlebst und wie es ist, bei Jesus zu sein. Ich wünschte, ich könnte einfach bei Dir sitzen, vielleicht mit ein paar Walnusskeksen, und Dir alle möglichen Fragen stellen. Fürs Erste muss dieser Brief genügen, und ich muss warten, bis ich dorthin komme, wo Du jetzt bist. Laura, ich vermisse Dich schrecklich, aber hier gibt es noch Arbeit zu tun. Und wenn ich an die Zeiten im Bibelcamp zurückdenke, dann sieht es Dir ähnlich, dass Du Dich wie ein Eichhörnchen verdrückst, ehe Deine Arbeit getan ist.

Danke, dass Du mir eine wunderbare Schwester und Freundin warst. Ich hoffe, Dich bald zu sehen.

Ich liebe Dich.

Lisa

Brief von Lisa an Laura Van Ryn, einige Monate nach dem Gedenkgottesdienst verfasst

2. Juni 2006
Ich kam über die Webseite einer Zeitung in Sydney (Australien) auf Euren Blog. In der Zeitung wurde Euer Glaube nicht erwähnt. Wenn man aber Eure Seite besucht, stellt man fest, wie wichtig ebendieser für Euch ist.

Ich wünschte, ich könnte auch so glauben wie Ihr. Wenn man Euren Blog liest, wird deutlich, dass Ihr damit etwas ganz Besonderes habt, und ich wünschte, ich hätte das auch. Ich habe Eure Seite besucht, weil mich Eure Geschichte betroffen gemacht hat. Ihr habt Eure Tochter auf so furchtbare Weise verloren und macht nun eine schwere Zeit durch ... und hier stehe ich nun und wünsche mir, dass ich das hätte, was Ihr habt. Wie kann das angehen? Wie reich Ihr seid! Ich hoffe, das klingt nicht gefühllos. Aber Euer Blog hat mich so bewegt. Ich hoffe, Ihr bekommt den Trost, die Liebe und Unterstützung, die Ihr in dieser schweren Zeit braucht.

ANONYMER KOMMENTAR, DER AUF DEM BLOG HINTERLASSEN WURDE, NACHDEM DIE VERWECHSLUNG BEKANNT GEWORDEN WAR

19

Nach dem Sturm

Samstag, 3. Juni 2006

Römer 12,15: „Freut euch mit den Fröhlichen und weint mit den Traurigen." Heute Morgen bei der Familienandacht haben wir Whitney diesen Vers vorgelesen. Mein Vater hat sie zur Physiotherapie begleitet, wo man sie in einen Rollstuhl setzte, der ihr erlaubte, ihren gesunden Arm und ihr gesundes Bein zu benutzen, sodass sie aus eigener Kraft in ihr Zimmer zurückkehren konnte. In der Sprachtherapie hat die Therapeutin damit begonnen, mit ihr die Ereignisse der letzten fünf Wochen durchzugehen. Heute hat Whitney einfach zugehört und genickt, als die Therapeutin ihr eine knappe Zusammenfassung gab. Am meisten Gedanken macht sie sich aber darüber, wann Hunter endlich kommt. Wir haben ihn auf Whitneys Bitte hin schon oft angerufen. Am Nachmittag mussten wir sie zur Computertomografie in ein anderes Krankenhaus bringen. Mein Vater, Sandra und ich konnten nicht im Krankenwagen mitfahren. Wir fuhren in unserem Auto hinterher und legten eine CD mit Anbetungsmusik ein, die wir in den letzten fünf Wochen immer wieder gehört haben, um darin Trost zu finden. Das erinnerte uns sofort an den Schmerz, den wir bis vor einigen Tagen noch empfunden haben. Wir dachten an die Van Ryns, als wir uns in ihre Situation versetzten. Wir wollen uns auch weiterhin mit den Fröhlichen freuen und mit den Trauernden weinen.

BLOGEINTRAG VON CARLY CERAK

Mr und Mrs Cerak, könnten Sie bitte noch einige Minuten bleiben?", bat Dr. Martin Waalkes. Newell und Colleen Cerak hatten Whitney gerade zu einem neuropsychologischen Test begleitet, mit dessen Hilfe die Ärzte ihre Fortschritte einschätzen wollten. Sie hatte nicht gut abgeschnitten.

„Wir müssen über die Gehirnverletzungen Ihrer Tochter sprechen und darüber, worauf Sie sich in den kommenden Monaten einstellen sollten", erklärte er. „Whitney hat eine Gehirnquetschung erlitten. Das bedeutet, dass das Gehirn durch eine gewaltsame Verwindung des Hirnstamms in Mitleidenschaft gezogen wurde. Darüber hinaus wurde durch den Aufprall der Frontallappen verletzt. Dadurch wurden Gehirnzellen beschädigt und die Verbindungen zwischen den Neuronen sind teilweise abgerissen. Sie sind nicht für immer zerstört, aber es wird eine Zeit dauern, bis sie wieder nachgewachsen sind. Ein Neuron wächst ungefähr so schnell wie ein Fingernagel. Das bedeutet, dass die äußeren Verletzungen, die Ihre Tochter erlitten hat, sehr viel schneller heilen werden als die Gehirnverletzungen. Am besten stellt man sich das wie einen Wald vor, der von einem Hurrikan heimgesucht wird. Wenn über einen gesunden Wald ein Hurrikan hinwegfegt, verändert er sich. Manche Bäume werden völlig entwurzelt. Andere knicken ab, während ein Teil des Stamms überlebt. Manche werden ein wenig geschädigt, doch die meisten Äste sind noch gesund. Im Laufe der Zeit wachsen neue Bäume heran und ersetzen die entwurzelten, und auch die Bäume, die stehen geblieben sind, werden wieder ausschlagen. Aber der Wald ist nach dem Hurrikan ein anderer. Whitney wird sich nach diesem Sturm auch verändert haben. Und wie die Bäume in unserem Beispielwald wird auch sie sich nicht allzu schnell erholen. Ich würde sagen, dass es zwei, vielleicht drei Jahre dauert, bis ihr Gehirn wieder komplett wiederhergestellt ist."

Newell und Colleen starrten Dr. Waalkes an. Sie beide hatten sich so sehr darüber gefreut, dass Whitney noch lebte, dass sie sich nicht einmal gefragt hatten, ob sie wieder ganz gesund werden würde. Colleen fasste Newells Hand. Tränen liefen ihr über die Wangen. Newell kämpfte um seine Fassung, als er fragte: „Glauben Sie, sie wird vollständig genesen?"

Dr. Waalkes antwortete nicht gleich. „Sie wollen eine ehrliche Antwort? Ich weiß es nicht. Darum habe ich gesagt, dass man diese Verletzung mit einem Hurrikan vergleichen kann, der in einem Wald wütet. Wir werden erst mit der Zeit sagen können, wie sehr der neue Wald dem alten ähnelt. Ich kann Ihnen sagen, dass die Behandlungsmöglichkeiten, die wir bei Ihrer Tochter anwenden, genau die betroffenen Hirnregionen anregen, damit sie heilen können. Eine Überstimulation kann allerdings noch größeren Schaden anrichten. Ich weiß, dass ihre ganzen Freunde sie gerne besuchen möchten. Das ist verständlich. Aber – und das ist sehr wichtig – Whitneys Gehirn braucht Ruhe. Sehen Sie es einmal so: Wenn Sie oder ich draußen ein Auto hupen hören, während der Fernseher läuft, der Hund bellt und uns gleichzeitig jemand eine Frage stellt, dann können wir aus dem Lärm das Wesentliche herausfiltern und uns darauf konzentrieren. Whitney kann das nicht. Jedenfalls noch nicht."

„Aber wird das besser werden?", fragte Colleen.

„Die Tests, die Whitney gerade gemacht hat, zeigen, dass sie geistig in Mitleidenschaft gezogen wurde. Ob das auch in einer Woche oder in einem Monat noch so sein wird, kann man unmöglich sagen", antwortete der Neurologe.

Auf dem Weg zurück in Whitneys Zimmer sagte Newell zu Colleen: „Ich habe jeden Tag Lauras Blog gelesen, und ich erinnere mich daran, dass darin die Gehirnverletzung erwähnt wurde, aber ich hätte nie gedacht, dass sie so ernst ist."

„Nach dem zu urteilen, was die Van Ryns uns erzählt haben, hat sie in kurzer Zeit viele Fortschritte gemacht. Aber ..." Colleen versagte die Stimme.

Die Realität holte sie ein, als sie in Whitneys Zimmer zurückkehrten. Beide setzten sich an das Fußende ihres Bettes und weinten. Lange Zeit sagte keiner ein einziges Wort. Seit Newell aus New York zurückgekehrt war, hatte er Stunden damit zugebracht, Whitney einfach anzusehen und zu begreifen, dass er sie wiederhatte. Nun betrachtete er sie im Lichte dessen, was der Arzt ihnen gerade gesagt hatte. Dieser besondere Gesichtsausdruck, den er auf ihrer Beerdigung beschrieben hatte, war nicht mehr da. Von dem Funkeln in ihren Augen, das er immer für selbstverständlich genommen hatte, war nichts mehr zu sehen.

„Meine Lippen sind so trocken", sagte Whitney mit ausdrucksloser, fast monotoner Stimme.

Colleen reichte ihr einen Fettstift. Newell beobachtete, wie seine Tochter den Stift mit einer langsamen, weit ausladenden Bewegung des ganzen Arms zum Mund führte, als ob sie ihre gesamte Konzentration aufbringen müsste, um etwas so Einfaches zu tun. Die Bedrohlichkeit ihrer Verletzungen konnte Newell nicht die Freude rauben, sie nach ihrem vermeintlichen Tod wieder bei sich zu haben. Er fragte sich allerdings, was ihn in der kommenden Zeit noch erwartete.

„Wo ist Hunter?", fragte Whitney.

„Hunter ist zu Hause", entgegnete Newell.

„Ich will Hunter sehen", sagte sie.

„Wir haben das schon organisiert. Die Krankenhausleitung sagt, er darf dich besuchen."

„Hol Hunter her", sagte sie und zeigte auf die Tür.

„Whit, heute geht das nicht", antwortete Newell.

Sie zeigte auf die Tür und sagte: „Hunter."

„Whitney, Marty Maxon bringt Hunter Ende der Woche vorbei. Aber nicht heute."

Sie deutete wieder auf die Tür. „Hunter."

„Bitte, Whit. Frag mich nicht mehr nach Hunter. In ein paar Tagen ist er hier."

Noch einmal zeigte sie auf die Tür. „Hol Hunter her", forderte sie.

Newell stieß einen lang gezogenen Seufzer aus. „Oh Whit", sagte er.

In den nächsten Tagen führten die beiden immer wieder dieselbe Unterhaltung. Am Samstagmorgen schließlich öffnete sich die Tür zu Whitneys Zimmer langsam und Marty steckte den Kopf herein. „Whitney", sagte sie, „hier ist jemand, der dich besuchen möchte." Sie öffnete die Tür etwas weiter und der große Golden-Retriever-Labrador-Mischling tapste ins Zimmer.

Whitney drehte sich in ihrem Bett auf die Seite und stieß einen Freudenschrei aus. „Hunter!", rief sie für ihre Verhältnisse fast schon laut aus. Hunter stürmte durch das Zimmer auf sie zu, wobei seine Pfoten auf dem gefliesten Boden klackerten. Der Hund musste gar nicht erst aufs Bett springen; er war bereits auf Augenhöhe mit ihr. „Ich hab dich vermisst, Hunter", sagte Whitney, als sie ihm über den Kopf streichelte. „Ich hab dich lieb." Nach einer ausgiebigen Begrüßung legte Hunter sich neben dem Bett auf den Boden und Whitney sank wieder in ihr Kissen zurück. Sie stieß einen langen, zufriedenen Seufzer aus. Nun war sie glücklich.

„Ich kann kaum glauben, wie sehr sie diesen Hund liebt", meinte Colleen. „Ich habe das Gefühl, sie hat ihn ebenso sehr vermisst wie uns – wenn nicht sogar mehr."

Newell lachte und meinte: „Endlich muss ich ihr nicht mehr auf die Frage antworten, wann Hunter kommt."

Donnerstag, 8. Juni 2006
Whitney ist gestern Abend schlecht eingeschlafen. Als ihre Mutter, Colleen, sich zu ihr legte, wurde sie schließlich ruhiger. Es war schön, morgens aufzuwachen und zu sehen, wie Whit und Colleen friedlich Seite an Seite schliefen. Manchmal scheint es, als bräche der Morgen zu schnell an, doch er ist der Anfang eines neuen Tages mit unserer Tochter, und wenn man zusehen kann, wie sie gähnt und sich reckt, hat es den Anschein, als wäre er nicht schnell genug gekommen.

Die Ergotherapeuten haben heute mit ihr geübt, den Ellenbogen zu strecken und zu beugen. Sie hatte zwar Schmerzen dabei, aber es ist nötig, damit das Gelenk wieder beweglicher wird ... Als sie sich später im Bett ausruhte, bemerkte ich, dass sie mit der rechten Hand an ihren linken Arm griff, diesen nach vorne zog, um ihn zu strecken, und dann wieder an ihm zog, um ihn zu beugen. Ich fragte sie, was sie da tue, und sie erwiderte: „Schneller nach

Hause kommen." Als Whitney, Carly, Colleen und ich draußen in der Sonne saßen, sprachen wir darüber, wie gut Whitney diesen Tag bewältigt hatte. Carly meinte, sie könne stolz auf sich sein, doch Whitney schüttelte den Kopf. Als wir sie fragten, warum sie nicht stolz sei, erwiderte sie: „Ich will noch mehr tun."

In Christus, Whitneys Vater

BLOGEINTRAG

„Matt hat mir erzählt, dass ich im *People Magazine* bin", sagte Whitney zu ihren Eltern. Matt war schon ihr bester Freund gewesen, ehe sie etwa ein Jahr vor dem Unfall anfingen, miteinander auszugehen.

Zwei Wochen waren vergangen, seit die Familie wieder vereinigt war, und alle – das Krankenhauspersonal eingeschlossen – staunten über Whitneys Fortschritte. Sie sah nicht mehr doppelt, ihr Kurzzeitgedächtnis funktionierte erheblich besser, und sie war mittlerweile in der Lage, in längeren, zusammenhängenden Sätzen zu sprechen. Die Krankenschwestern konnten den nächsten neuropsychologischen Test kaum abwarten. Alle waren sich sicher, dass Whitney dieses Mal viel besser abschneiden würde.

„Ja, Whit. Du bist auf dem *People*-Titelblatt, sie berichten über deinen Unfall", sagte Newell.

„Kann ich es sehen?", fragte sie.

Newell und Colleen schauten einander an. Sie hatten ihr bereits erzählt, dass sie einen Unfall gehabt hatte, und ihre Therapeuten hatten versucht, ihr zu erzählen, was in den letzten beiden Monaten geschehen war. Sie wusste zwar schon einiges, verstand aber noch nicht alles. „Gut", meinte Newell. „Ich glaube, das wäre in Ordnung."

Er legte ihr die Illustrierte auf den Schoß und schlug sie an der entsprechenden Stelle auf. Auf einer Seite waren Fotos von ihr und Laura Seite an Seite abgedruckt. „Ich sehe ihr doch überhaupt nicht ähnlich", bemerkte Whitney. „Warum steht das dann hier?" Als sie umblätterte, sah sie ein Foto vom Kleinbus nach dem Unfall. „Oh. Wurde noch jemand verletzt?"

Newell zögerte. Er wollte die Frage nicht beantworten, wusste aber, dass er es tun musste. „Ja, Whit. Fünf Menschen sind dabei umgekommen."

„Wer?"

„Laura Van Ryn. Monica Felver. Laurel Erb", sagte Newell. Tränen liefen Whitney über das Gesicht, als Newell fortfuhr: „Betsy Smith. Und Brad Larson." Einige Tage zuvor hatte Whitney Carly von Brad erzählt und erwähnt, was für ein großartiger Mensch er sei. Als Whitney nun hörte, dass er zu den Todesopfern gehörte, sagte sie: „Oh nein. Nicht Brad." Einige Minuten lang wiederholte sie diesen Satz immer wieder: „Nein, nicht Brad." Schließlich legte sie das Magazin beiseite und wurde sehr still. „Ich möchte jetzt allein sein", sagte sie und legte sich hin. Sie schwieg lange und schluchzte leise. Colleen setzte sich neben sie und streichelte ihr sanft den Rücken, bis Whitney endlich eingeschlafen war. In der Nacht wachte Newell immer wieder auf und hörte, wie Whitney weinte und Colleen flüsternd ein Gebet sprach.

Ein oder zwei Tage später wollte Whitney das Magazin noch einmal sehen. „Warum haben sie mein Foto direkt neben dem von Laura abgedruckt?", fragte sie.

Carly, die sich gerade ebenfalls im Zimmer befand, sagte: „Whitney, unmittelbar nach dem Unfall hat man dich falsch identifiziert. Man dachte, du seist Laura, obwohl sie in Wirklichkeit zu den Todesopfern gehörte." Whitney wurde ganz still und versuchte zu verarbeiten, was sie gerade gehört hatte. Ihre Neuronen arbeiteten auf Hochtouren, doch sie sendeten die falschen Signale. Plötzlich war Whitney sehr aufgebracht. „Nein. Das stimmt nicht. Ich habe niemanden umgebracht." Tränen liefen ihr über das Gesicht und ihr Körper begann zu zittern. „Das kann nicht wahr sein. Ich habe Laura nicht umgebracht."

„Whitney, Whitney", sagte Carly und versuchte, sie zu beruhigen. „Niemand glaubt, dass du Laura umgebracht hast. Sie haben gedacht, du seist Laura."

„Jetzt werden mich alle hassen", sagte Whitney. „Ich will nicht an die Universität zurück. Alle werden glauben, dass ich das Mädchen bin, das Laura umgebracht hat."

„Nein, nein, nein, das stimmt nicht. Niemand glaubt, dass du Laura umgebracht hast. Laura ist bei dem Unfall ums Leben gekommen. Alle lieben dich, Whit. Niemand wird dich weniger lieb haben wegen dem, was Laura passiert ist", erklärte Carly.

Langsam beruhigte sich Whitney wieder.

Am nächsten Abend wurde Whitney von einem neuen Gedanken beunruhigt. Als sie sich im Zimmer umsah und ihre Familie und ihren Freund Matt anblickte, sagte sie: „Das ist alles nicht real."

Die anderen blickten sie verwirrt an. „Was meinst du?", fragte Colleen.

„Dieses Krankenhausbett und diese Geschichten über den Unfall. Nichts davon ist wirklich passiert. Ich habe einen Albtraum, und ich wünschte, ich würde aufwachen", sagte Whitney.

Matt ging zu ihr und griff nach ihrer Hand. „Whitney, würdest du spüren, dass ich deine Hand fasse, wenn das ein Traum wäre?", fragte er.

„Ja, weil ich es ja träumen würde! Stell dich nicht so dumm, Matt. Ich habe einen Traum und ihr seid alle Teil dieses Traums. Du kommst darin vor und Carly und Sandra und meine Mutter und mein Vater auch. Ihr alle seid im Krankenhaus, aber ich bin in Wirklichkeit nicht hier. Ich liege in meinem Bett in meinem Wohnheimzimmer, und ich wünschte, ich würde aufwachen."

„Whitney, das ist kein Traum. Du bist im Krankenhaus. Du hattest einen Unfall. Das ist alles wirklich passiert", erklärte Newell.

„Nein, ist es nicht. Ich kann mich daran erinnern. Ich habe heute Abend bei einem Bankett im Speisesaal geholfen, dann bin ich auf mein Zimmer gegangen und hab mich schlafen gelegt. Und jetzt habe ich diesen Traum, und ich bin wirklich wütend auf Emily, weil sie keine gute Mitbewohnerin ist. Wieso weckt sie mich nicht auf?"

Colleen und Newell gingen gemeinsam an ihr Bett. „Whitney, du musst begreifen, dass das hier kein Traum ist."

„Doch, ist es. Ich habe geträumt, alle hätten geglaubt, dass ich wie Laura aussehe und dass ich Laura bin. Und ich habe geträumt, ihr hättet mir erzählt, dass ihr dachtet, dass ich tot bin, und ihr mich beerdigt habt. So etwas würde niemals wirklich passieren. Ich muss einfach träumen."

„Doch, Liebes, es ist passiert. Über 1000 Leute waren bei deiner Beerdigung. Die Schlange war länger als vor dem Eingang von *Disney World*", sagte Colleen.

„Warum sollte jemand so lange für mich Schlange stehen? Das ergibt keinen Sinn. Ich will endlich aufwachen. Dieser Traum ist furchtbar. Weiß Emily nicht, dass ich aufstehen muss? Warum weckt sie mich nicht?" Whitney wurde immer hysterischer. Was ihre Familie auch sagte, sie wollte nicht glauben, dass das Ganze kein Traum war.

„Whit, ich rufe Emily an. Sie wird dir erzählen, dass das alles real ist und du nicht träumst", sagte Newell. Er tippte die Nummer in sein Handy, wartete, bis Emily abnahm, und erklärte ihr die Situation. Dann reichte er Whitney das Handy.

„Bitte, bitte, bitte, Emily, weck mich auf", flehte Whitney.

„Whitney, du bist wach. Das ist kein Traum. Wenn es ein Traum wäre, würde ich mich dann jetzt am Handy mit dir unterhalten?", fragte Emily.

„Ja! Wenn ich das hier träume, dann bist du auch Teil des Traums!"

„Whitney, du schläfst nicht. Das ist kein Traum."

„Sei eine gute Mitbewohnerin, Emily. Weck mich auf. Du bist schuld, wenn ich zu spät zum Unterricht komme. Dann kriege ich schlechte Noten und mein Schnitt geht runter." Whitney begann zu weinen. „Weck mich einfach auf. Ich will nicht an einem Unfall beteiligt sein, bei dem so viele Menschen umgekommen sind. Ich will nicht, dass sich die Leute fragen, warum ich überlebt habe und ihre Freunde nicht. Ich will nicht, dass das alles in Wirklichkeit passiert ist."

Sie weinte und begann zu hyperventilieren. Colleen lief aus dem Zimmer und suchte nach einer Krankenschwester. Schließlich wurde Whitney ein Beruhigungsmittel gegeben, damit sie erst einmal schlafen konnte. Als sie am nächsten

Morgen erwachte, wünschte sie sich immer noch, das Ganze sei nur ein Traum, doch sie begriff nun, dass dies nicht der Fall war.

Ein oder zwei Tage später, als Matt Whitney nach einer Therapiesitzung zurück auf ihr Zimmer brachte, sahen sie Carly mit einer jungen Frau sprechen, von der Whitney nicht wusste, wer sie war. „Hallo, wie heißt du?", fragte sie sie.

„Lisa."

„Und weiter?", fragte Whitney.

„Van Ryn."

„Hallo Lisa. Schön, dich kennenzulernen."

„Ich freue mich auch, Whitney."

„Woher kennst du meine Schwester?"

„Ich bin eine Freundin der Familie", entgegnete Lisa und wischte sich eine Träne von der Wange. „Carly hat mir erzählt, dass du hart daran arbeitest, wieder gesund zu werden. Das ist großartig."

„Ich will einfach nur nach Hause. Ich will meine Freunde und meinen Hund wiedersehen", sagte Whitney.

„Wie heißt dein Hund?", fragte Lisa.

„Hunter."

„Hunter. Der Name gefällt mir. Deine Schwester hat mir erzählt, dass du die *Taylor University* besuchst."

„Ja. Ich kann es nicht erwarten, wieder dorthin zurückzukehren."

„Ich bin auch auf der *Taylor University* gewesen. Es hat mir dort wirklich gut gefallen."

„Mir auch."

„Also, es war toll, dich kennenzulernen, Whitney. Ich hoffe, wir sehen uns mal wieder."

„Ja, ich auch."

Am nächsten Tag blätterte Whitney noch einmal das *People Magazine* mit ihrem Foto auf dem Titelblatt durch. Sie schaute sich jedes Foto ganz genau an. Auf der letzten Seite des Artikels war eine junge Frau abgebildet, die Gitarre spielte. „Hey, das ist doch das Mädchen, das gestern hier war", stellte sie fest.

Carly sah sich das Foto an. „Ja, das ist sie. Das ist Lisa Van Ryn, Lauras Schwester", bestätigte sie.

„Ich hätte sie erkennen müssen, nicht wahr?", fragte Whitney.

„Das ist schon in Ordnung, sie kennt dich jedenfalls noch", sagte Carly mit einem beruhigenden Lächeln.

20

Schritte vorwärts

Sonntag, 11. Juni 2006

Heute hatte Whitney einen ruhigen Tag. Sie fragt immer wieder, wann sie an die *Taylor University* zurückkann, um ihr erstes Studienjahr abzuschließen, und wann der Sommer anfängt. Wir müssen sie öfters mal daran erinnern, dass sie sich nicht in einem Traum befindet. In ihrer Erinnerung fehlen einige Wochen, deshalb glaubt sie, dass alles ein Traum ist und wir Teil dieses Traums sind. Das ist wohl typisch für Menschen mit einer Gehirnverletzung, aber es fällt uns schwer zuzusehen, wie sie das alles durchmachen muss. Ich weiß, dass ihr betet, und ich spüre die Gegenwart Gottes in unserem Leben stärker denn je. Ich bin Euch unendlich dankbar, dass Ihr Euch um unsere Familie sorgt. Es ist wirklich eine Erfahrung, die uns demütig werden lässt – sehr demütig. Gott sei gepriesen.

Sie hatte einen sehr guten Tag, *obwohl* sie das Gefühl hatte, dass sie sich in einem Traum befindet. Heute wollte sie, dass man ihr die Augenbrauen zupft. Als Colleen das tat, sagte sie jedes Mal: „Autsch!", trotzdem wollte sie nicht, dass ihre Mutter damit aufhört – sie befürchtete, ihre Augenbrauen könnten zusammenwachsen.

Heute kamen Matt und Sandra vorbei. Beide hatten sich einen Tag bei *Spring Hill* (einem christlichen Camp außerhalb von Grand Rapids, wo sie den Sommer über arbeiten) freigenommen. Das besserte Whitneys gute Laune noch zusätzlich auf und freute uns alle. Whitney kann mittlerweile Filme ansehen, wenn sie Lust dazu hat, und heute haben wir mit ihr zusammen *Der Prinz von Ägypten* gesehen. Danach haben wir uns großartig unterhalten. Whitney

spricht jetzt in vollständigen Sätzen, und alles, was sie sagt, ergibt einen Sinn. Im Laufe unseres Gesprächs stellte sie Matt eine Frage, an deren korrekte Antwort er sich nicht erinnern konnte. Whitneys großartiger Sinn für Humor kam zum Vorschein, als sie bemerkte, dass eigentlich Matt im Krankenhaus liegen sollte und nicht sie.
In Christus, Whitneys Vater

Sonntag, 18. Juni 2006 [Vatertag in den USA]
Ich war von der Vatertagskarte, die Whitney für mich gemacht hat, wirklich beeindruckt. Ich muss Euch sagen, was darauf stand; für mich war der Inhalt so wertvoll, also habt Nachsicht mit mir. Auf der Karte stand Folgendes: „Dad, ich wünsche Dir einen schönen Vatertag. Ich bin froh, dass ich Dich wiedersehen konnte! Und das ist auch gut so, oder, Dad? Ist meine Karte nicht viel schöner als die von Sandra und Carly? Ich finde das jedenfalls und *ich* bin in diesem Sommer nicht weg. Ich liebe Dich, Dad. In Liebe, Whitney."
Ich hatte einen dicken Kloß im Hals und Tränen in den Augen. Ich danke Gott, dass er mir diese Zeit mit meinen Töchtern Whitney, Carly und Sandra geschenkt hat. Gott hat mich auf eine Art gesegnet, die sich kaum in Worte fassen lässt. [...]
Gott segne Euch.
In Christus, Whitneys Vater

Montag, 26. Juni 2006
Whitney hatte heute wieder einen guten Tag. Nachdem sie nach einem Wochenende zu Hause wieder ins Rehazentrum zurückgekehrt ist, hatte sie eine ruhige Nacht. Morgens hatte sie wieder ihre Therapie und ihre Leistung steigerte sich sogar gegenüber der vom Freitag noch einmal. Mit der Gehhilfe ist sie von der kleinen Sporthalle aus über den ganzen Flur gegangen. Ich weiß nicht genau, wie weit es war, doch es war die längste Strecke, die sie bewältigt hat, seit sie die Gehhilfe hat. Durch die Therapie wird auch ihr Arm immer kräftiger. Wenn sie im Bett liegt, bittet sie einen darum, dass man ihren Arm und ihr Bein streckt. Sie will so gerne unabhängig werden. Gestern hat sie mit dem Basketball ein paar

Körbe geworfen, während sie auf ihrem rechten Bein balancierte, und das hat sie wirklich gut gemacht. Nachmittags hat sie geübt, das Bein zu bewegen. Die „Aktenordner" in ihrem Kopf, die beim Unfall „herausgefallen und überall verstreut" waren, werden in der Sprachtherapie nach und nach wieder richtig einsortiert. Es macht Freude, ihr dabei zuzusehen.

Heute waren drei Freundinnen von ihr hier, um sie zu besuchen. Whitney kann sich immer besser unterhalten. Sie geht auf die Menschen ein, und es macht Spaß, mit ihr zu sprechen. Ihr Lächeln strahlt Wärme aus und zeigt, dass es ihr besser geht.

Ein Ereignis vom Freitag haben wir vergessen zu erzählen. Sie hatte zwei Besucher: Don und Lisa Van Ryn waren hier, um mit uns zu Mittag zu essen. Es war ein schönes Wiedersehen, obwohl Whitney sich nicht an sie erinnern kann. Sie weiß, dass sie es waren, die sich in den ersten fünf Wochen um sie gekümmert haben. Es war großartig, dass sie hier waren und ihr von dieser Zeit erzählt haben. Sie sind großartige Menschen, und Whitney wird ihnen nie vergessen, was sie für sie getan haben. Wir beten weiterhin für sie, dass Gott ihnen Kraft schenkt und sie tröstet. Gott hat uns durch diese wunderbare Familie unglaublich viel Liebe erwiesen.

In Christus, Newell

Montag, 3. Juli 2006

Es ist Montag und eine neue anstrengende Woche liegt vor Whitney. In den nächsten beiden Wochen hat sie einen vollen Stundenplan. (Sie wurde von der *Spectrum*-Rehaklinik für den nächsten Therapieabschnitt ins *Hope House*, eine andere Reha-Klinik, gebracht.) Ihr Psychologe bezeichnete dies als großartige Möglichkeit, weil sie dort alle Therapieformen unter einem Dach vereint hat. Wir werden nicht mehr in der Lage sein, die Therapiesitzungen in allen Einzelheiten zu verfolgen, weil Whitney sich Stück für Stück ihre Unabhängigkeit zurückerobern will. Sie war ohnehin niemals ein Mamakind und will nicht, dass wir sie allzu sehr bemuttern. Das macht mich einerseits traurig, weil ich beim Zusehen viel von den Therapeuten gelernt habe (da meldet sich die Lehrerin in mir), und es tat mir auch immer gut, wenn ich in jeder Sitzung Fortschritte sehen konnte, aber andererseits bin ich glücklich, weil Whitney ihr Selbstvertrauen und ihre Unabhängigkeit wiedergewinnt. In den nächsten beiden Wochen wird sie mindestens sechs Stunden täglich zur Therapie gehen. Am Freitag, dem 14. Juli, wird eine große Sitzung mit allen Therapeuten und Ärzten stattfinden, in der man ihre Fortschritte bewertet, feststellt, wo sie jetzt steht und wie lange sie voraussichtlich noch bleiben muss. Whitney arbeitet jeden Tag hart auf dieses Ziel hin. Es gefällt ihr, ihre verschiedenen Therapeuten in den Einzelsitzungen persönlich kennenzulernen.

Da morgen ein Feiertag ist, durften wir Whitney heute Abend mit nach Hause nehmen. Wir haben unseren gasbetriebenen Grill rausgekramt und ich habe tatsächlich eine richtige Mahlzeit zubereitet. Es war fast alles beim Alten (abgesehen davon, dass Sandra fehlte), wie wir so am Esstisch saßen und ausgelassen sein konnten. Carly brachte Whitney so sehr zum Lachen, dass ich befürchtete, ich müsste den Heimlich-Griff anwenden. Nach dem Essen kamen ein paar Freunde von der *Taylor University* vorbei. Es war schön, die Mädchen miteinander reden und lachen zu hören. Whitney freut sich darauf, morgen auszuschlafen, und natürlich freut sie sich auf das Feuerwerk zum Unabhängigkeitstag. Ich hoffe, Ihr verbringt morgen einen schönen Feiertag mit Euren Familien und Freunden.

Whitneys Mutter

Mittwoch, 12. Juli 2006

Heute war Whitney den größten Teil des Tages auf sich allein gestellt. Sie hatte alles sehr gut im Griff. Sie ist ein richtiges Energiebündel. Gestern Morgen ist sie knapp 130 Meter gelaufen und am Nachmittag hat sie noch einmal über 60 Meter in Angriff genommen. Ihre Kraft und Ausdauer wachsen also.

In der Ergotherapie sollte sie ihren Bereich im Badezimmer selbst sauber machen, ihre Wäsche waschen und ihr Zimmer aufräumen. Sie muss alle Aufgaben sehr zufriedenstellend erledigt haben, denn eine ihrer Therapeutinnen sagte zu uns: „Sieht so aus, als hätten Sie ihr das hervorragend beigebracht ... Die meisten Leute beschweren sich, aber sie nicht ... Sie hat sich an die Arbeit gemacht und war bald fertig." Sehr gut, Whitney! Wir danken Gott, dass sie sich daran erinnert hat, wie es geht. Vielleicht bleibt ihr Zimmer zu Hause jetzt auch in aufgeräumtem Zustand, wenn sie wieder nach Hause kommt.

In Christus verbunden, Whitneys Familie

Freitag, 21. Juli 2006

Heute sah Whitney wieder großartig aus. Dieses Lächeln mit den Grübchen ist wieder zurückgekehrt. Sie erledigt weiterhin ihre täglichen Aufgaben. Heute hat sie die Küche geputzt und ihr Zimmer aufgeräumt. Ich habe die Zeit gestoppt, als sie im Rollstuhl den Flur hinuntergesaust ist; sie ist jetzt wirklich schnell. Ihre Arme werden immer kräftiger ... Als wir gestern in den Zug stiegen, hat sie sich sogar selbst auf ihren Sitz gehievt.

Ihre Spontaneität kommt immer mehr zurück. Damit meine ich, dass sie im Gespräch schnell auf Kommentare von anderen reagiert. Ihr Gesichtsausdruck wird immer natürlicher. Gott stärkt ihren Körper und ihren Verstand. Wir preisen ihn für alles, was er tut.

Morgen ist ein großer Tag! Whitney hat einige Arzttermine. Einer ist für sie besonders wichtig, nämlich der bei ihrem Orthopäden. Dann wird sich herausstellen, ob das linke Bein schon ihr Gewicht trägt. Wir bitten Euch, weiterhin für Whitneys Genesung zu beten.

In Christus, Whitneys Vater

Donnerstag, 3. August 2006

Heute war ein toller Tag für Whitney. Nachdem sie am Vormittag ihr normales Pensum bewältigt hatte, haben wir uns mit dem gesamten Therapeutenteam und dem Neuropsychologen getroffen. Es fällt uns schwer zu glauben, dass seit dem Unfall nur gut drei Monate vergangen sind. Die Zeit ist so langsam vergangen. In der Sitzung wurden wir daran erinnert, dass Whitneys Weg von dem Zeitpunkt, zu dem man bei ihr eine schwere Gehirnverletzung und mehrere Knochenbrüche diagnostiziert hat, bis zum heutigen Tag kein *kleines* Wunder ist. Es ist ein *großes* Wunder! Gott ist gut. Sie hat in dieser Zeit viel größere Fortschritte gemacht, als wir erwartet haben. Ihre Therapeuten haben begeisterte Berichte über ihre Fortschritte vorgelegt. Alle waren offensichtlich sehr erfreut, wie sehr sich ihr Zustand seit dem letzten Teamtreffen vor drei Wochen gebessert hat. Ihr Neuropsychologe war wirklich beeindruckt und meinte, ihre Fortschritte seien, vorsichtig ausgedrückt, bemerkenswert.

Was sich noch bessern muss, sind ihre Konzentrationsfähigkeit und die Geschwindigkeit, mit der sie Informationen verarbeitet. In diesen Bereichen hat es allerdings auch schon Verbesserungen gegeben, und dafür sind wir dankbar. Wir beten weiterhin für Whitneys vollständige Genesung.

Das sind wirklich gute Neuigkeiten ... viel bessere, als wir erwartet hatten. Davor hatten wir *gehofft,* dass Whitney im Herbst wieder auf die Uni würde gehen können. Wir waren uns jedenfalls sicher, dass sie zumindest im Januar dazu in der Lage sein würde. Doch mit diesem neuen Bericht wurde die vorsichtige Hoffnung gestützt. Man hat mit uns das Für und Wider dieser beiden Möglichkeiten erwogen. Es gibt sowohl für die eine als auch für die andere Argumente, aber wir hatten das Gefühl, dass die *Taylor University* der Ort ist, an dem sie am besten vollständig genesen würde. Whitney strahlte, als sich die Entscheidung herauskristallisierte. Sie sagte, dies sei der schönste Tag ihres Lebens, und sie lächelte ...

In Christus, Whitneys Familie

11. August 2006. „Nie werde ich dich im Stich lassen ..."
DER MOMENT, AUF DEN WIR ALLE GEWARTET HABEN, IST GEKOMMEN!!!!!!!!!!!

„‚Niemals werde ich dir meine Hilfe entziehen, nie dich im Stich lassen.' Wir dürfen also getrost sagen: ‚Der Herr steht mir bei; nun fürchte ich nichts mehr. Was könnte ein Mensch mir schon tun?' ... Jesus Christus ist derselbe gestern und heute und in alle Ewigkeit!" Hebräer 13,5-6 und 8.

Hallo Ihr alle, die Ihr diesen Blog lest. Hier ist Whitney!! Es ist ein gutes Gefühl, endlich die Person zu sein, die Euch die neuesten Infos über ... mich selbst gibt! Die letzten drei Monate waren für so viele Menschen lebensverändernd und jede dieser Personen hat andere Erfahrungen gemacht – mich eingeschlossen. Ich kann mich deutlich an die vergangenen 18 Jahre meines Lebens erinnern, sogar an das Bankett vor dem Unfall. Die nächste Erinnerung ist die an Carly, Sandra und meine Mutter, wie sie in meinem Zimmer stehen und weinen. Ich weiß, dass ich eine fünfwöchige Erinnerungslücke habe. Es ist für mich eigenartig, davon zu hören, weil alle anderen Erinnerungen an mich haben, die ich selbst nicht habe. Einige Leute haben mich im Krankenhaus besucht, unter anderem die Van Ryns. Ich weiß, dass sie während der ersten fünf Wochen Tag und Nacht bei mir waren, aber ich kann mich nur an diesen einen Besuch erinnern. Sie sind sehr nette Leute, und es war komisch, von ihnen zu hören, wie ich mich ihnen gegenüber verhalten habe, als ich nach und nach aus dem Koma aufgewacht bin.

Als ich erfuhr, dass fünf Menschen bei dem Unfall umgekommen sind, war ich tief betroffen. Ich kann mich an die Rückfahrt zur *Taylor University* vage erinnern. Wir lachten und uns ging es gut. Mir tun die anderen Familien unendlich leid. Ich weiß nicht, warum das alles passiert ist, aber das einzig Gute an der ganzen Sache ist, dass Gottes Botschaft deutlich verkündet wurde. Ich weiß, dass sich meine Erlebnisse von denen aller anderen Menschen unterscheiden, doch Gott hat mich gelehrt, dass er treu ist und dass er uns auf jedem Schritt des Weges begleitet, selbst in den schwersten Zeiten unseres Lebens. Und ich kann bestätigen, dass er in diesen letzten Monaten bei mir gewesen ist. Meine Genesung bedeutet harte Arbeit, aber ich danke Gott dafür, dass er mich in jeder Hinsicht heilt.

Es war eigenartig zu hören, dass meine Angehörigen und Freunde meine Beerdigung gefeiert haben, doch sie haben mir gesagt, dass Gott selbst in dieser Zeit treu war. Es fällt mir schwer zu glauben, dass diese Geschichte in den Medien verbreitet wurde und mich nun so viele Menschen kennen. Ich kenne zwar viele von Euch, die Ihr diesen Blog lest, nicht, aber ich bin Euch dankbar, dass Ihr für mich gebetet habt.

Ich freue mich so sehr, dass ich wieder zu Hause bin und in einigen Wochen wieder an die *Taylor University* zurückgehe. Ich kann es kaum abwarten, wieder ein normales Leben zu führen. Betrachtet diese Zeilen also als meinen ersten und letzten Blogeintrag, mit dem ich diese Phase meines Lebens abschließe.

ICH BIN ENDLICH ZU HAUSE!

Whitney

21
Es geht vorwärts

18. August 2006

Es ist kaum zu glauben, dass wir seit über einer Woche zu Hause sind. Die Zeit rast dahin, weil Whitney meint, sie müsse den gesamten Sommer in zwei Wochen packen. (Sie macht das übrigens ziemlich gut.) Ein Höhepunkt für uns alle war der letzte Sonntag – seit Ostern unser erster gemeinsamer Sonntag zu Hause. Das haben wir gefeiert. Wir waren alle ziemlich aufgeregt, als wir unserer Gemeinde erzählten, wie Gottes Liebe uns durch diesen Sommer getragen hat. Alle standen auf und applaudierten, als Whitney mit uns nach vorne ging. Zufällig fand am selben Tag das alljährliche Gemeindepicknick statt und so verbrachten wir nach dem Gottesdienst einen wunderschönen Nachmittag mit alten Freunden. Es ist so schön, wieder zu Hause zu sein, im eigenen Bett zu schlafen, am eigenen Tisch zu sitzen, ein selbst gekochtes Essen zu sich zu nehmen und zu lachen. Hunter (unser Hund) und Taylor (unsere Katze) sind ebenfalls froh, dass wir wieder da sind.

Whitney hat in der vergangenen Woche jede Minute mit ihren Freunden genossen. Der Zeitpunkt ihrer Rückkehr nach Hause war perfekt, weil viele von ihnen nun wieder ans College zurückgehen. Sie freute sich besonders, dass sie zur *Chicken-Wing*-Nacht ins *La Senoritas* gehen konnte – eine besondere Tradition für sie und ihre Freunde. Das Wetter war großartig, sie ist einige Male zum See hinuntergefahren oder hat mit Freunden am Lagerfeuer gesessen. Sie bekommt noch immer jeden Tag eine Stunde Physiotherapie, damit ihre Muskeln wieder kräftig werden und ihre Ausdauer zunimmt.

Wir stellen immer wieder fest, dass Gott uns eine großartige Therapeutin an die Seite gestellt hat.

Während wir allmählich wieder zu einem normalen Leben zurückkehren, denken wir im Gebet an die Familien, die sich an die Veränderung in ihrem Leben noch immer gewöhnen müssen.

In Liebe, Whitneys Mutter

LETZTER BLOGEINTRAG

Obwohl Whitney sich darauf gefreut hatte, an die *Taylor University* zurückzukehren, wurde es ihr mulmig, als sie wieder auf dem Campus stand. Unmittelbar vor ihrer Entlassung aus der Rehaklinik hatte sie einen weiteren neuropsychologischen Test gemacht. Dabei hatte sie weitaus besser abgeschnitten als bei dem Test Mitte Juni, so viel besser, dass die Therapeuten es sogar als ein Wunder bezeichneten, doch die Ergebnisse hatten sie dennoch erschüttert.

Als Whitney von ihrem Wohnheimzimmer zur *Odle Arena* hinüberging, wo der Gottesdienst zum Semesterbeginn stattfinden sollte, hatte sie das Gefühl, von allen angestarrt zu werden. Sie drückte sich dicht an ihre Mitbewohnerin Emily und versuchte, nicht aufzufallen. Dauernd drehte sich jemand nach ihr um, der sie erkannte. Ein paar Mädchen gingen an ihnen vorbei und drehten die Köpfe nach ihr um, als sie sie passiert hatten. Sie sprachen sie nicht direkt an, doch Whitney hörte, wie eins der Mädchen zu einem anderen sagte: „Meine Güte, das ist sie." Sie mochte das Gefühl, im Mittelpunkt der Aufmerksamkeit zu stehen, nicht. Mehr als alles andere wünschte sie sich, lediglich eine Studentin unter allen anderen auf dem Campus zu sein – so wie vor dem Unfall. „Ich hoffe, ich habe keinen Fehler gemacht", sagte sie an Emily gewandt. „Ich bin nicht sicher, ob ich wirklich schon wieder hierhergehöre."

„Was redest du da, Whit? Natürlich gehörst du hierher", rügte Emily sie.

„Ja, vielleicht", entgegnete Whitney. Die Ergebnisse ihres letzten neuropsychologischen Tests gingen ihr nicht aus dem

Kopf. *Ich bin auf dem Niveau des achten Schuljahrs. Ich habe wie eine Achtklässlerin abgeschnitten ... Und ich bin jetzt wieder auf dem College? Im Grunde bin ich eine Mittelstufenschülerin, die versucht, aufs College zu gehen. Ich kann nicht glauben, dass ich dachte, das würde funktionieren.*

Vor dem Eingang der *Odle Arena* trafen sie sich mit Amy und Anne. „Setzen wir uns dorthin", sagte Amy und ging voraus. Die vier suchten sich eine der mittleren Klappstuhlreihen auf dem Basketballfeld aus und setzten sich. Viele andere Studenten nahmen um sie herum Platz. Wieder einmal drehten sich Köpfe nach ihnen um, als man Whitney erkannte. Ein oder zwei Leute sprachen sie auch an und begrüßten sie: „Hallo Whitney, wie geht es dir? Schön, dass du wieder da bist." Sie lächelte und sagte: „Gut" und „Danke", während sie dachte: *Ich hoffe, dass das bald aufhört, dass ich im Mittelpunkt der Aufmerksamkeit stehe.*

Der Gottesdienst begann mit Gesang, der von einer Band begleitet wurde. Whitney und ihre Freundinnen standen mit allen anderen Studenten gemeinsam auf und sangen mit. Nun war die Aufmerksamkeit der anderen nicht mehr auf sie gerichtet. Whitney genoss den Moment und ging vollkommen in der Musik auf. *Darauf habe ich gewartet,* dachte sie.

Schließlich stand der Direktor der *Taylor University* auf, um ein paar Worte an die Studenten zu richten. Er hieß sie willkommen und sprach über die hohen Erwartungen, die er für das nächste Semester hegte. Dann kam der Augenblick, den Whitney gefürchtet hatte. „Heute sitzt ein Wunder bei uns in der Halle", sagte er. *Oh nein. Bitte sag es nicht. Bitte sag es nicht,* dachte Whitney. „Wie sich wohl jeder hier erinnert, hat uns alle im letzten Semester ein fürchterlicher Schlag getroffen. Wir haben fünf wunderbare Menschen verloren." *Nein, nein, nein, bitte sprich nur über diese fünf.* „Aber Whitney Cerak hat den Unfall überlebt. Sie wurde schwer verletzt, doch heute ist sie wieder unter uns."

Die gesamte Arena brach in Applaus aus.

Whitney rutschte auf ihrem Stuhl ein Stück nach unten. Sie wäre am liebsten im Erdboden versunken.

„Komm schon, Whit", sagte Emily, „wenn dieser Tag vorbei ist, wird sich alles wieder normalisieren, du wirst sehen."

Die ersten Unterrichtstage waren, wie sich herausstellte, für alle besonders schwierig. Dozenten und Studenten wollten Whitney so gerne sagen, wie sehr sie sich über ihre Genesung freuten, doch gleichzeitig wollten sie keine Grenzen überschreiten. Da sie äußerlich sehr gesund wirkte, nahmen die meisten an, dass auch ihre Gehirnverletzung völlig ausgeheilt war. Doch das war nicht der Fall. Newell und Colleen hatten ihre Zustimmung dafür gegeben, dass Whitney wieder aufs College ging, da die Ärzte ihnen in Aussicht gestellt hatten, dass diese Stimulation die „vom Hurrikan entwurzelten Bäume" schneller und stärker wachsen lassen würde. Whitney hatte zunächst nur ein Pensum von sechs Semesterwochenstunden zu bewältigen und fuhr dreimal in der Woche für zusätzliche Therapiesitzungen nach Fort Wayne. Doch dieser dünne Stundenplan an der Uni sorgte dafür, dass sie sich erst recht fehl am Platz fühlte. Obwohl ihr die Universität einen Tutor zur Verfügung stellte, musste sie sich anstrengen, um mit den anderen mithalten zu können.

Drei Wochen nach Beginn des Semesters sah Newell Whitneys Nummer auf dem Display seines Handys aufleuchten. „Hallo, Whitney, schön, deine Stimme zu hören", sagte er, als er den Anruf angenommen hatte. Das war keine Floskel. Seit dem Tag, an dem Colleen ihn angerufen hatte, um ihm mitzuteilen, dass Whitney doch noch lebte, betrachtete Newell den Klang der Stimme seiner Tochter als einen Schatz.

„Dad", sagte sie zu ihm in einem Tonfall, der ihm sofort klarmachte, dass etwas nicht stimmte, „ich will nach Hause."

„Was ist los?"

„Ich halte es hier nicht aus. Ich gehöre nicht hierhin. Ich will nicht hier sein." Whitney fing an zu weinen. „Ich bin nicht mehr ich selbst, Dad, und ich hasse dieses Gefühl. Ich weiß, dass ich mich verändert habe, und ich weiß, dass sich alle um mich herum fragen, was mit der alten Whitney passiert ist. Ich bin nicht mehr lustig. Ich bin nicht mehr gern unter Menschen. Ich bin nicht mehr ich selbst."

Newell wusste nicht, was er sagen sollte. Am liebsten wäre er sofort ins Auto gesprungen und in Richtung *Taylor University* gefahren. Er vermisste sie schrecklich. Die Entfernung zwischen Gaylord und Upland schien niemals größer gewesen zu sein. „Whit, Liebes, versuche, noch dieses Semester durchzuhalten, dann können wir noch einmal drüber reden."

„Warum tut Gott mir so etwas an? Warum hat er zugelassen, dass ich in diesen Unfall geraten bin? Ich bin auf dem Stand einer Achtklässlerin, Dad. Ich weiß nicht, wie ich glauben konnte, dass das funktionieren würde", sagte sie.

„Hast du mit Carly darüber geredet?"

„Ja, stundenlang."

„Und was sagt sie dazu?"

„Nicht viel. Sie hat vor allem zugehört. Aber sie hat dasselbe gesagt wie du. Sie meint, ich sollte bis zum Ende des Semesters durchhalten."

„Meinst du, du schaffst das?", fragte Newell.

„Ich weiß nicht. Ich kann es versuchen", entgegnete Whitney.

Im Laufe der nächsten beiden Monate bekam Newell noch ein paar solcher Anrufe. Obwohl die Therapeuten meinten, dass sie in Anbetracht dessen, was sie durchgemacht hatte, recht gut zurechtkam, war Whitney deprimiert. Sie hatte so hart daran gearbeitet, wieder zur Uni zurückgehen zu können, doch nun, wo sie dort war, fühlte sie sich fehl am Platz. Jeden Tag hatte sie das Gefühl, sie müsse einen steilen Berg erklimmen – in akademischer, sozialer und emotionaler Hinsicht. Ihr Vater war einer der wenigen Menschen, mit denen sie darüber reden konnte.

Einige Tage bevor Whitney und Carly über *Thanksgiving* nach Hause kommen sollten, klingelte bei den Ceraks das Telefon. „Ich geh ran", sagte Newell, als er nach dem schnurlosen Telefon auf einem Tisch griff.

„Dad." Es war Whitney, doch ihr Tonfall klang völlig verändert.

„Hallo, Whit, wie geht es dir?", sagte er.

„Ich habe noch einen neuropsychologischen Test gemacht und gerade habe ich die Ergebnisse bekommen."

„Und? Wie sieht's aus?"

„Sie haben mir gesagt, dass ich jetzt auf dem Niveau des zweiten Studienjahres bin!" Sie klang, als hätte sie gerade in der Lotterie gewonnen.

Tränen liefen über Newells Wangen.

Als Colleen das sah, befürchtete sie schon, es gebe schlechte Nachrichten, und sie fragte: „Was ist los?"

Newell konnte nicht sprechen. Er reichte ihr deshalb einfach das Telefon, setzte sich und weinte.

„Whitney? Ich bin's, Mom", sagte Colleen in den Hörer. „Alles in Ordnung?"

„Ja, Mom, mehr als das. Ich habe gerade die Ergebnisse meines letzten neuropsychologischen Tests bekommen. Ich bin nun auf dem Niveau des zweiten Studienjahrs, genau dort, wo ich auch sein sollte. Kannst du das glauben?"

„Ja, Whitney, das kann ich. Ich habe keine Minute daran gezweifelt", sagte Colleen. Sie sprachen noch einige Minuten miteinander. Schon der Klang von Whitneys Stimme gab Colleen die Gewissheit, dass sie ihr Studium am Ende des Semesters nicht abbrechen würde.

Nachdem sie aufgelegt hatte, umarmten sich Newell und Colleen und sie ließen ihren Tränen freien Lauf. Ihre Tochter hatte einen weiteren entscheidenden Schritt geschafft, ein weiteres Wunder erlebt.

✳

Ich weiß nicht, was ich sagen soll!
Gott, Du bist meine Zuflucht – bitte beschütze mich.
Du bist meine Stärke – ich selbst bin schwach.
Du willst mir Trost und Frieden schenken –
bitte trage mich durch die Tage, die vor mir liegen.
Der letzte Eintrag in Susies Gebetstagebuch, das sie am 26. April 2006 begonnen hatte. Dieses Tagebuch sollte ein Geschenk für Laura bei ihrer Heimkehr werden.

Susie setzte sich auf den Schaukelstuhl auf der geschützten Veranda ihrer Ferienhütte. Lisa und Julie, die Freundin, mit der Lisa am Abend des Unfalls telefoniert hatte, schliefen noch. Ein paar Kinder liefen vorbei und riefen sich etwas zu. Andere waren noch in ihren Hütten auf der anderen Seite des Lagers, weit abseits von den Häusern der Mitarbeiter. Obwohl es Juli war, war die Morgenluft frisch. Susie merkte es kaum. Sie saß in ihrem Schaukelstuhl und blickte vor sich hin. Die Bibel lag auf ihrem Schoß, aufgeschlagen bei den Sprüchen. Obwohl sie seit dem Abend des Unfalls in ihr Trost und Kraft gefunden hatte, hatte sie an diesem Morgen keine Lust, darin zu lesen. Sie hatte zu überhaupt nichts Lust. Allein das Aufstehen war Leistung genug gewesen.

Wenn es nach ihr gegangen wäre, hätte sie die Bettdecke über den Kopf gezogen und sich nicht gerührt. Doch sie hatte gewusst, dass sie aufstehen musste. Sie hatte sich zwingen müssen, die Beine über die Bettkante zu heben, sie hatte ihren Körper zwingen müssen, dem Beispiel der Beine zu folgen. All das hatte sie getan, weil sie wusste, dass sie es tun *musste*. Als sie aufgestanden war, hatte sie es irgendwie geschafft, sich anzuziehen, die Haare zu bürsten und weitere Dinge zu tun, die sie hatte tun müssen, um den Tag angehen zu können. Doch sie hatte es nur bis zum Schaukelstuhl auf der Veranda geschafft.

Während sie die Kinder beobachtete, die nun aus ihren Hütten kamen und zum Speisesaal des Ferienlagers hinübergingen, dachte sie daran, wie grausam es sei, dass das Leben so an ihr vorüberraste. Sie blickte hinunter auf ihre Bibel, doch alle Buchstaben auf der Seite verschwommen zu einem langen, unverständlichen Wort. Sie sah genauer hin und konnte die Worte eines Verses entziffern, der sie aus dieser Seite regelrecht anzuspringen schien: „Das Menschenherz ist mit seinen tiefsten Schmerzen und Freuden allein; niemand kann sie mit ihm teilen."* *Schmerzen und Freuden so dicht beieinander – genau so ist es bei mir im Moment. Oh Gott, wie soll es weitergehen?*

* Sprüche 14,10

Das Lachen von ein paar Klein-Mädchen-Stimmen lenkte ihre Aufmerksamkeit von dem Bibelvers auf das Leben außerhalb von ihr selbst. *Wissen sie es denn nicht?*, dachte Susie. *Wissen sie nicht, dass die Erde zum Stillstand gekommen ist?* Es erfüllte sie mit Traurigkeit, dass das Leben in einer gefallenen Welt solche Grausamkeit mit sich bringen konnte, ohne auch nur einen Herzschlag lang stillzustehen. *Oh Gott, warum?*, betete sie. *Warum geht das Leben weiter, wenn ich es doch aufhalten möchte? Warum geht es immer weiter, wenn ich mich nicht bewegen kann?* Sie schluchzte und starrte einige Minuten lang nur vor sich hin, ehe sie sich klarmachte, dass sie aufstehen musste. Auf dem Schaukelstuhl in der Abgeschiedenheit ihrer Hütte zu sitzen war besser, als mit der Bettdecke überm Kopf im Bett zu liegen, aber es war nicht *viel* besser. Als sie versuchte, die Kraft zum Aufstehen aufzubringen, fiel ihr Blick auf ein Foto, das an der Wand neben der Tür hing. Don hatte es im vorigen Sommer aufgenommen. Kenny, Mark und Lisa hatten arbeiten müssen und Laura hatte gerade ein Praktikum in der Nähe von Detroit gemacht. Doch eine Woche hatten sie sich alle freinehmen und ins Bibelcamp kommen können. Don hatte damals das Foto von ihnen gemacht, das nun an der Wand ihrer „Eichhörnchenhütte" hing. Die Erinnerung an diesen Tag war bittersüß – wie alle Erinnerungen an Laura, die an diesem Ort hochkamen. Susie entschied sich, sich an die schönen Erinnerungen zu halten. Das gab ihr die Kraft aufzustehen.

Als sie von ihrer Hütte aus etwa 100 Meter in Richtung Speisesaal gegangen war, lief ein Mädchen an ihr vorbei und wünschte ihr einen guten Morgen.

Susie lächelte und winkte der Kleinen zu, als diese weiterrannte. Das Lachen und das Scheppern von Töpfen und Pfannen wurde lauter, als sie sich dem Speisesaal näherte. Sie stieg die Stufen zur überdachten Terrasse hoch und schlüpfte durch die Hintertür in die Küche. Es war der traditionelle „Pfannkuchentag". In den Sommerwochen, in denen Don im Camp war, bestand er immer darauf, die Pfannkuchen persönlich zuzubereiten. Susie konnte sich lebhaft vorstellen, wie er vor der heißen Platte stand, gekleidet wie ein verrückter irischer Pfannkuchenkoch, und den Pullover trug, den ihm Mark gekauft hatte, als er ein Semester in Irland studiert hatte.

„Guten Morgen, Tante Suz", grüßte eins der vielen Mädchen, die den Sommer über in der Küche arbeiteten.

Als ihr Name fiel, drehten sich noch einige andere um.

Obwohl Susie jeden Sommer Küchenchefin gewesen war, seit Dons Mutter den Stab an sie weitergereicht hatte, hatte sie in diesem Sommer noch nicht viel Zeit in der Küche verbracht. „Guten Morgen", sagte Susie, „alles in Ordnung heute Morgen?"

„Alles bestens. Könnte nicht besser laufen, obwohl Pfannkuchentag ist. Und du weißt, was das bedeutet."

„Da ist immer viel zu tun", sagte Susie. „Aber nächste Woche, wenn das Jungencamp stattfindet, wird es noch heftiger sein. Die Mädels essen nicht ganz so viel wie die Jungen, aber sie kommen schon ziemlich nah ran."

Das Mädchen lachte.

Susie ging durch die Küche, begrüßte die Mitarbeiter und kehrte dann wieder zur Hintertür zurück. „Sieht so aus, als hättet ihr hier alles unter Kontrolle. Macht weiter so", sagte sie, als sie nach der Klinke griff.

Ihre Schwägerin Ruthann saß im Küchenbüro unmittelbar neben der Tür. Ihre Blicke trafen sich kurz, und Ruthann wusste sofort, wie es Susie ging. Immerhin war ihr eigener Sohn Matt fünf Jahre zuvor bei einem Autounfall ums Leben gekommen.

Wieder draußen, wollte Susie wieder zurück zu ihrer Hütte gehen, doch sie besann sich eines Besseren. Der Wind pfiff durch die Kiefern, und sie entdeckte ein Eichhörnchen, das aus einem Loch schoss, um sich im nächsten gleich wieder zu verkriechen. Susie atmete tief durch. *Immer in Bewegung bleiben,* sagte sie sich, *einfach immer in Bewegung bleiben.* Sie dachte an den Morgen auf der Intensivstation in Fort Wayne zurück, als sie das Zimmer betreten und Laura – nein, Whitney – auf einem Stuhl sitzen gesehen hatte. Der Anblick hatte sie erschreckt. Susie erinnerte sich daran, wie grausam es ihr erschienen war, wenn die Krankenschwestern ihre Tochter – nein, dieses schwer verletzte Mädchen – gezwungen hatten, sich zu bewegen, während die Patientin offensichtlich nichts nötiger hatte, als still im Bett zu liegen und die Wunden heilen zu lassen. Aber sie waren nicht grausam gewesen. Whitney hatte aufstehen und sich bewegen müssen, um den Heilungsprozess in Gang zu setzen. Jetzt war Susie diejenige, die aufstehen und sich bewegen musste, sonst würde der Heilungsprozess niemals beginnen. Es erschien ihr genauso grausam, doch sie wusste, dass es auch ebenso notwendig war.

Immer in Bewegung bleiben, sagte sie sich, als sie vom Speisesaal aus über das ganze Gelände ging. Dieses Sommercamp war für sie und ihre Familie ein Zufluchtsort, an dem sie Ruhe fanden. Und genau die brauchten sie. Susie wusste, dass sie in Bewegung bleiben musste, doch das bedeutete nicht, dass sie sich wieder ins Leben stürzen musste, so wie vor dem Unfall. Sie hatte sich bei ihrer Arbeit im Friseursalon erst einmal Sonderurlaub genommen. Ihre Kolleginnen kümmerten sich um ihre Kundinnen, während sie weg war, so wie sie es seit Ende April getan hatten. Die Belegschaft hatte sogar ein Bäumchen aus Geldscheinen gebastelt, um zu den Ausgaben der Familie in den vergangenen Monaten etwas beizusteuern. Die Arbeit konnte warten. Susie wusste, dass es ihr guttun würde, hier zu sein – nicht nur für ein Wochenende oder eine Woche oder auch einen Monat, sondern für den ganzen Sommer.

Während sie so über das Gelände wanderte, hörte sie eine Tür zuschlagen, dann noch eine. Die Mädchen strömten aus den Hütten und liefen zum Speisesaal hinüber, um zu frühstücken. Sie konnte Laura lachen hören, konnte sie gemeinsam mit den anderen Mädchen laufen sehen. Obwohl die Van Ryns eine eigene Hütte an einem Ende des Geländes hatten, hatte Laura, seit sie zum ersten Mal mit im Camp gewesen war, immer mit den anderen Mädchen in den lang gestreckten Hütten übernachtet.

Susie ging auf die große Feuerstelle zu. Wenigstens einmal pro Ferienlager zündeten die Mitarbeiter ein großes Lagerfeuer an und alle Kinder und Jugendlichen versammelten sich darum. Susie konnte sich vorstellen, wie Laura und Lisa an der Feuerstelle saßen, Gitarre spielten und gemeinsam mit der Gruppe sangen. Lisa hatte Laura das Gitarrespielen beigebracht und die beiden hatten gern zusammen gespielt. Zwischen dem fröhlichen Geschrei der Kinder um sie herum konnte Susie beinahe ihre beiden Töchter singen hören. Sie lächelte, als ihr die Tränen die Wange herunterzulaufen begannen.

Dann setzte sie sich auf eine Bank, nicht weit vom Seeufer entfernt. Susie musste an einen Tag vor 15 Jahren denken, als Laura eine der Mitarbeiterinnen des Camps gebeten hatte, mit ihr zu beten. Sie hatte über Gott, Jesus und die Dinge aus der Bibel nachgedacht, die sie seit dem Tag ihrer Geburt gehört hatte. An jenem Tag hatte sie als Sechsjährige mit der Camp-Mitarbeiterin an diesem Strand gesessen und ein einfaches Gebet gesprochen, in dem sie Jesus als ihren Retter annahm. Wenig später hatte sie ihr erstes Lied geschrieben. Lisa hatte den Text beim Gedenkgottesdienst für Laura vorgelesen. Nie hatten diese Worte in ihren Ohren schöner geklungen:

Ein kleines Mädchen sitzt am Strand.
Sie fragte ihre Freundin, was sie ihr erklären könnte.
Kann es sein, dass Jesus für Dich starb?
Kann es sein, dass Jesus für mich starb?
Kann es sein, dass er für unsere Sünden starb?
Kann es sein, dass er wiederkommt?

Bitte, Gott, hilf mir zu verstehen.
Bitte hilf mir, Herr.
Dieses Gebet will ich sprechen.
Ich will hinausgehen und allen Menschen,
denen Du egal bist,
von Dir erzählen.

Susie musste über die Unschuld dieser Worte lächeln. *Du hast immer einen starken Glauben gehabt, von Anfang an. Du hattest nur einen Wunsch: anderen von Gottes Liebe zu erzählen.* „Oh Laurie, ich habe das Gefühl, dass du mir ganz nah und gleichzeitig doch so weit von mir entfernt bist."

Die Sonne stieg höher und wärmte Susie, als sie dort am See saß und an das „kleine Mädchen am Strand" dachte. *Oh Gott, hilf mir,* betete sie. *Ich bin so schwach ... aber du bist meine Stärke.*

Epilog –
verfasst von Whitney

Das meiste von dem, was Sie in diesem Buch gelesen haben, war für mich, als ich es las, ebenso neu wie für Sie. Manchmal habe ich mich beim Lesen gefragt: *Ist das wirklich passiert?*, und: *Habe ich das wirklich getan?* Zwischen dem Moment, als ich am Abend des Unfalls den Kleinbus von der *Taylor University* auf dem Parkplatz einer Pizzeria in Fort Wayne bestieg, und einem Tag im Juni, als ich aufwachte und meine Mutter, meine Schwester und Sandra bei mir im Krankenhauszimmer waren, kann ich mich an nichts mehr erinnern. Ich kann mich daran erinnern, dass ich weinte, als ich sie sah, aber ich weiß nicht mehr, warum. Und ich kann mich daran erinnern, dass Stephanie, die Sprachtherapeutin, sagte: „Dass sie so emotional reagiert, zeigt, dass sie realisiert, was hier gerade passiert." Meine geistige Verfassung ließ es damals nicht zu, dass ich verstand, was sie damit meinte, aber diese Bemerkung gehört zu den ersten Dingen, an die ich mich nach dem Unfall erinnere. Dazwischen klafft eine Lücke.

Man hat versucht, mir alles zu erzählen, was nach dem Unfall geschehen ist, doch ich wusste bei Weitem nicht über all das, was in diesem Buch geschildert wird, Bescheid – vor allem nicht über die Dinge, die die Van Ryns durchgemacht haben. Vor einiger Zeit hat Lisa sich bei mir dafür entschuldigt, dass sie nicht eher gemerkt hat, dass ich nicht Laura war. Ich bat sie, nie wieder so etwas zu sagen. Ich liebe diese Familie und bin dankbar für alles, was sie für mich getan hat. Die Van Ryns sind großartige Menschen. Ich glaube, die meisten Leute in ihrer Situation wären wütend über all das, was geschehen ist. Sie nicht. Sie haben niemals, auch nicht unausgesprochen, die Frage gestellt: „Warum hast du überlebt und nicht Laura?" Ganz im Gegenteil.

Als wir uns zum ersten Jahrestag des Unfalls trafen, gestand meine Mutter den Van Ryns, dass sie nicht genau wüsste, wie sie mit ihnen umgehen solle, weil die ganze Geschichte für unsere Familie so gut ausgegangen sei.

Don sah mir direkt in die Augen, als er antwortete: „Für uns auch. Wir haben nur noch nicht alles erlebt."

Das hat mir so viel bedeutet. Die Van Ryns haben mir gesagt, dass meine Genesung die Erhörung aller Gebete ist, die sie seit dem Abend des Unfalls gesprochen haben. Allein die Tatsache, dass sie so empfinden können, finde ich erstaunlich.

Wie Sie im letzten Kapitel lesen konnten, hatte ich mit manchen Fragen zu kämpfen, nachdem die Ärzte mich wieder „ins Leben entlassen" hatten. Eine davon war, warum ausgerechnet ich die einzige Studentin aus dem Kleinbus war, die den Unfall überlebt hat. Laura und Laurel kannte ich kaum. Brad und ich waren zwar nicht besonders eng befreundet, aber ich kannte ihn gut genug, um zu wissen, dass er ein großartiger Mensch war. Betsy mochte ich sehr, sehr gern. Ich habe mit ihr zusammen einen Kurs besucht, und sie hat mir immer das Gefühl gegeben, ich sei etwas Besonderes, obwohl ich gerade einmal im ersten Studienjahr war. Manchmal ging ich über den Campus und hörte jemanden „Hallo, Whitney" hinter mir herrufen, und dann war es Betsy, die mir lächelnd zuwinkte. Sie hatte ein großes Herz. Obwohl ich die anderen, die bei dem Unfall ums Leben kamen, damals nicht besonders gut kannte, habe ich, je mehr ich über sie erfahre, immer mehr das Gefühl, dass jeder Einzelne von ihnen ein toller Mensch war. Im letzten Jahr habe ich manchmal über mich nachgedacht und mich mit ihnen verglichen. Sie alle haben

Gott sehr geliebt und sie alle haben wunderbare Dinge für ihn getan. Warum hat Gott mich hier auf der Erde gelassen und nicht sie? Für mich ergab das keinen Sinn.

Mein Vater und ich haben uns oft und lang am Telefon darüber unterhalten. Eines Abends sagte er schließlich: „Whitney, warum denn nicht du? Jeder von ihnen hätte überleben können. Letzten Endes war entscheidend, wer im Bus wo saß. Du musst dich nicht schuldig fühlen, weil du überlebt hast." Ich habe viel über diese Worte nachgedacht, und schließlich fing das Ganze an, für mich einen Sinn zu ergeben.

Beim ersten Jahrestag sagte Don Van Ryn, dass jeder in dem Bus gerne sein Leben für Christus hingegeben hätte, und ich glaube, das ist wahr. Seit dem Unfall und seit Laura und ich miteinander verwechselt wurden, haben so viele Menschen von Gottes Liebe gehört, die ansonsten niemals davon erfahren hätten. Manche haben einen Kommentar im Blog hinterlassen und erzählt, wie sie aufgrund dieser Geschichte Christen wurden. Andere kamen bei meiner und Lauras Beerdigung zum Glauben. Don sagte, dass das genau das ist, was alle im Bus gewollt hätten, auch wenn das bedeutete, dass sie dafür ihr Leben lassen mussten. Als ich ihn das sagen hörte, begriff ich, dass Gott sowohl durch Gutes als auch durch Schlechtes wirken kann. Trotzdem frage ich mich auch heute noch: Wenn nur ein Student aus diesem Kleinbus diesen Unfall überleben sollte, warum dann ausgerechnet ich und nicht Betsy oder Brad oder Laurel oder Laura? Das verstehe ich immer noch nicht. Vielleicht soll ich das auch gar nicht verstehen. Selbst wenn ich dieser Frage nie auf den Grund komme, so weiß ich doch, dass Gott einen Plan damit verfolgt, den ich jetzt nur noch nicht kenne und den ich vielleicht auch nie kennen werde.

Zu wissen, dass Gott einen Plan hat, hat mir das Leben allerdings nicht einfacher gemacht. Nachdem ich an die *Taylor University* zurückgekehrt war, kamen ständig Leute auf mich zu und sagten zum Beispiel: „Gott hat mit dir noch etwas vor. Da wartet noch etwas Großes auf dich." Ich wusste nie, was ich darauf entgegnen sollte. Ich wusste, sie meinten es gut, aber ich glaube nicht, dass sich die Betreffenden klarmachten, was das bei einem bewirkt, wenn man so etwas gesagt bekommt. Sie haben in diesem Buch gelesen, dass mein Vater und ich uns jedes Jahr am *Memorial Day* den Film *Der Soldat James Ryan* ansehen. Am Ende des Films sagt Captain Miller, der von Tom Hanks gespielt wird, mit seinem letzten Atemzug zum Gefreiten Ryan: „James, erweisen Sie sich würdig. Zeigen Sie, dass Sie es wert waren." Es ist, als ob er den Gefreiten Ryan auffordert, aus seinem Leben etwas so Besonderes zu machen, dass es den Tod der anderen Soldaten wert war. So ähnlich fühlte ich mich, wenn mir gesagt wurde, dass Gott große Pläne mit mir haben müsse. Allmählich glaubte ich, dass ich etwas ganz Besonderes aus meinem Leben machen müsste, weil ich sonst Gott und alle anderen am Unfall Beteiligten enttäuschen würde.

Einmal trank ich Kaffee mit Brad, einem Freund von mir, und erzählte ihm ein wenig, wie es mir ging. Daraufhin las er mir eine Geschichte aus dem ersten Buch der Könige im Alten Testament vor. In dieser Geschichte geht ein Prophet namens Elia hinaus in die Wüste, um mit Gott zu reden. Er wartet auf Gott und hört einen gewaltigen Sturm heraufziehen, der Felsen auseinanderreißt. Doch Gott ist nicht im Sturm. Dann bebt die Erde. Doch Gott ist nicht im Erdbeben. Dann brennt es, doch Gott ist nicht im Feuer. Schließlich hört er ein sanftes Flüstern, und er begreift, dass es Gott ist. Ein anderer Freund von mir hatte mir genau dieselbe Geschichte in meinem ersten Studienjahr schon einmal vorgelesen, sodass ich nun das Gefühl hatte, dass Gott mir vielleicht etwas sagen wollte, wenn er mich schon wieder darauf stieß.

Und dann begriff ich: Statt zu glauben, dass mein Leben ein Sturm oder Erdbeben für Gott sein muss, muss ich ihn vielleicht nur leise durch mein Leben flüstern lassen. Diese Geschichte hat mir deutlich gemacht, dass ich für Gott nicht etwas riesig Großes vollbringen muss. Wenn ich im Ferienlager mitarbeite und einem einzigen Kind etwas Hilfreiches sage, wenn ich eine Mutter bin, die ihre Kinder liebt und ihnen von Jesus erzählt, dann ist das genug. Es hat eine Weile gedauert, doch schließlich habe ich begriffen, dass Gottes Plan für mein Leben darin besteht, ihn das tun zu lassen, was er in meinem Leben tun will – sei es nun etwas Großes oder etwas Kleines. Ein Kapitel in diesem Buch geschrieben zu haben ist vielleicht meine letzte „große" Tat, und wenn dem so sein sollte, dann bin ich damit völlig zufrieden.

Der Unfall und alles, was danach geschehen ist, hat mein Leben verändert. Ich kenne keinen anderen Menschen, der sich eine Tonaufzeichnung von seiner eigenen Beerdigung anhören konnte. Das war schon eigenartig. Ich habe das ein einziges Mal gemacht und es hat mir vollkommen gereicht. Ich bin froh, dass man den Gottesdienst nicht auf Video aufgezeichnet hat. Ich glaube nicht, dass ich mir den Film ansehen könnte.

Es war für mich außerdem sehr merkwürdig, dass Menschen, denen ich niemals persönlich begegnet bin, sich mir verbunden fühlten. Einmal kam eine Frau, die ich noch nie zuvor gesehen hatte, mit Tränen in den Augen auf mich zu. Sie erzählte mir, dass ihre Tochter jeden Tag auf dem Blog meine Geschichte verfolgt habe, und sie wollte für das kleine Mädchen ein Foto von mir machen. Das war für mich schon eine seltsame Situation.

Es war auch komisch, mein Bild im *National Enquirer* und im *People Magazine* zu sehen, in denen die Geschichte von Laura und mir als eine der größten Storys des Jahres 2006 bezeichnet wurde. Viel von dem, was man in verschiedenen Illustrierten und Magazinen lesen konnte, stimmte nicht, und ich stelle fest, dass ich die Medien seitdem aus einem anderen Blickwinkel sehe.

Ich bin heute ein völlig anderer Mensch als früher. Vor dem Unfall war ich sehr viel kontaktfreudiger und ich machte über alles meine Witze, aber die Gehirnverletzung hat meine Persönlichkeit ein Stück weit verändert. Heute bin ich viel zurückhaltender. Vor dem Unfall konnte ich spontane Witze machen und ich war ziemlich schlagfertig. Als ich an die *Taylor University* zurückkehrte, war mein Gehirn noch nicht so weit ausgeheilt, dass das möglich gewesen wäre. Manchmal, wenn ich mit anderen Studenten zusammen war und jemand etwas Lustiges sagte, zermarterte ich mir den Kopf darüber, was ich darauf entgegnen könnte. Wenn mir etwas einfiel, war der entscheidende Augenblick schon vorbei. Heute geht es mir viel besser, doch ich bin immer noch zurückhaltender als früher.

Damit zurechtzukommen, dass ich heute ein anderer Mensch bin, war für mich sehr schwer. Ich wusste, dass meine kognitiven Fähigkeiten sich verbessern würden, und das ist auch geschehen. Die Ärzte haben mir gesagt, dass die Bereiche meines Gehirns, die für geistige Arbeit eingesetzt werden, nach einer Verletzung wie der meinen als Letztes heilen. Aber sie heilen. Das merke ich. Die Uni abzuschließen würde mir leichterfallen, wenn sie schneller heilen würden, aber ich bin einfach glücklich, dass ich mein Studium wieder aufnehmen konnte. Meine Persönlichkeit ist allerdings immer noch nicht dieselbe wie vor dem Unfall und sie wird auch nicht zurückkehren. Das zu akzeptieren fiel mir schwer, und das war auch einer der Gründe, weshalb ich die Uni anfangs verlassen wollte. Ich weiß, dass sich manche Leute fragen, was mit der alten Whitney passiert ist, und ich selbst frage mich das auch.

Weil ich anders bin, musste ich Gott anders vertrauen lernen als vor dem Unfall. Als ich mein Studium wieder aufnahm, betete ich, dass Gott mir wirkliche Leidenschaft für ihn schenken würde. Ich wuchs als Pastorenkind auf und zur Kirche zu gehen und von Jesus zu reden gehörte immer zu meinem Leben. Doch ich hatte nicht dieses brennende Verlangen in mir, Gott besser kennenzulernen; ich liebte ihn nicht von ganzem Herzen, aus voller Seele, mit meinem Verstand und mit ganzer Kraft. Der Unfall hat das verändert. Als ich entdeckte, dass ich mich nicht den Menschen um mich herum öffnen und ich selbst sein konnte, öffnete ich mich Gott. Die Folge war, dass er meine Gebete erhörte und mir ein Verlangen nach ihm schenkte, das ich vorher nicht gekannt habe.

Das heißt nicht, dass es für mich einfach gewesen wäre. Der Mensch, der mich in diesem ersten Jahr nach dem Unfall an der Uni hielt, war meine Schwester Carly. Einmal in der Woche haben wir gemeinsam zu Mittag gegessen, nur wir beide. An einem Tag kurz vor den Frühjahrsferien 2007 versank ich im Selbstmitleid. Ich erzählte Carly, dass ich die alte Whitney vermisste. Carly sah mich über den Tisch hinweg an und sagte: „Ja, ich vermisse die alte Whitney auch. Aber ich liebe die neue Whitney."

Ich kann gar nicht beschreiben, wie viel mir das bedeutet hat. Je mehr ich über ihre Worte nachdachte, desto mehr begriff ich, dass ich mit dem, was ich bin, zufrieden sein durfte.

Ja, ich bin nicht mehr dieselbe. Ich bin nicht mehr der Mensch, der ich vor dem Unfall war, aber das ist in Ordnung. Ich will nicht mehr versuchen, wieder der Mensch zu werden, der für immer verschwunden ist. Carly hat mir Mut gemacht, einfach ich selbst zu sein, das neue Ich – das Ich, das Gott aus mir gemacht hat, wo immer das auch hinführen mag.